PALAVRA DE ROTEIRISTA

Dados Internacionais de Catalogação na Publicação (CIP)
(Jeane dos Reis Passos – CRB 8ª/6189)

Paraizo, Lucas
　　Palavra de roteirista / Lucas Paraizo. – São Paulo: Editora Senac
São Paulo, 2015.

　　ISBN 978-85-396-0894-2

　　1. Cinema : Roteiro cinematográfico 2. Roteirista de cinema I.
Título.

15-338s　　　　　　　　　　　　　　　　　CDD-331.38179143
　　　　　　　　　　　　　　　　　　　　　　　　　　791.437
　　　　　　　　　　　　　　　　　　　　　　BISAC PER004000

Índice para catálogo sistemático:
1. Roteirista de cinema　　331.38179143

PALAVRA DE ROTEIRISTA
Lucas Paraizo

Editora Senac São Paulo - São Paulo - 2015

Administração Regional do Senac no Estado de São Paulo
Presidente do Conselho Regional: Abram Szajman
Diretor do Departamento Regional: Luiz Francisco de A. Salgado
Superintendente Universitário e de Desenvolvimento: Luiz Carlos Dourado

Editora Senac São Paulo
Conselho Editorial: Luiz Francisco de A. Salgado
   Luiz Carlos Dourado
   Darcio Sayad Maia
   Lucila Mara Sbrana Sciotti
   Jeane dos Reis Passos

Gerente/Publisher: Jeane dos Reis Passos (jpassos@sp.senac.br)

Coordenação Editorial: Márcia Cavalheiro Rodrigues de Almeida (mcavalhe@sp.senac.br)
Comercial: Marcelo Nogueira da Silva (marcelo.msilva@sp.senac.br)
Administrativo: Luís Américo Tousi Botelho (luis.tbotelho@sp.senac.br)

Edição de Texto: Juliana Crochiquia Muscovick, Adalberto Luís de Oliveira
Preparação de Texto: Janaina Lira
Revisão de Texto: Carolina Hidalgo Castelani, Gabriela Lopes Adami (coord.)
Projeto Gráfico e Editoração Eletrônica: Manuela Ribeiro
Imagens: Fotogramas do filme *O Roteirista* – Tango Zulu Filmes (pp. 22, 44, 64, 82, 96, 110, 126, 142, 178, 194, 212, 230, 248, 262, 286, 306, 324, 342, 358, 376); fotografia de Bruno Pereti (p. 160)
Capa: Manuela Ribeiro
Impressão e Acabamento: Intergraf Indústria Gráfica Eireli

Todos os direitos desta edição reservados à
Editora Senac São Paulo
Rua 24 de maio, 208 – 3º andar – Centro – CEP 01041-000
Caixa Postal 1120 – CEP 01032-970 – São Paulo – SP
Tel. (11) 2187-4450 – Fax (11) 2187-4486
E-mail: editora@sp.senac.br
Home page: http://www.editorasenacsp.com.br

© Editora Senac São Paulo, 2015

SUMÁRIO

Nota do editor / 7
Apresentação / 9
Prefácio / 13
Introdução / 17
Bráulio Mantovani / 22
Carolina Kotscho / 44
David França Mendes / 64
Di Moretti / 82
Doc Comparato / 96
Elena Soárez / 110
Euclydes Marinho / 126
Fernando Bonassi / 142
George Moura / 160
Gustavo Steinberg / 178
Hilton Lacerda / 194
Jean-Claude Bernardet / 212
Joaquim Assis / 230
Jorge Durán / 248
Jorge Furtado / 262
Luiz Bolognesi / 286
Marçal Aquino / 306
Marcos Bernstein / 324
Melanie Dimantas / 342
Orlando Senna / 358
Paulo Halm / 376

NOTA DO EDITOR

Roteirista! Profissão nada simples, como podemos constatar nas 21 entrevistas que Lucas Paraizo conduziu quando engajado no projeto *Arquivo Plano B* – idealizado por Tayla Tzirulnik –, que buscava explicitar os pontos de vista sobre a criação cinematográfica a partir dos diferentes especialistas envolvidos na realização de um filme, como diretores de fotografia, roteiristas, montadores, diretores de arte e produtores.

Palavra de roteirista, fruto desse projeto, mostra visões de cineastas representativos do nosso cenário nacional, indicando o caminho a se percorrer para se tornar efetivamente um escritor de cinema.

Esse profissional não se "forma" em poucos meses, mas leva alguns bons anos de muita dedicação e, como afirma o autor, deve conhecer a "gramática" da televisão e do cinema para poder chegar a expressar o que deseja de forma coerente. "Não dá para ser um analfabeto da gramática das linguagens audiovisuais", afirma George Moura, um dos entrevistados deste livro.

Lançamento do Senac São Paulo, esta obra de Lucas Paraizo é indicada para estudantes de comunicação, especialmente da área do cinema e da televisão, mas também a todos que queiram conhecer os "bastidores" da criação de um roteiro cinematográfico.

APRESENTAÇÃO

Sobre o projeto *Arquivo Plano B*

Em 2008, quando lancei a revista de cinema *Plano B* – que mais tarde relancei com o título *Beta* –, pela TZ Editora, comecei a perceber o quanto era importante para o público e para os próprios profissionais da área compreender melhor as atividades ligadas ao nosso cinema. A carência de registros históricos e estudos aprofundados sobre o fazer cinema no Brasil me estimulou a idealizar e a empreender o projeto *Arquivo Plano B*. Com ele, buscava trazer à tona novos e diferenciados olhares sobre a criação cinematográfica em nosso país a partir do ponto de vista de seus especialistas dentro de uma série de documentários. A coleção *Arquivo Plano B* é um tributo àqueles que trabalham no cinema brasileiro.

Para garantir a boa compreensão do conteúdo dos depoimentos e a intimidade com a atividade em foco, a realização de cada entrevista foi enriquecida pela visão de um entrevistador escolhido dentro da mesma área dos entrevistados. O primeiro fruto do projeto foi o documentário *Cinematografia*, dirigido por Gabriel Barros. O filme, construído a partir de entrevistas com os profissionais especializados, apresenta como trabalham e o que pensam nossos diretores de fotografia.

O sucesso desse primeiro registro da técnica e da arte cinematográfica estimulou a continuidade imediata do projeto. Depois da conversa com os diretores de fotografia, seria a vez dos roteiristas e, em seguida, dos montadores, diretores de arte, produtores, e assim por diante, configurando um amplo material de referência para estudantes, cinéfilos e demais interessados nas profissões audiovisuais.

O documentário *O Roteirista* e o livro *Palavra de roteirista* deram seguimento ao projeto. Lucas Paraizo foi o profissional convidado para conversar com os escritores de importantes filmes nacionais a partir dos anos 1990. Lucas e eu nos conhecemos na Escuela Internacional de Cine y Televisión, em San Antonio de Los Baños, Cuba, e nos reencontramos anos depois, em Barcelona, cursando pós-graduação. Sensível e experiente, Lucas, que também é jornalista, tem destreza e curiosidade para conduzir as entrevistas e trazer ao espectador-leitor uma visão íntima do trabalho dos roteiristas.

O cineasta Alexander Mackendrick dizia que a escrita não pode ser ensinada, mas pode ser aprendida. Estou segura de que os leitores deste livro poderão aprender muito com os exemplos e a experiência dos entrevistados e com a interlocução do entrevistador.

Palavra de roteirista é um livro importante para todos os que buscam entender como funcionam as engrenagens da criação de roteiros audiovisuais. Além de apresentar os escritores do cinema nacional em profundidade, consegue traduzir com maestria e simplicidade a complexa arte da escrita para o cinema.

Somos gratos aos entrevistados Adriana Falcão, Bráulio Mantovani, Carlos Gregório, Carolina Kotscho, Cláudio Galperin, David França Mendes, Di Moretti, Doc Comparato, Elena Soárez, Euclydes Marinho, Fernando Bonassi, Fernando Marés de Souza, Flávio de Souza, George Moura, Gustavo Steinberg, Hilton Lacerda, Jean-Claude Bernardet, Joaquim Assis, Jorge Durán, Jorge Furtado, José Roberto Torero, Luiz Bolognesi, Marçal Aquino, Marcos Bernstein, Melanie Dimantas, Orlando Senna, Paulo Halm, Paulo Lins, Renê Belmonte, Sabina Anzuategui, Tabajara Ruas, Victor Navas e Yoya Wursch.

Agradeço também a colaboração do Condomínio Edifício Zaher, Condomínio Edifício UP Leblon, Evandro Figueiredo, Fernando Schroeder, Hotel Everest, Jorge Cabral, Juliana Kim, Júlio Martí, Lourdes Figueiredo, Mariana Nunes, Marina Kosovski, Maristella Azem, Moving Track, Paolo Gregori, Pauline (Casa da Gente), Paulo Franco, Pol González Novell, Rafael Ruano Moreno, Ricardo D'Aguiar, Sonia Armengol, Tayra Rodrigues, Thiago Iacocca, Titânio Produções, Vanessa de Figueiredo Protasio, Vinicius Couto Alves, Wilson Figueiredo e a todos os demais que, de alguma maneira, contribuíram para a materialização do *Arquivo Plano B*.

Por fim, e especialmente, sou grata ao apoio de Ernesto Tzirulnik, Gabriel Barros, Jorj Kalman, Marquinhos, Rama de Oliveira; e por todo o empenho do autor deste excelente livro, meu amigo Lucas Paraizo.

Boa leitura!

Tayla Tzirulnik
Editora

PREFÁCIO

Jean Renoir certa vez disse que um filme não tem autor, no mesmo sentido em que quadros e livros têm. Concordo com ele. A grande maioria dos filmes são empreendimentos coletivos, que dependem de um enorme número de variáveis e do *input* criativo de muita gente. Nenhum roteirista, assim como nenhum diretor, é capaz de especificar e controlar todas as questões envolvidas na realização de um filme. A expressão facial de um ator, a entonação da sua voz, a luz que incide sobre a câmera, os movimentos da câmera no ombro do fotógrafo, a inspiração do compositor de uma trilha sonora, a sensibilidade de um montador – tudo isso depende de pessoas e fatores que transcendem a capacidade de especificação dos roteiristas e o controle dos diretores. Em suma, todo filme resulta de um processo de sucessivos ajustes, de tentativas, de erros e de acertos, de adaptações e de correções de rumo, em que um grupo trabalha junto para contar uma história por meio da linguagem do cinema. Nenhuma dessas pessoas é autora do filme. Todas são autoras juntas, cada uma na sua função. Pensar o roteiro fora desse contexto é pensar o roteiro de maneira idealizada. O mesmo vale para a direção. Os roteiristas não são autores de filmes, são autores de roteiros. Os diretores não são autores de filmes, são os que os dirigem.

Isso tudo parece trivial, mas no fundo não é. No cinema, muita gente gosta de se considerar autora dos filmes. Se não fosse assim, não existiriam associações de roteiristas autodenominadas "autores de cinema". Se não fosse assim, diretores não assinariam seus filmes usando o crédito "um filme de". Tudo isso, na minha opinião, é besteira, e contribui para debates infindáveis que ofuscam o real entendimento – por parte do público e da crítica – acerca da natureza das produções cinematográficas e da beleza que uma criação coletiva pode ter. Atrapalha também o correto entendimento da importância que um roteiro tem para um filme, dado que tal importância deriva, em grande parte, de problemas práticos e técnicos que estão intimamente ligados ao caráter coletivo da criação cinematográfica.

O principal desses problemas é o da unidade, ou foco. Na realização de um livro, ou de um quadro, a visão do artista é a visão de uma pessoa, e não de várias. Já na realização de um filme, sempre existe o risco de as pessoas envolvidas na sua criação pensarem de forma diferente, o que pode resultar em uma obra dispersa, sem unidade. Por isso, as produções cinematográficas precisam de referências fortes, capazes de gerar uma visão que norteie o trabalho de todos. No cinema, há duas referências fundamentais: o roteiro e a direção. São elas que fazem o trabalho coletivo convergir, que focam o esforço criativo das pessoas envolvidas no processo e balizam a produção da maioria dos filmes. Roteiro e direção são as duas coisas mais importantes em um filme.

O roteiro é fundamental, mas não é definitivo. Um filme não é uma casa. O roteirista não é um arquiteto. O diretor, os atores e os demais membros de sua equipe técnica não são engenheiros e operários executando um projeto. Em uma obra de engenharia, o arquiteto pode especificar tudo, pelo menos em princípio. Em uma obra cinematográfica, essa possibilidade simplesmente não existe. As variáveis são muito grandes, algumas delas relacionadas com o clima e com o comportamento humano, por exemplo, e por isso mesmo impossíveis de serem especificadas e controladas. Isso significa que os roteiros não são tão importantes assim? Certamente que não. Significa apenas que contar uma história usando a linguagem do cinema é um processo tão complexo que ninguém consegue dizer exatamente qual é a melhor maneira de levá-lo a cabo no estágio de um roteiro. Nem o melhor roteirista do mundo consegue, se é que existe um. Por isso, os filmes precisam de alguém – no caso, um diretor – que coordene o processo de transposição do roteiro para a tela; alguém com liberdade para tomar as decisões, pragmáticas e criativas, que o processo demanda. Alguém que possa especificar o que nenhum roteiro pode, alguém para corrigir o rumo à medida que o barco navega. Um bom roteirista sabe que essa pessoa sempre será necessária, e que muitas de suas decisões serão constitutivas da obra final. Por esse motivo, ele entende que o melhor destino para seu roteiro é um bom diretor. Por sua vez, um bom diretor sabe que a sua liberdade criativa está, irremediável e inexoravelmente, atrelada aos ditames que lhe são impostos pelo roteiro que vai filmar. E que o seu melhor amigo no *set* não é, Vinicius de Moraes que me perdoe, o "cachorro engarrafado". O melhor amigo do diretor é um bom roteiro.

José Padilha
Cineasta

INTRODUÇÃO

Uma das perguntas mais difíceis de responder a um aspirante a roteirista é sobre o caminho que se deve percorrer para se tornar efetivamente um escritor de cinema. Já ouvi essa dúvida de alunos, colegas e curiosos, e confesso que nunca soube respondê-la como gostaria. Eu também sempre quis saber a resposta. O convite da Tango Zulu Filmes para imergir no universo do roteiro audiovisual brasileiro e dirigir um documentário sobre o tema foi a oportunidade de perguntar pessoalmente a alguns roteiristas profissionais sobre essa questão.

A roteirista espanhola Lola Salvador, com quem aprendi não apenas em sala de aula, mas nas conversas pelos corredores da Escuela Internacional de Cine y Televisión em San Antonio de los Baños, Cuba, defende que um roteirista não se forma em menos de sete ou oito anos de dedicação. Mas dedicação a quê? Onde? E com quem? Nunca entendi aquela afirmação.

Eliseo Altunaga, escritor e roteirista cubano, decano do departamento de roteiro da mesma escola e responsável por arrastar meu coração ao universo da dramaturgia, costuma dizer que um roteirista é como uma prostituta: não deve ter preconceito com cliente. Sempre achei essa declaração um tanto quanto polêmica, para não admitir minha ignorância diante dela.

Para pensar e elaborar as entrevistas com os roteiristas escolhidos para participar deste projeto, remexi em papéis, arquivos, livros, anotações e cantos da memória, tudo o que me fora dito e mostrado sobre o assunto.

De Aristóteles a Robert McKee, passei por Hegel, Vladimir Propp, Gotthold Lessing, G. Pierce Baker, John Dryden, William Archer, Peter Szondi, Jean-Claude Carrière, Frank Baiz Quevedo, Eugene Vale, Christian Metz, John Howard Lawson, Lajos Egri, Christopher Vogler, Michel Chion, Syd Field, Doc Comparato, David

Mamet, Linda Seger, John Truby, entre outros, revisando temas que pudessem amparar minhas conversas com os profissionais que iria conhecer. Um arsenal de perguntas sobre a profissão que recentemente havia abraçado com mais dúvidas do que certezas.

Durante doze dias, entre Rio de Janeiro, São Paulo e Porto Alegre, amparado por uma equipe que registrava nossos encontros, conversei com 32 roteiristas muito diferentes. Com gostos e visões de mundo distintas. Métodos de trabalho e manias variadas. Certezas e inseguranças bastante contraditórias. Mas com uma coisa em comum: as telas do cinema e, mais recentemente, da TV.

Depois de quase cem horas de material gravado, havia mais confusões do que esclarecimentos. Apesar de ter aprendido um sem fim de informações e pontos de vista sobre o trabalho do roteirista, a perspectiva de construir um discurso coerente sobre o processo criativo da escrita para o cinema pecava tanto pelo excesso de material quanto por sua falta.

Dois meses de transcrição, mais um mês de leitura e, finalmente, três meses de montagem resultaram no documentário *O Roteirista*, lançado em 2011. A missão parecia cumprida, mas minha frustração permanecia maior do que minha alegria. Estava inconformado com a inevitável condensação que o cinema me obrigou a fazer: reduzir a praticamente dois minutos dentro do documentário a participação de cada um dos 32 entrevistados com quem conversei por quase três horas. Tinha mais material fora do filme do que nele. Era um desperdício.

Uma das melhores frases do roteirista e diretor Paul Schrader (*Taxi Driver, Touro indomável, Gigolô americano, A última tentação de Cristo*) no livro *Screencraft Screenwriting*, de Declan McGrath e Felim MacDermott, diz que os roteiristas "não devem estudar cinema, devem estudar a si mesmos". Pensando nisso e em outros livros que também serviram de referência para este trabalho (a série *Backstory, lições de roteiristas* de Kevin Conroy Scott e *Historias, Palabras, Imágenes* de Esteve Riambau e Casimiro Torreiro), era inevitável aproveitar e reunir aquelas entrevistas em um volume que complementasse não só a formação teórica dos livros que havia lido na universidade, mas também o filme que acabava de fazer. Nascia assim a ideia de transformar as entrevistas do documentário *O Roteirista* no livro *Palavra de roteirista*.

Durante dois anos, depois do trabalho, em viagens de férias, nos finais de semana e entre uma crise e outra, ouvi, li e reli dezenas de perguntas e respostas, e já confundia opiniões e pontos de vista. Aqueles roteiristas viraram personagens de um roteiro interminável. Poderia conviver com eles para sempre e discutir eternamente suas experiências. A responsabilidade de transformar seu discurso verbal em matéria escrita e fazer suas ideias terem um formato literário coerente me custou algumas noites de sono e muita terapia.

Da parte prática, era preciso selecionar apenas vinte e uma de todas as entrevistas feitas para poder publicá-las. Tayla Tzirulnik, idealizadora e produtora do documentário e editora da primeira edição do livro, foi uma parceira paciente e me ajudou a reduzir as entrevistas e a estruturá-las para que encontrassem seu tom.

Para cada personagem, para cada roteirista, escrevi uma pequena apresentação. Talvez menos objetiva e mais sensorial do que se espera. Precisava humanizá-los para ressaltar suas opiniões. Sempre quis evidenciar que por trás de cada roteirista há uma *pessoa*: divertida, simpática, mal-humorada, generosa, tímida, neurótica, mas, principalmente, sem medo de se expor. É isso que os transforma em profissionais destacáveis. E se há um trabalho que precisa de bons personagens, esse é o nosso, o do roteirista.

Palavra de roteirista foi o melhor título que encontrei. Simples, quase redundante e algo irônico. Não sei se o leitor, roteirista ou espectador, vai encontrar ao final das entrevistas alguma resposta sobre o tal percurso modelo do roteirista. Aqui não há nenhum atalho no caminho das pedras. Mais do que responder questões, este livro quer bagunçar conceitos, chacoalhar ideias e ser o dono de tantas verdades quantos forem seus leitores.

Alguns anos se passaram desde a primeira edição desta obra, publicada em 2011. A oportunidade de lançar uma segunda edição no mercado é um privilégio, principalmente no momento atual de nossa economia audiovisual. O cinema provou ser um bom negócio e a corrida por boas histórias está instaurada. É hora de lembrar que para manter uma economia criativa sólida, duradoura e que se faça recordar no futuro, é preciso combinar intuição e rigor na narração cinematográfica. É preciso aprofundar o olhar e se deixar contaminar pela experiência alheia para ampliar o repertório de suas histórias. As entrevistas aqui publicadas são uma tentativa de contribuir para esse cenário.

Rever um trabalho e atualizá-lo quatro anos depois de seu primeiro lançamento foi uma tarefa delicada. Preferi interferir o mínimo necessário, preservando a maneira de pensar e escrever do momento em que o livro foi feito. Nesta edição, incluí mais uma entrevista, a de um roteirista também singular – George Moura –, que não apenas reforça o time de autores reunidos no livro, como também o amplia e o torna complexo.

Esta nova edição não existiria se não fosse pela Editora Senac, instituição que acolheu o relançamento deste livro e que, como poucas, se preocupa e age no sentido de compartilhar o conhecimento. Agradeço a toda a equipe da Editora Senac São Paulo envolvida no projeto.

Agradeço também a todos os roteiristas que tão generosamente deram seus depoimentos. À Tayla e ao Ernesto Tzirulnik, pelo apoio à nova edição. À Marina Band, minha advogada. Ao Pedro Riguetti, que me ajudou na revisão e atualização dos textos. À Luara Oliveira, montadora do documentário que deu origem ao livro; ao Bruno Pereti, pela foto adicional e, finalmente, um obrigado especial à Nádia Moreno, responsável pelo movimento efetivo para fazer este livro renascer e alcançar novos leitores.

BRÁULIO MANTOVANI

Bráulio Mantovani

"Para mim, a única regra que vale de maneira absoluta é que cada história tem um jeito perfeito de ser contada. O que o roteirista deve fazer é encontrá-lo."

"Posso fumar um cigarro antes de começar?", esse foi o único pedido feito por Bráulio Mantovani antes de iniciar nossa conversa. "Peguei esse vício na Espanha", explicou. Permissão concedida, respondi que ele poderia fumar inclusive durante nosso papo. E foi o que ele fez. Ao longo de quase duas horas, Bráulio fumou pelo menos cinco cigarros e se mostrou um entrevistado curioso. No sentido literal da palavra – queria saber mais sobre o projeto, quem seriam os outros roteiristas entrevistados, quais foram os critérios para a escolha deles, e até sugeriu um último nome que completou a lista dos roteiristas que compõem este livro. Objetivo e expressivo em suas respostas, Bráulio fala com as mãos e faz caretas. Interpreta seus comentários, como se estivesse vivendo seu próprio personagem. Nos momentos de dúvida, permanece em silêncio até articular pensamento e linguagem com segurança. Sem falsa modéstia, mas com um sentido de humildade efetivo, Bráulio Mantovani me pareceu um dos roteiristas mais coerentes com quem conversei. Ele sabe que, assim como um bom personagem, suas ações provocam reações e vice-versa.

Se a maioria dos manuais de roteiro clássicos defende o *plot point* como fato ou acontecimento que provoca no protagonista uma mudança de rumo definitiva em seu "mundo ordinário", *Cidade de Deus* foi, sem dúvida, o *plot point* da carreira de Bráulio Mantovani. Quando resume sua biografia em uma resposta, Bráulio é direto e objetivo: nasceu em São Paulo, estudou Letras, conheceu pessoas ligadas ao cinema e com elas começou a trabalhar como assistente na montagem de um documentário. Nos anos 1980, escreveu roteiros de vídeos empresariais, vídeos de treinamento e institucionais. Em seguida foi morar fora do país: primeiro nos Estados Unidos e depois na Espanha, onde se especializou em roteiro cinematográfico. No exterior fez um pouco de tudo: foi assistente de produção, assistente de câmera, assistente de direção e, finalmente, roteirista em projetos de televisão e publicidade.

Seu retorno ao Brasil, confessa, não foi o seu melhor momento. Aos 30 anos se viu obrigado a voltar para a casa dos pais e recomeçar a vida. Bráulio passou a trabalhar com educação a distância em programas na TV Cultura, no Canal Futura e na TV Escola. Em um desses projetos, conheceu o diretor Fernando Meirelles, com quem trabalhou em parceria. Na época, Meirelles havia adquirido os direitos do livro *Cidade de Deus*, escrito por Paulo Lins, para transformá-lo em filme e convidou Bráulio para adaptar o romance. Ele já tinha escrito roteiros cinematográficos, mas nenhum deles havia sido filmado. Nem precisavam. O roteiro de *Cidade de Deus* foi a chance de que ele precisava para demonstrar o talento e as habilidades que vinha acumulando ao longo dos anos dedicados à escrita audiovisual.

Vamos direto ao assunto: na sua opinião, o que é um roteiro cinematográfico e qual é a sua utilidade?

O roteiro é o filme no papel. É a descrição das imagens, das ações e das falas dos personagens em um texto. Uma espécie de ensaio do que vai ser o filme. O roteiro cinematográfico não tem a mesma autonomia literária que, por exemplo, uma obra teatral. Ele pode ir para o lixo quando acaba a filmagem; não serve para nada, a não ser para ser estudado por pessoas que querem aprender a fazer roteiro. Além disso, é um documento de trabalho. Ele é lido por toda a equipe, não apenas pelo diretor e pelos atores. Por isso ele precisa ter as informações fundamentais para se pensar a produção global desse filme.

Outro papel importante do roteiro é seduzir potenciais financiadores. Cinema é uma coisa muito cara, então, se o filme não estiver muito bem escrito, de maneira que seja gostoso de ler, prazeroso, e que envolva o leitor tanto quanto um romance é capaz de envolver, será mais difícil realizá-lo. No Brasil, hoje em dia, você só capta recursos para fazer um filme a partir de um roteiro. Isso está cada vez mais evidente. Sem um bom roteiro é muito mais difícil. Então a primeira função desse texto é contar a história do filme. E contar com imagens, de maneira clara e objetiva. Quem lê o roteiro tem que ver o filme, tem que imaginar as cenas, com detalhes, seja o leitor um leigo ou não.

Que habilidades um roteirista cinematográfico deveria ter ou desenvolver?

O roteirista tem que combinar algumas habilidades. Em primeiro lugar, gostar de contar histórias e saber contá-las, principalmente com imagens. Porque o cinema não é como a televisão, muito calcada no diálogo. São necessárias mais ações físicas. Não dá para se apoiar apenas no que os personagens dizem. Em segundo lugar, tem que escrever bem. Na minha opinião, tem que ter um bom português, ou espanhol, ou inglês, dependendo da língua em que escreve, para ser um texto gostoso de ler e ao mesmo tempo claro e objetivo, pois ele vai servir de orientação para muita gente. Acho que essa combinação se aprende na prática. É claro que se deve estudar e conhecer as bases da dramaturgia, mas a escrita do roteiro se aprende muito por meio de tentativa e erro, vendo o que e como as coisas funcionam, e corrigindo no próximo trabalho.

Pensando nessa ideia de que o seu roteiro será lido e interpretado por muitas pessoas e departamentos de um filme, como você lida com a exposição do seu trabalho?

No cinema, o processo é muito colaborativo e o roteirista tem que saber disso. Não pode ter um apego excessivo ao que escreve, porque esse roteiro vai ser trabalhado por muita gente, e as contribuições virão de vários lados: dos atores, do diretor, do diretor de fotografia. Para dar um exemplo, hoje em dia, no Brasil, valoriza-se muito o improviso dos atores, e com isso os diálogos escritos pelo roteirista ficam muitas vezes diluídos. Alguns são praticamente reinventados nas filmagens, sobrando pouco do que estava escrito originalmente. Eu não vejo isso como um problema, desde que a intenção da cena esteja ali. Eu prefiro ouvir o ator dizendo o texto com verdade, mesmo que ele o faça da maneira dele, do que ouvi-lo dizer o meu de maneira falsa ou impostada.

Mas como garantir essa fidelidade ao texto?

O roteirista de cinema deve estar preparado para qualquer resultado. Há coisas que vão ficar melhores do que ele imaginou, e melhores até do que estavam escritas; existem outras que não vão ficar tão boas quanto estavam no roteiro ou que vão ficar iguais. É um resultado inerente ao processo. Se você quer escrever para cinema, tem que se acostumar a isso, senão vai sofrer demais. Um roteirista não pode pensar que sua obra é imaculada e que ninguém pode tocá-la, porque isso realmente só vai acontecer se você também dirigir o próprio filme e for um diretor com uma mão de ferro.

Qual é a sua reação diante dos seus roteiros nas telas?

Lembro que quando vi o *Cidade de Deus* pela primeira vez foi em uma projeção para a equipe, e ainda estavam marcando cor, aquelas coisas técnicas. O Fernando (Meirelles, diretor do filme) e o César Charlone (diretor de fotografia) falavam o tempo todo durante a projeção, e eu pedia silêncio (risos). De repente, quando chegou o final do filme, pensei "nossa, tá acabando". Por um momento, esqueci que havia escrito aquilo. Eu me envolvi muito como espectador, e isso foi espetacular, porque ver o próprio filme como espectador é uma delícia. Mas isso só aconteceu porque o filme foi muito bem filmado, muito bem interpretado e muito bem dirigido. Tanto no *Cidade de Deus* como nos outros filmes que escrevi e que logo foram filmados, eu me surpreendi para melhor. Há momentos em que eu imaginava alguma cena um pouco diferente, não sei se melhor, porém um pouco distinta, de que talvez não tenha gostado muito. Mas, no balanço geral, foram reações positivas e o filme ficou muito melhor do que eu acho que estava no papel. Isso significa que as pessoas trabalharam com muita vontade, com muito amor, muita dedicação, porque se empolgaram com o roteiro. Porque se o roteiro não empolga, é difícil a equipe dar o máximo de si.

Escrever para cinema faz perder a magia de ser espectador?

Sempre que você conhece os bastidores de uma profissão, evidentemente, sabe mais do que o leigo. Um mecânico sabe o que é um carro por dentro, por isso olha para ele e escuta o motor de um jeito diferente. Com o roteirista acontece a mesma coisa. É muito difícil se distanciar totalmente e não perceber os mecanismos de construção e os artifícios utilizados para criar uma narrativa cinematográfica. Então é inevitável que em alguns momentos eu não me surpreenda tanto quanto o resto do público, mas às vezes isso é bom. Em um filme como o *Sexto sentido*, eu percebi um pouco antes qual era a surpresa a ser revelada. Mas isso não tirou o meu prazer de ver o filme, muito pelo contrário: no momento em que desconfiei do que aconteceria, algumas imagens anteriores do filme me vieram à mente. Depois comecei a reparar em como elas foram montadas para enganar o espectador e alcançar o objetivo que o roteiro tinha.

Quanto menos evidente é o roteiro, melhor é o filme?

Em um filme narrativo clássico, um roteiro com começo, meio e fim "padrão Hollywood", eu acho que quanto mais invisível o roteiro, melhor será o filme. Você quer que o espectador se envolva com a história, e não com a sua habilidade de narrar. Portanto, quanto mais ele ficar imerso naquele universo que se projeta na tela, acreditar naqueles personagens e até esquecer que aquilo é uma ficção, melhor. Por outro lado, existem alguns roteiristas, como o Charlie Kaufman (*Quero ser John Malkovich*, *Adaptação*, *Brilho eterno de uma mente sem lembranças*), que escrevem roteiros muito evidentes. Quentin Tarantino também, em *Cães de aluguel* ou em *Pulp fiction*. São casos em que o roteiro salta muito à vista, e em filmes como esses considero isso uma virtude. Você vê o tempo todo a mão do roteirista trabalhando, criando situações e ainda assim te surpreendendo. Acho que não tem regra, depende do filme.

Você costuma visitar os *sets* de filmagem?

Eu raramente visito o *set*. Até acho interessante ver o que escrevi ganhando vida. Mas sem ter realmente uma função no *set* de filmagem, ficar por ali é uma das coisas mais chatas do mundo, porque é muito demorado, não tem o que fazer. Por isso, prefiro não estar presente.

Qual é a sua relação com o resto da equipe do filme?

A relação maior é sempre com o diretor, a não ser nos trabalhos que eu fiz nos Estados Unidos, com estúdios de Hollywood: lá a relação maior é com o pessoal de desenvolvimento de roteiro das produtoras, antes de entrar o diretor. Aqui no Brasil, invariavelmente, a relação maior é com o diretor. Eu trabalho o roteiro discutindo com ele desde o começo. No *Última parada 174*, eu tive uma boa experiência com os atores, participando dos ensaios. Fiquei uns três dias nos ensaios, sem câmera, como se fosse ensaio de teatro, o que foi muito importante para o processo de escrita. Depois disso eu mudei algumas coisas no roteiro que não iam funcionar muito bem. Quando o Daniel Rezende monta os filmes que eu escrevo

(*Cidade de Deus* e *Tropa de elite 1* e *2*), acompanho a montagem mais de perto. Daniel é um grande parceiro.

E COMO FUNCIONA A RELAÇÃO ENTRE ROTEIRISTA E DIRETOR?

Como qualquer relação interpessoal: depende das pessoas que estão envolvidas. Nunca é a mesma. Conheço alguns diretores que veem o roteirista quase como um técnico, alguém que é contratado por ter habilidade verbal e que, portanto, é capaz de fazer o que o diretor não sabe, que é escrever a história que ele diz ter na cabeça. Eu já acho que se o diretor não sabe escrever a história que diz ter na cabeça é porque ela não está clara. Mesmo assim, muitos diretores acabam vendo o roteirista quase como um assistente, como um cara que ajuda a organizar as ideias que estão na cabeça dele. Eu não sei trabalhar assim.

COMO FORAM AS SUAS EXPERIÊNCIAS COM OS DIRETORES DOS SEUS ROTEIROS?

Eu acabei ficando muito mimado por causa do sucesso do *Cidade de Deus*, então só trabalho com quem vê em mim um autor do filme também, como o Fernando fez. Eu sou autor da história tanto quanto o diretor e, no momento da escrita do roteiro, até mais que ele. Eu me coloco assim e tenho a sorte de trabalhar com diretores que querem de mim exatamente isso. É um trabalho de colaboração. Mesmo que eu escreva sozinho, converso muito com o diretor, escuto, falo, uso as ideias dele e as minhas. É uma troca, mas a responsabilidade de dar forma para aquilo é minha, porque eu também posso dar as minhas contribuições nas filmagens, na montagem, mas eu não sei filmar e não sei montar. Um diretor que não sabe escrever roteiros pode dar muitas ideias, mas a responsabilidade de transformar essas ideias em uma narrativa que tenha coerência formal e que seja, portanto, eficiente dramaturgicamente é do roteirista.

Essa postura não assusta os diretores?

Minha relação é sempre muito de igual para igual com o diretor. Eu realmente me coloco na mesma posição, me coloco como autor, e tento resolver os problemas da história com o talento, a competência e as habilidades que eu tenho. A partir daí, o que varia são os temperamentos das pessoas envolvidas. Eu nunca tive problemas sérios com nenhum diretor com quem trabalhei; pelo contrário, sempre trabalhei com pessoas que querem exatamente a mesma coisa que eu: que o filme fique bom. E para fazer um bom filme você tem que se colocar como autor, tem que se apropriar daquela história, sentir-se dono dela e lutar pelas suas ideias. Divergências acontecem sempre, isso é normal; mas, na maioria das vezes, as pequenas divergências são muito boas para o projeto, porque quando você joga uma ideia para o diretor e não bate, isso o obriga a repensar, "será que a minha ideia é boa mesmo?". E às vezes você dá uma ideia ruim, mas o diretor pega aquilo e transforma em algo melhor, e vice-versa.

Como você lida com as críticas durante seu processo criativo?

Depende de como estou me sentindo com relação ao meu trabalho. Às vezes fico satisfeito com o que escrevi, outras nem tanto. Quando não estou totalmente satisfeito, as críticas podem ser violentas e mesmo assim elas serão bem-vindas. Eu agradeço, porque elas me ajudam a enxergar onde está o problema no que escrevi. Mas, por outro lado, se estou muito apaixonado por alguma coisa que escrevi, aí machuca um pouco, dá um pouco de raiva de quem está falando, e eu tendo a ficar mais defensivo; não consigo ver o problema porque, também, o trabalho criativo não é um trabalho sobre o qual você tem controle, as coisas fogem do seu controle, e isso é um grande barato da profissão.

Dá medo de perder o controle nesse processo?

Eu sou muito inseguro com o que faço. Às vezes escrevo e mostro para pessoas muito próximas em quem confio, que são minhas amigas, que entendem de cinema e de dramaturgia e que serão sinceras comigo. Porque, de fato, às vezes escrevo coisas que não sei dizer se são geniais ou horríveis. É impossível para mim perceber a qualidade daquilo que saiu. É uma sensação de "caramba, isso aqui tá um pouco diferente, isso aqui não parece com nada, eu não consigo associar isso a nada que eu vi", e não sei dizer se é bom ou ruim: eu gosto, mas é estranho.

Então a crítica nesse caso é um pouco perigosa, não?

Geralmente eu demoro um tempo para processar a crítica, e às vezes eu bato o pé. Lembro do *Cidade de Deus*, em que um dos produtores era o Walter Salles. Poucos meses antes da filmagem, ele, como bom produtor, fez o seu papel e escreveu o que pensava sobre o texto: ele praticamente destruiu o roteiro. Minha primeira reação foi de choque. Logo depois, enquanto escrevia um e-mail para o Fernando (Meirelles, diretor do filme) com os comentários do Walter, comecei a pensar friamente e me dei conta de que as críticas tinham a ver com o filme que ele faria, e não com o filme que nós queríamos fazer. Daí o Fernando respondeu que concordava comigo e insistimos no nosso ponto de vista. Quando ficou pronto, o Walter assistiu, foi muito honesto e verdadeiro, e falou: "Ainda bem que vocês não me ouviram". Poderíamos ter ficado muito inseguros, parado todo o processo e recomeçado do zero. Mas a gente estava seguindo nossa intuição e algo em nós dizia "é isso aí, vamos nessa!". E fomos.

E da montagem, você participa?

No *Tropa de elite* e no *Cidade de Deus*, eu fui uma presença bastante constante na montagem. No *Cidade de Deus*, menos, e no *Tropa de elite*, muito. A gente acabou reinventando o filme no momento da montagem.

Reinventando o filme?

O *Tropa de elite* foi escrito originalmente para um personagem ser o protagonista e na montagem a gente mudou de ideia. Esse processo é muito parecido com o de roteiro, são coisas muito próximas. Você organiza a narrativa no roteiro e de certa forma reorganiza na montagem.

Por que reorganizar a narrativa do *Tropa de elite*?

O que aconteceu no *Tropa de elite* foi um pouco falha do roteiro, já que a gente não percebeu que o protagonista era passivo demais. Ninguém gosta de ver um cara passivo, de acompanhar a história de alguém que só reage, você quer ver um cara ativo. A gente achou que poderia funcionar, só que não funcionou. Além do mais, aconteceu outra coisa chamada Wagner Moura. Ele pegou um personagem menor, mas é tão bom ator que roubou o filme. Às vezes, um personagem que não parece muito interessante no roteiro pode virar um grande personagem na tela em função do ator. E o Wagner Moura fez isso com o Capitão Nascimento. Eu me lembro de ver uma cena – que por mim eu teria cortado do roteiro – de ele chegando em casa e abrindo a geladeira... Eu achava uma cena chata no papel. Mas o Zé (José Padilha, diretor do filme) não quis cortar, porque, depois de filmada, o Wagner chega, entra como Capitão Nascimento, abre a geladeira, e você fica olhando para a tela, hipnotizado, e se pergunta "o que tá acontecendo?", "o que vai acontecer com ele?". O potencial dele é tão grande que qualquer pequena ação do personagem significa algo. A necessidade de reorganização do *Tropa de elite* veio da combinação dessas duas coisas.

E depois de perceber isso, como foi o processo de aceitar essa "reinvenção"?

O filme demorava uns cinquenta minutos para atrair o espectador. Lembro de mostrar essa versão para algumas pessoas e todo mundo começava a gostar depois da primeira hora. Então percebemos que tínhamos que fazer essa primeira hora também ficar muito boa. Todo mundo se interessava mais pela história do Capitão Nascimento do que pela história do Mathias, que era o protagonista original. Eu estava conformado com o fato de que o filme seria assim. Daí veio isso, que é muito comum no cinema, que é trocar ideias com os seus colegas. Os roteiristas vivem mostrando os roteiros uns aos outros. Minha mulher, Carolina Kotscho, que também é roteirista, foi a mais enfática ao me dizer que devíamos contar a história do Capitão Nascimento. Minha resposta imediata foi dizer que não tínhamos dinheiro para refilmar e que era impossível reescrever o roteiro na montagem. Pouco a pouco fui convencido e convencendo o Zé: "O que você acha? Eu não tenho ideia de como fazer isso, mas você quer tentar?". Aí o Daniel (Rezende, montador do filme) topou e ficamos um tempão quebrando a cabeça, tentando encontrar uma motivação para o Capitão Nascimento contar aquela história.

A maioria dos manuais de roteiro condena o uso da voz *over*. Mesmo assim, você foi um exímio utilizador desse recurso. Por que tanta regra e tanta exceção?

Eu tinha muita antipatia pela narração, a voz *over*, até escrever o *Cidade de Deus*. Na verdade eu não queria usar esse recurso no filme. Foi o Fernando Meirelles (diretor) quem me convenceu que era impossível fazer o filme sem isso. Principalmente porque ele queria contar o máximo de histórias possíveis e cobrir o período todo que o romance contava. Para fazer isso seria necessário ter muitos saltos no tempo, e o uso da voz *over* seria fundamental. Eu me rendi à ideia e tentei encontrar uma personalidade para essa voz, e foi quando decidimos quem seria o narrador do filme. Hoje em dia eu sou muito avesso a regras quando elas são entendidas como fatores absolutos. Acho que existem, sim, princípios dramatúrgicos dos quais o roteirista tem que entender. E eu acho que um deles tem a ver com a voz *over*. Ela vira uma muleta quando você não consegue contar as suas histórias com ações. Mas às vezes desrespeitar uma regra produz um efeito muito mais forte no espectador, e é melhor do que ficar acovardado por ela e querer fazer tudo certinho. Acho que em arte o certinho nunca funciona muito bem. Existem padrões narrativos que precisam ser estudados, conhecidos, mas, algumas vezes, para contar sua história, você precisa fugir do padrão. Para mim, a única regra que vale de maneira absoluta é que cada história tem um jeito perfeito de ser contada. O que o roteirista deve fazer é encontrá-lo. Nesse sentido, a voz *over* pode ou não ser usada, mas é um recurso que existe. Usá-la como muleta para compensar deficiências narrativas é péssimo. Utilizá-la como recurso criativo para tornar a narrativa mais interessante, mais instigante para o espectador, é bom.

FALE UM POUCO SOBRE A SUA METODOLOGIA DE TRABALHO.

Eu não sou um cara muito metódico. Sou caótico e acho que o meu caos funciona, por isso não tento organizá-lo. Se o trabalho estiver rendendo, posso atravessar a madrugada trabalhando. Se não estiver indo bem, eu paro, porque acho que não vale a pena insistir quando o trabalho não anda. Minha rotina varia muito de acordo com o estado em que se encontra o roteiro. Sempre começo escrevendo um argumento, que é como um conto, um texto em prosa. Aí passo a descobrir a história. Mas eu demoro muito para escrever efetivamente: leio, vejo filmes, fico deprimido porque acho que eu não sei fazer, deito no sofá para ver televisão, durmo, saio andando... Até que uma hora a história começa a ganhar forma na minha cabeça e finalmente sento e escrevo relativamente rápido.

A segunda etapa para mim é a escaleta: estruturar a narrativa. É a fase mais cerebral. É quando realmente tenho que ficar quebrando a cabeça e buscando a história em cenas, e o que acontece em cada uma delas. Esse é um processo que consome muito tempo, às vezes mais de um mês ou dois. Faço muitas versões da escaleta, escrevo em cartõezinhos, imprimo. Tenho um painel de metal onde coloco os cartões e fico repassando essa escaleta muitas vezes. Esse processo é o mais caótico. Quando a escaleta está bem firme, é quando tenho que sentar e escrever o roteiro propriamente dito. Nesse momento tenho sempre a ilusão de que tudo já está na minha cabeça. Depois eu sento e descubro o que não está. Mas eu preciso dessa ilusão, desse engano, para sentar e começar a escrever.

VOCÊ TEM ALGUMA MANIA?

Eu tinha até vergonha de dizer isso, mas lembrei de um filme sobre o Glenn Gould (pianista canadense) em que, ao se preparar para um concerto, ele primeiro pegava a partitura e apenas lia, memorizava e ficava com a música inteira na cabeça. Daí ia para o piano praticar e ligava todos os aparelhos da casa: os eletrodomésticos, liquidificador, aspirador de pó, e fazia um tremendo barulho. Só então começava a ensaiar sem ler a partitura. Eu, quando estou enérgico e começo a trabalhar, gosto de escrever com a televisão ligada. Eu não presto atenção nela, mas aquele barulho me ajuda na concentração. Talvez essa seja a mania mais estranha que eu tenho.

De resto, apenas o terrível hábito de fumar, que combina muito com o de escrever, infelizmente. Outra mania – que eu chamo mais de método – é interpretar todos os meus personagens. Normalmente eu imagino a cena, o que o personagem vai fazer, me levanto e faço a cena ali. Eu acho isso muito bom, porque ajuda a dar mais realidade para aquele personagem e para a ação que estou escrevendo.

É VERDADE QUE MUITAS VEZES OS PERSONAGENS FALAM SOZINHOS?

Ouvi de um roteirista argentino, o Santiago Oves, uma explicação à qual assino embaixo: "Quando o roteirista tem claro o seu personagem, quando ele está bem construído, ele fala sozinho". É claro que isso é uma metáfora. O roteirista é quem está ali escrevendo. Mas, de alguma maneira, aquele personagem ocupa um espaço tão grande na cabeça da gente que é quase uma psicografia. É como se ele falasse sozinho, sim. Eu não falo com meus personagens no sentido de ter diálogos com eles. O que faço é me colocar dentro deles. Então, quando escrevo, tenho a sensação de que não sou eu quem está pronunciando aquelas palavras, é mesmo aquele cara, por mais fictício que ele seja e eu tenha total consciência disso. Personagem é personagem, não é um ser biológico. Ele não é um sujeito, é um ser de linguagem, é uma criação. Mas ele tem uma verdade dentro desse universo ficcional e tem que ter o direito de falar o que quiser. E acho que o trabalho do roteirista é encontrar caminhos para deixar o personagem dizer o que tem a dizer, depois é editar o texto.

COMO VOCÊ CONSTRÓI OS SEUS PERSONAGENS?

Eu não gosto muito desse negócio de fazer biografia. Tenho preguiça de fazer isso formalmente, de inventar a história do cara... Eu faço de um jeito informal, quando a história não anda ou não sei para onde ela deve ir. Isso é sinal de que o personagem não está claro. Por isso é bom trabalhar em dupla, com outro roteirista. Você começa a trocar ideias e a fazer mais perguntas sobre o personagem. Eu descubro muito do personagem na escaleta e também durante a própria escrita do roteiro. Aí, sim, faço as perguntas que sinto necessidade de responder. Antes não. Mas admito que seja um bom método para quem tem essa capacidade, essa competência de pensar o personagem e escrever uma biografia dele como se fosse um ser humano mesmo, com vários detalhes, antes de criar a história.

E quando o trabalho empaca?

Uma coisa que faz parte do processo criativo é deixar o inconsciente trabalhar. Se você fica muito racional, tentando resolver o problema de uma maneira muito lógica, com muito controle, você dá voltas no mesmo lugar. É muito comum – e eu já ouvi isso de muitas pessoas – você parar de trabalhar para fazer um xixi, e no tempo em que está ali, concentrado em não fazer xixi fora da privada, sua cabeça libera algumas conexões, os neurônios se agitam e você encontra a solução (risos). Isso acontece muito comigo e eu volto com uma ideia para resolver o problema.

Desde a retomada do cinema brasileiro, a profissão de roteirista se afirmou como um dos pilares mais importantes dessa nova etapa. Mesmo assim, ainda é um dos "departamentos" do cinema mais criticados...

O que acontece no Brasil é que ainda engatinhamos no que um dia pode vir a ser algo parecido com uma indústria cinematográfica. Acho pouco provável que consigamos aqui uma indústria nos padrões americanos, mesmo porque nenhum outro país a tem. Talvez Bollywood, na Índia, e só. Mesmo a Europa, por mais profissional que seja seu mercado, não tem uma grande indústria. Mas acho que estamos caminhando para ter algo muito parecido com o modelo europeu. Um fato é que já existe um volume muito grande de produção. Por outro lado, o Brasil tem tradição, principalmente por causa do Cinema Novo, do chamado cinema de autor, em que o diretor é o grande autor do filme. Por causa disso, criou-se uma cultura cinematográfica na qual o roteiro realmente não era uma peça tão relevante assim. E o roteirista era visto quase como um técnico. O roteiro ficou relegado a segundo plano. Pagava-se pouco pelo trabalho e ainda hoje se paga pouco. Quem é que queria ser roteirista? Trabalhar muito ganhando mal e sem nenhum reconhecimento e nenhuma visibilidade profissional? Isso tudo fez com que o roteiro brasileiro seja, ainda hoje, uma espécie de calcanhar de Aquiles do nosso cinema, apesar de isso estar mudando.

Mas estamos de acordo ao dizer que há muito cinema nacional com histórias frágeis sendo exibidas no circuito?

De fato, a gente percebe nos filmes muitos problemas de roteiro. Eu acho que o mais notável é a artificialidade dos diálogos. Isso é, digamos, o mais visível para o espectador médio. Porém, existem outros problemas que têm a ver com a construção do personagem e da própria história, mas eu acho que essa tendência está se revertendo.

Como e por quê?

Porque a situação do cinema brasileiro, hoje, depende do roteiro para captar dinheiro. Isso deu condições materiais para que todo mundo prestasse mais atenção a ele. Numa situação ideal é disso que precisamos. Mas é claro que não funciona bem assim. Vai do prestígio de quem apresenta o projeto, dos contatos pessoais que produtores e diretores têm, das empresas que podem financiar. Mas acho que com os Funcines (Fundo de Financiamento da Indústria Cinematográfica Nacional, criado pelo governo federal) seremos mais profissionais. Não vai mais depender da vontade de um gerente de marketing decidir se o projeto vai receber o dinheiro ou não. Talvez isso ajude a mudar a cultura do cinema brasileiro em relação ao roteiro.

Podemos esperar um *boom* de roteiristas no Brasil?

A carreira de roteirista está virando uma profissão de verdade. Acho que vivemos um momento em que o cinema brasileiro pode ter roteiros e roteiristas cada vez melhores. Porque se está investindo mais nisso e a profissão está mais visível. As pessoas que escrevem roteiro estão aparecendo mais, principalmente as gerações mais novas. À medida que um trabalho se profissionaliza, as relações de mercado se formalizam, e a tendência é que cresça a exigência em relação à qualidade dos roteiros. Assim, os profissionais, estimulados por mais visibilidade, e também por cachês mais justos, trabalharão com mais empenho e dedicarão mais tempo à escrita – o que é fundamental – sem precisarem se desdobrar em duas, três ou quatro profissões ao mesmo tempo para se sustentar. Por outro lado, essa imagem que se tem no Brasil de que o roteiro é o calcanhar de Aquiles do cinema brasileiro é uma tremenda oportunidade para quem quer escrever. Se estão faltando bons roteiros, é preciso ter bons roteiristas trabalhando; estudados e esforçados, mas que saibam que esse trabalho não é glamoroso dentro do cinema. Os atores e o diretor aparecem mais, o roteirista, menos. Também quem gosta de escrever não gosta muito de exposição, então, na verdade, é uma vantagem.

VOCÊ É HOJE UMA REFERÊNCIA NO QUESITO ROTEIRO NO BRASIL. FILMES DE SUCESSO, UMA INDICAÇÃO PARA O OSCAR E UM DOS POUCOS QUE CONSEGUEM SOBREVIVER APENAS ESCREVENDO. COMO ISSO ACONTECEU E COMO LIDAR COM ESSA POSIÇÃO?

Em tudo na vida, e na dramaturgia também, o fator sorte não está excluído. E também o acaso ocupa um papel muito importante na trajetória de todo mundo. Não vou ficar com falsa modéstia: acho que eu sou um bom roteirista, sim, tenho um texto bom, escrevo bem, tenho boa imaginação, estudei bastante dramaturgia de cinema. O que eu sei fazer não caiu do céu, estudei e trabalhei muito. Mas eu também tive um pouco de sorte: fazer o primeiro filme com o Fernando Meirelles, um cara muito especial que se arriscou a fazer algo meio estranho, com aquela narrativa do *Cidade de Deus*. Muita gente que leu o roteiro não botava fé. O Fernando sempre acreditou e bancou sua aposta. E deu muito certo. O filme tem muitas qualidades e com isso o distribuidor americano, que na época era a Miramax, apostou nele, o que foi fundamental. Mas também não vou tirar os créditos do filme: *Cidade de Deus* só conseguiu ir tão longe porque tinha méritos. Na época do Oscar, a Miramax investiu muito dinheiro nos Estados Unidos para manter o filme em cartaz. E disseram para o Fernando que apostavam nas indicações de montagem, direção de fotografia e roteiro adaptado. Diretor era muito difícil; melhor filme, impossível. Também disseram que não ganharíamos nada além das indicações. E acertaram tudo, menos a indicação do Fernando que, para a surpresa de todos, aconteceu. Digo tudo isso para explicar também por que dou a devida proporção a essa coisa do Oscar. É claro que o meu roteiro foi importante, ele foi votado pelos outros roteiristas e escolhido como finalista. Mas isso aconteceu graças à Miramax, que bancou o filme. Sem eles o filme não teria chegado aonde chegou e a minha vida seria diferente. Sem dúvida, o fato de ser indicado ao Oscar me deu prestígio. Não só aqui no Brasil, mas também em Hollywood, as pessoas me recebem muito bem. Eu nunca imaginei que aconteceria uma coisa dessas na minha vida. Mas as condições estavam dadas. Além de me considerar um roteirista esforçado, meu caminho cruzou com o de pessoas como o Fernando Meirelles, que fez um filme espetacular e me projetou. Eu tive sorte e tenho que ter humildade para reconhecer isso.

Você escreveu o roteiro de *Tropa de elite 2*, maior bilheteria do cinema nacional. Diferentemente do primeiro filme, em que o protagonista foi descoberto na montagem, como foi a experiência no segundo?

O *Tropa de elite 2* foi a chance, pelo menos para mim, como roteirista, de trabalhar e aprofundar o personagem do Capitão Nascimento, que no primeiro filme era um personagem secundário e virou protagonista na montagem. Dramaturgicamente, no roteiro do primeiro filme, o Capitão Nascimento não tinha uma trama interessante. Ele começa e termina igualzinho, não se transforma. O Wagner Moura, que é um ótimo ator, é quem conseguiu isso. Por esse motivo, o *Tropa 2* foi a chance de me redimir perante o Nascimento, fazê-lo protagonista de verdade.

De onde vieram as ideias para o segundo filme?

As premissas do *Tropa de elite 2* vieram do José Padilha, o diretor. Ele queria que a história acontecesse quinze anos depois, com o filho do Capitão Nascimento adolescente. Queríamos também que a personagem Rosane (interpretada por Maria Ribeiro) estivesse casada com outra pessoa. Buscávamos esse conflito entre pais separados e um padrasto ocupando o espaço que seria do Nascimento. Por outro lado, havia um personagem, batizado de Fraga – um deputado de esquerda, inspirado no Marcelo Freixo –, que seria o inimigo ideológico do Nascimento. Eram muitos personagens e corríamos o risco de o filme ficar confuso, rarefeito. Daí veio a ideia de a Rosane ser casada com o inimigo dele, o que seria uma baita coincidência. O Padilha tinha muito medo disso. Eu também. Mas preferimos arriscar. A história precisava ficar mais enxuta, menos dispersa. E defendi que a maneira como apresentássemos essa coincidência é que definiria a credibilidade desse fato. Por isso aquela voz *over* irônica do Capitão Nascimento contando como tudo aconteceu. Só na pré-estreia, em Paulínia, e depois no Festival de Berlim, tivemos a comprovação de que aquilo funcionava: todo mundo riu. A gente conseguiu transformar um efeito aparentemente forçado num valor dramático. A história ficou melhor, mais coesa. Não foi preguiça narrativa, muito pelo contrário, deu muito mais trabalho. Tivemos que pensar no *background*, criamos muitas cenas que, inclusive, não usamos, mas que serviram para que a gente entendesse e aceitasse também essa coincidência. Foi muito trabalhoso escrever esse roteiro.

E A MONTAGEM DO SEGUNDO FILME, DEU TANTO TRABALHO QUANTO A PRIMEIRA?

Até onde eu sei, foi muito mais tranquila. O *Tropa 1* foi montado em São Paulo, onde eu moro e, por isso, foi muito mais fácil de acompanhar. O segundo foi montado no Rio de Janeiro. Quando fui até lá assistir, o filme estava praticamente pronto. Apenas sugeri duas ou três coisinhas com relação à ordem e reescrevi as narrações do Capitão Nascimento junto do Padilha. Nós polimos todas as vozes *overs* dele juntos. Mas, pelo que ouvi do Daniel Rezende (montador do filme), foi uma montagem muito tranquila, nada comparado com o primeiro. Dessa vez, o trabalho pesado foi feito no roteiro, como deve ser.

Qual é o desafio da continuação do filme?

Nunca enxerguei o *Tropa de elite 2* apenas como uma continuação. Quando o Padilha me convidou, minha primeira reação foi não querer entrar no projeto. Quando eu soube que a história aconteceria quinze anos depois e que havia o filho do Capitão Nascimento na trama, isso me interessou. A partir desse momento, deixei de me preocupar se o filme seria uma continuação ou não. Era a história de um personagem – que eu já conhecia –, com um novo conflito. Depois o Padilha me contou que a ideia era trabalhar também com as milícias, um tema que me interessava. Era como se fosse um filme novo. Eu nunca senti a pressão de o segundo filme ter que ser melhor que o primeiro, como hoje eu acho que é. Para mim, principalmente, era a oportunidade de aprofundar um personagem. Essa foi minha motivação artística.

Houve também uma motivação profissional em aceitar escrever *Tropa de elite 2*?

O Padilha me propôs uma coisa interessante: ser sócio do filme. Ele queria fazer uma produção independente e distribuí-lo assim, sem um estúdio por trás, sem ninguém vigiando, buscando recursos e com controle total sobre o filme. Um privilégio sim, mas que podia dar errado. Era um risco muito grande. Eu passei apertos financeiros enquanto escrevia o filme. Dediquei muito tempo do meu trabalho ganhando apenas um cachê simbólico. Até o filme ser lançado, não sabíamos o que aconteceria. E quando vi o filme montado, achei que tinha errado no risco profissional. Pensei que o filme não ia acontecer, que não era tão popular quanto o primeiro, que tinha uma trama mais complexa, mais soturna, pesada. Por outro lado, estava muito feliz com o resultado. Eu adorei o filme, fiquei orgulhoso. Não me sentia assim desde o *Cidade de Deus*. Só não imaginei que faríamos mais público do que com o primeiro. Ainda bem que estava enganado.

VOCÊ ESCREVEU SEU PRIMEIRO ROMANCE, *PERÁCIO - RELATO PSICÓTICO*, E TAMBÉM UMA PEÇA DE TEATRO, *MENECMA*. SÃO PROCESSOS CRIATIVOS MUITO DIFERENTES?

Na verdade, foram processos parecidos. Sou bastante metódico na escrita, mas também, principalmente no começo, muito caótico. Começo a ter ideias soltas que podem ou não servir para alguma coisa. Só depois as ordeno. Com o livro não foi diferente. Toda a organização dele foi estudada: são 35 capítulos, porque o Perácio, o protagonista, tem 53 caderninhos, e 53 e 35 são números espelhados. O livro é cheio de paralelismos, anagramas, rimas, coisas de que gosto e estudei muito. Mas, para fazer isso, costumo oscilar entre o controle e o descontrole. Gosto da organização, do metódico, mas não fico satisfeito se não tiver espaço para o meu próprio descontrole. Uma ideia pode ser aparentemente estapafúrdia para a estrutura que estou montando, mas tem alguma coisa na minha intuição que me diz que ela é boa. Às vezes, como eu disse, sujar o texto é bom, torná-lo imperfeito. Prefiro fazer isso a deixar tudo certinho. Dá mais alma, mais vida. A diferença prática, no caso da literatura, é que ela é muito calcada no discurso verbal. No filme, escrevo com imagens e ações. No romance, a prioridade é a palavra, as aliterações. Posso mergulhar no pensamento dos personagens. São resultados diferentes, mas para os quais você usa as mesmas habilidades básicas de fabular, construir personagens, cenas, frases. Só que no caso da criação, o cérebro opera de maneiras distintas, e, no meu caso, há muita influência da experiência como espectador. Eu sei o que gosto de ver no cinema, que efeitos me provocam mais ou menos. No teatro e na literatura, idem. Então, quando escrevo, essas coisas estão na minha cabeça. E o processo de trabalho é parecido, de caos e ordem, jogando com as duas coisas. Construo com o pensamento, seja um filme, um livro ou uma peça. E descobri naturalmente o meu jeito de trabalhar.

FILMOGRAFIA

* *Vips* (2010)
* *Tropa de elite 2* (2010)
* *Última parada 174* (2008)
* *Linha de passe* (2008) – colaboração
* *Tropa de elite* (2007)
* *O ano em que meus pais saíram de férias* (2007) – colaboração
* *Cidade de Deus* (2002)

CAROLINA KOTSCHO

"UM DOS PAPÉIS DO ROTEIRISTA É ESTAR ALI,
PORQUE ELE É A ÚNICA PESSOA QUE SÓ ESTÁ PREOCUPADA COM A HISTÓRIA."

Se depender do poder de persuasão de Carolina Kotscho, não faltarão novos roteiristas no cinema brasileiro. Depois de nossa conversa, ela insistia: "Vocês não estão com vontade de virar roteiristas, não? A gente falou tanto...". Carolina é o que se pode chamar de uma roteirista engajada. Não defende a profissão por uma questão de *status*, mas por acreditar na importância do roteiro para a composição de um bom filme. Também pudera: é dela (junto à Patrícia Andrade) o roteiro de um dos grandes sucessos do cinema nacional, *2 filhos de Francisco*, a biografia dos cantores Zezé di Camargo e Luciano, dirigida por Breno Silveira. O surpreendente desempenho do filme foi o atestado de que Carolina precisava para abraçar a profissão e defendê-la com unhas e dentes. Além de ter sido presidente da Autores de Cinema, umas das duas associações que representam o roteirista brasileiro, foi dela a ideia do polêmico título que muitos diretores entenderam como uma provocação. Mas que, segundo Carolina, não passa de bobagem. O que importa mesmo é o bom resultado nas telas. Para isso, ela não mediu esforços para convencer o produtor Leonardo Monteiro de Barros de que poderia assumir a responsabilidade de escrever o roteiro de um longa-metragem de ficção (coisa que nunca havia feito antes) e de se transformar em uma incansável autodidata. Foram três exaustivos anos de pesquisa, escrita, revisões e justificativas de por que valia a pena contar a história de dois cantores sertanejos. Mesmo quando muita gente torcia o nariz para a temática do filme, Carolina não tinha outra opção senão acreditar no que fazia e levar seu desafio às últimas consequências. Afinal de contas, cinema é um entretenimento caro, e seu futuro como roteirista estava em jogo. A responsabilidade era grande, mas o desempenho foi igualmente notável.

Palavra de Roteirista

Filha de pai jornalista e mãe socióloga, a formação de Carolina Kotscho é de artista plástica. Segundo ela, o cinema foi o lugar que encontrou para juntar todas essas influências e informações e transformá-las em imagem. Aos 19 anos, insatisfeita por não se identificar com nada a que assistia na televisão, decidiu criar seu próprio programa e, depois de muito insistir, conseguiu o aval do canal Multishow para produzi-lo. Depois disso, Carolina se dedicou a produzir, escrever e dirigir documentários. Em 2001, recebeu o convite para assumir o departamento de entretenimento em TV, cinema e internet da produtora Conspiração Filmes em São Paulo. De lá para cá muita coisa mudou. Hoje, mimada – como ela mesma diz – pelo sucesso de *2 filhos de Francisco*, Carolina pode escolher os trabalhos que mais lhe interessam pessoal e profissionalmente. Mas se existe uma constante na trajetória dessa jovem roteirista é a perseverança. Nada lhe caiu do céu. Se, por um lado, aceita (inevitavelmente) que qualquer pessoa pode escrever um roteiro, também lembra que isso não garante um bom resultado. Para ela roteiro é arte, mas, assim como a pintura, toda arte tem sua técnica. Não basta apenas ter pincel, tela e tinta. E isso ela sabe melhor que ninguém.

Qual é a matéria-prima de uma boa história?

Uma das conversas mais bacanas que eu tive sobre esse assunto foi com o doutor Dráuzio Varela. Eu li o livro dele, *Por um fio*, enquanto cuidava da minha avó, que sofria de um câncer terminal, e fiquei muito emocionada. Então consegui o e-mail dele, escrevi, e ele me ligou. Levei um susto quando disse que queria conversar comigo. Nessa época eu já tinha escrito o *2 filhos de Francisco*, mas o filme ainda não tinha sido lançado. Mais uma vez, lá fui eu dar um monte de explicações dizendo que eram dois cantores sertanejos, mas que tinham uma história muito bonita e que isso valia um filme. Então o doutor Dráuzio me disse: "Carolina, a vida de qualquer pessoa dá um filme, dá um livro. Mas alguém tem que saber contar, alguém tem que colocar uma palavra depois da outra, uma imagem depois da outra". E se você for pensar é verdade, todo mundo já viveu um grande amor, todo mundo já teve uma grande decepção, todo mundo já teve que lidar com a morte. Só que você precisa saber contar isso de uma maneira interessante. Alguém tem que organizar essa informação, transformar em emoção, transformar em imagem, para virar um livro, um filme, um quadro, virar qualquer coisa. Então eu acho que as histórias estão em todo lugar. E roteirista é um bicho maluco. Às vezes estou em um restaurante com amigos, mas estou ouvindo a conversa do vizinho, anotando coisas. Há uma perversão nisso que a gente faz, de roubar histórias. Nós somos ladrões, a gente se apropria um pouco da vida dos outros.

Você faz muito isso?

Muito. Desde pequena. Não sei se fazia isso para virar roteirista ou virei roteirista para poder fazer isso (risos). A maioria dos roteiristas que eu conheço tem um fascínio pela observação e pelo outro. A gente está sempre tentando entender que bicho é esse chamado ser humano. Outra coisa muito bacana que ouvi do Dráuzio Varela foi quando ele cuidou de um senhor no Carandiru, que era bicheiro e fazia questão de que o doutor fosse conhecer a comunidade dele fora dali. Então o doutor Dráuzio foi. E disse que lá viu um menino que não tinha nem 30 anos comandando tudo, o vaivém de armas, de dinheiro. Ele ficou muito curioso e perguntou para o menino quantas pessoas ele comandava. E o menino respondeu:

"Diretamente umas quatrocentas, doutor. Indiretamente, mais de mil". "Mas você é tão novo, como é que faz isso?", perguntou o doutor Dráuzio. E o menino respondeu: "Sabe o que é, doutor, é que eu dou pro homem o que ele mais precisa". Aí o doutor Dráuzio riu e o menino falou: "Não é sexo nem dinheiro, doutor. É que eu ouço as histórias que eles têm pra contar". Então é isso, é ouvir a história do outro com respeito, e aí você vai fundo. Muito além do factual. É entender o quê, o porquê, as consequências dos atos das pessoas e criar uma intimidade com elas. Seja real, seja uma criação, vai vir sempre da vida. A arte foi criada depois da vida.

Então, quanto do autor tem uma história?

Se o roteiro for bom, você nunca vai saber (risos)... Acho que tem muito. Na primeira entrevista que a gente fez com o Zezé di Camargo, ele falava do seu personagem beijando a Vera Fischer. É claro que o *2 filhos de Francisco* poderia ter sido o filme do Zezé beijando a Vera Fischer. A história seria a mesma, mas o filme seria outro. Então, para cada roteirista, com o mesmo material, com a mesma referência, com as mesmas entrevistas, até com a mesma indicação de estrutura, você vai ter um filme diferente. Acho que o roteirista é um filtro que está impregnado na história. No final, o filme é uma soma das suas experiências, do seu arquivo de informações combinado com as emoções do diretor e até dos atores.

Falando em diretor, como funciona sua relação com ele durante a criação do roteiro?

Antes de mais nada, o diretor deve ser alguém com quem você tenha uma relação de sintonia, de respeito, de admiração. Que seja uma relação colaborativa em que você some, em que você brigue, mas que brigue pela história, pois você quer que aquilo fique melhor. Não por qualquer coisa. Às vezes me perguntam até que ponto posso influenciar uma história. Até o ponto em que eu tenha razão, em que tenha alguma coisa inteligente para dizer, para sugerir. Minha experiência com o Breno (Silveira, diretor de *2 filhos de Francisco*) foi muito bacana, porque ele fazia questão de ter o roteirista no *set*. Não só no *set* como até no último dia de mixagem. Mas eu não estava lá para impor nada. Se o roteirista tem uma boa sugestão para dar e faz isso com respeito, com educação e com inteligência, com certeza será ouvido. O bom diretor é aquele que ouve tudo e consegue tirar o melhor proveito da sua equipe. O ideal é que você saiba o seu lugar. E que fique claro na sua atitude, na sua relação com o filme, que você está ali para ajudar a contar aquela história da melhor maneira possível. Às vezes você vai ter razão e às vezes, não.

Você gostaria de dirigir um filme?

Acho que não. Ser diretor é muito solitário e perde-se muito tempo com coisas com as quais eu não sei lidar, que vão além da criação. O diretor, coitado, tem que arrumar dinheiro, tem que fazer conta, tem que cuidar da atriz, do mau humor de não sei quem, da briga de não sei quem. Isso vai muito além da minha capacidade de lidar com o ser humano. Eu prefiro ficar só com a criação mesmo.

Engraçado você falar do diretor como um ser solitário. Geralmente se diz que esse papel é do roteirista...

Mas não é, porque o diretor se expõe muito mais do que o roteirista e consequentemente se sente muito mais sozinho. As relações que ele tem são todas muito diferentes e ambíguas. Com o roteirista as relações são mais claras, mais genuínas, muito sinceras. Você passa um ano trabalhando com um diretor e com outros roteiristas. Você faz sessão de análise em grupo, falando e aprofundando sobre sua vida e a dos seus personagens. Tem uma intimidade que transcende a solidão. Quando o diretor vai para o *set*, ele é a autoridade. Guardadas as devidas proporções, ele é o presidente da República, aquele que tem todo um jogo de interesse e toda uma série de assuntos que vão muito além do filme que ele está fazendo. E isso não é para qualquer um. Os diretores sofrem muito, muito mesmo.

Então qual é o papel do roteirista?

Eu acho que um dos papéis do roteirista é estar ali, porque ele é a única pessoa que só está preocupada com a história. E se o diretor puder ter ao seu lado alguém para ajudar a pensar que história será essa, melhor. Acho muito cruel um diretor passar um ano ou dois escrevendo sozinho, botando uma história no papel, e ainda ter que cuidar de toda a produção, como acontece aqui no Brasil. Para mim, não faz sentido essa situação, porque acho que o cinema passa pela soma, pela colaboração. Se o diretor puder aprimorar o seu trabalho a cada camada do processo da realização com alguém do seu lado, tenho certeza de que o resultado final vai ser melhor para todo mundo.

Como funciona o trabalho em parceria com outro roteirista?

Depende do outro roteirista. Depende da história que você está contando. Pode ser um desastre. Eu já tive a experiência de ter uma relação pessoal muito ruim. Mas, mesmo assim, acho rica a ideia de parceria. Já que estamos falando de gente, de histórias de vida, até esse conflito é proveitoso. A pessoa tem sempre um universo de informações, de experiências diferentes da sua. Palavras que não fazem parte do seu vocabulário, do seu acervo, fazem parte do outro. Muita gente se sente invadida, tem a coisa da vaidade do texto, do ritmo de trabalho. Mas, se as pessoas estiverem ali para fazer o melhor possível, e não para ter razão, não para aparecer, aí funciona, seja quantas forem. No entanto, como cada um tem seu próprio ritmo, é complicado. Eu já tive experiências muito legais e muito ruins. A mesma coisa que disse sobre o trabalho com o diretor acontece na relação com o corroteirista ou outro colaborador. Depende da sintonia, do respeito e da admiração mútua para fazer dar certo.

Durante o processo de escrita, você mostra o roteiro para outras pessoas além da equipe?

Sim, acho fundamental. E acho que aprender a se expor com humildade e inteligência é o grande aprendizado do roteirista. É entender por que as pessoas estão reagindo daquele jeito. E estar aberto caso tenham uma compreensão diferente daquela que você imaginou para a história que está contando. Isso vale tanto para a opinião do seu vizinho como para a do roteirista que você mais admira. O rico é ter a amostra mais variada possível de reações, não de opiniões. É a hora de você acertar. Mostrar para a mãe, que vai passar a mão na cabeça e dizer que é lindo, não é do que o roteirista necessita. É preciso a crítica para reescrever, para chegar a um material mais redondo, mais claro e mais consistente.

Qual é a sua metodologia de trabalho? Quantas horas por dia você dedica à escrita?

Para mim, o fundamental é a etapa da pesquisa, eu rumino muito antes de colocar no papel. Leio muito sobre o tema, entrevisto, transcrevo as entrevistas, grifo, crio pastas, pareço uma maluca. Na hora que sento para escrever é muito rápido. Daí eu tendo a trocar o dia pela noite. O meu natural é trabalhar quando o mundo para e só existe aquela história rondando a minha vida. Durante o dia, muitas histórias interferem e atrapalham minha concentração. Não é sempre que eu consigo fazer isso, mas pelo menos na reta final eu preciso desse isolamento noturno. E aí eu levanto, interpreto, falo alto. Fica só a minha cachorra me olhando, porque ela está acostumada. Qualquer outra pessoa vai me achar uma louca.

E o tal do bloqueio criativo? O que fazer na hora do branco?

Leia, vá ao cinema, leia mais um pouco, durma, descanse. Vai passar. Aí você volta com uma história melhor.

Por que os manuais criticam tanto o uso da voz *over*?

O Robert McKee (autor do manual *Story: substância, estrutura, estilo e os princípios da escrita de roteiro*) fala exatamente o que eu acho: se você retirar a narração em *off* e o filme continuar de pé, tudo bem, funciona. O que eu não gosto e me incomoda muito é quando a voz *over* é ou uma costura ou uma legenda para cego.

Eu não quero que me contem o que estou vendo, nem que me expliquem o que eu não consigo entender porque não souberam fazer direito. No entanto, quando a narração traz outra camada de compreensão para a história, ela é muito bem-vinda. Eu não tenho preconceito com relação à voz *over*, mas admito que é um recurso que o roteirista tem que saber usar muito bem caso opte por ele.

Você tem manias de formato durante a escrita e a leitura de roteiros?

Confesso que tenho uma obsessão estética pelo roteiro que quase me enlouqueceu quando escrevi o *2 filhos de Francisco*. Passei quase mais tempo diagramando o texto do que criando. Porque eu não sabia que existia o Final Draft, nem qualquer programa para escrever roteiros. Eu fui na régua mesmo. Peguei um modelo, baseado naquela ideia de uma página por minuto, e apostei nele, e com o Word coloquei tudo no lugar. Mas, minha obsessão pessoal à parte, acho que o texto deve ser principalmente bem escrito. Eu participo de muitas comissões de seleção de roteiros, de festivais, de editais, e fico indignada com o desrespeito pelo formato e pelo texto. É preciso ter cuidado com o que o outro vai ler. É o roteiro que vai conseguir o dinheiro, a equipe que você quer e o elenco de que você precisa. Então tem que ser um prazer lê-lo, e para ser um prazer tem que haver um texto bem escrito, bem cuidado e no formato adequado. E a desculpa de não saber, para mim, não serve. Eu tinha 26 anos quando comecei a escrever *2 filhos de Francisco*. Tinha trabalhado com documentários por quase dez anos, mas nunca tinha escrito ficção. Eu não tinha estudado isso. Fui estudar assistindo a filmes, lendo roteiros e buscando a formatação adequada. Mesmo sem recurso, sem programa especial, dá para fazer. E tem que ser bem-feito.

Então você considera o roteiro cinematográfico um objeto mais técnico ou mais artístico?

Eu acho que a criação do roteiro cinematográfico é totalmente artística. Mas toda arte tem técnica. Talvez por minha formação em artes plásticas, eu pense assim. Você não sai pintando um quadro sem saber utilizar o pincel, misturar a tinta... Então toda arte precisa de uma técnica, mas ela é uma criação, uma expressão artística de um autor.

Qual é o seu ponto de partida para escrever uma história?

Depende da história. O mais importante nesse processo é entender a história que você quer contar. Você deve se envolver com ela de tal maneira que o processo todo seja único. Não tem regra. Acho que no dia que tiver regra, vou fazer outra coisa.

Saber os mecanismos de construção de uma história faz o roteirista perder o encanto como espectador?

Em um filme muito bom, não. Mas a gente fica mais exigente. E aí o bom filme é aquele que faz você esquecer que é roteirista, que trabalha com aquilo, que tem um monte de gente atrás daquela câmera. A história bem contada é a que faz você esquecer as suas referências e que aquilo não é real. Por outro lado, um bom roteirista vai achar brilhante um número cada vez menor de filmes. Mas quando se depara com uma boa história, sente um prazer maior do que o de quem não entende o quanto é difícil chegar a esse ponto.

Você já trabalhou muito com documentários e sua primeira ficção no cinema derivou de personagens reais. Qual é a diferença em criar para esses dois "gêneros"?

Ambos os gêneros falam da vida, do ser humano, das relações humanas. Sempre buscamos refletir sobre esses temas e isso não muda. Eu acho que a diferença da ficção é a experiência do espectador. O documentário, de alguma maneira, você assiste mais protegido, é a história do outro. Em raras exceções, você se identifica a ponto de se emocionar profundamente. Ele traz mais informação que emoção. A ficção bem-feita, para mim, envolve de um jeito que aquelas duas horas lhe permitem viver outra experiência, outra vida, outra situação. E o espectador sai dali mexido de alguma maneira e leva aquilo para a sua vida.

Qual é a sua reação diante dos seus roteiros nas telas?

Com *2 filhos de Francisco*, fiquei muito feliz. Também não foi uma surpresa porque participei de todo o processo até o final, então sabia o que veria. Mas acho que para o roteirista o resultado do trabalho está em 90% do que ele escreveu. O que vem depois pode ser uma alegria enorme, mas talvez você já esteja escrevendo outra história...

Como você reage às críticas feitas ao filme depois do lançamento?

A primeira vez que tive de lidar com isso foi com o filme *2 filhos de Francisco*. Passei três anos explicando para todo mundo por que estava contando aquela história, mas no momento do lançamento a crítica foi bastante generosa. Pegava mal criticar o filme. Mas já passei por isso com outros trabalhos. Também não gosto de tudo e não gosto de todas as pessoas. Algumas pessoas, eu faço questão de que não gostem do que eu faço. Porque se elas gostarem, tem alguma coisa errada (risos). Então, penso que isso vai da segurança de cada um. O que acho perigoso é o poder que muita gente tem sobre aquilo que chamo de "eu acho". É diferente você ter uma crítica profissional, de referência, por um lado, e ter a crítica do "eu acho", do bonequinho aplaudindo ou do bonequinho indo embora, por outro. É muito arbitrário. Uma coisa é você ter uma análise daquela obra, contextualizada, a partir da qual o leitor saiba o filme que vai encontrar. Mas a crítica hoje tira esse direito do espectador de se identificar ou não com a história da maneira mais imediatista possível: ou você vai aplaudir, ou você vai sair do cinema; ou você vai ter o péssimo, ou vai ter o excelente. O que, para mim, é uma distorção. Você sai do critério de análise, que eu acho que devia ser o papel da crítica, para o poder do "eu acho". E esse poder tem a ver com vender jornal, vender ingresso, e com outras coisas que vão muito além da arte como obra. A obra que fala de determinado assunto, de determinada maneira, pode ser interessante para uns e não para outros. Para mim, a crítica de hoje tem mais a ver com publicidade do que com jornalismo.

Qual é o seu critério para a escolha de trabalhos? Por que uma história e não outra?

Depois do filme *2 filhos de Francisco*, minha vida profissional virou de cabeça para baixo. Acho que foram mais de quarenta histórias que passaram pela minha mão em busca de um roteirista. Em geral, meu interesse é por uma questão muito pessoal. Estarei disposta a dedicar um, dois ou até três anos da minha vida para entender essa história e esses personagens? Precisa valer a pena para mim. Eu me pergunto se é o tipo de filme que mexeria comigo. Não vou ao cinema para comer pipoca e também não quero sair dali pensando em onde vou jantar depois. Gosto de filmes que carrego para o resto da vida e que, de alguma maneira, me chacoalham por dentro, seja para o bem ou para o mal. E são esses os filmes que eu quero fazer.

Do que você mais gosta e do que menos gosta no processo criativo de escrever um roteiro?

Gosto de tudo, até de sofrer por ele. Porque eu sofro muito; você faz, faz e faz. E aí chega ao primeiro tratamento, quando você acha que está tudo ali, e não está. É um sofrimento, esse processo todo. Mas, para mim, a realização passa por essa angústia, por mais perverso que isso pareça. Como o roteirista está trabalhando com o drama, com os conflitos, com a verdade, com a emoção, se você não estiver inteiro ali, seja na parte boa, seja na parte ruim, não vai fazer um bom trabalho. Minha motivação passa por essa intensidade. Passa por viver essas histórias e cada processo de trabalho de maneira única.

Mas se tivesse que destacar apenas uma etapa desse processo criativo, qual seria?

Sem dúvida a pesquisa. A possibilidade de descobrir o outro sem filtros. Ter contato com outras realidades que não são a minha. Chegar na casa de uma pessoa que nunca viu você na vida e conseguir que ela se exponha sem nenhuma barreira, com tamanha generosidade e coragem que eu acho muito emocionante. Todo filme, para mim, é inspirado em uma história real. Mesmo as ficções são fantasia de alguém, os delírios que a gente tem, que teve na infância ou que viu em outras relações e transformou em algo pessoal. E entrar em contato com esse universo pela primeira vez é estimulante. Eu fiz teatro durante quatro anos, mesmo sem nunca querer ser atriz. Mas foi uma experiência muito rica e que hoje me ajuda a trabalhar como roteirista e a me colocar no lugar do personagem. E, por ter trabalhado também por quase dez anos com documentários, a pesquisa é muito importante para mim. Ela me ajuda a entrar nesse universo e me apropriar das histórias, para que as minhas palavras tenham a voz dos seus personagens. E não que os personagens falem como eu, ou pensem e tenham atitudes que eu teria em determinada situação.

A questão da autoria é uma polêmica constante na criação cinematográfica. Você foi presidente de uma associação chamada "Autores de Cinema"...

Eu acho que, em geral, quando tem briga, quando tem discussão e polêmica, é por vaidade, e não por autoria. A autoria é dos dois, por lei. A nossa lei hoje, mesmo mal ajambrada, confusa e dúbia como é, diz que são autores os diretores e os roteiristas. E é muito melhor para o filme, e para todo mundo, que eles se entendam. Pronto. Se essa ideia foi minha, se aquela frase é de não sei quem, isso não deveria importar. O importante na autoria, e na obra em colaboração que é o cinema, é ficar bom. E que cada um contribua com o que tiver para dar. Se você for fazer cinema para ficar discutindo depois quem inventou o que, não faz o menor sentido. Nós somos "Autores de Cinema", mas com isso não estamos dizendo que o outro não seja. Não é uma provocação o nome da associação, ao contrário, é um convite. Vamos fazer isso juntos? Vamos fazer isso da maneira mais prazerosa e bacana possível? Porque assim, certamente, a gente vai fazer filmes melhores.

Existe algum ressentimento da parte dos roteiristas por não se sentirem reconhecidos ou por estarem à sombra de outros profissionais do cinema?

Eu não me sinto à sombra de ninguém. Pelo contrário. Acho que a importância do roteiro deve ser reconhecida, sim, mas no processo de realização de um filme. Outra coisa é dar autógrafo na rua. Acho que se o roteirista quer dar autógrafo na rua, está na profissão errada. Não que isso não possa acontecer. Pode. Mas acho que não deveria ser o objetivo do roteirista. Nosso reconhecimento é entrar em uma padaria e escutar alguém repetindo uma frase que você escreveu. A vaidade do roteirista é muito mais pelo que fica do trabalho em quem assiste ao filme do que pela imagem pública. Se o roteirista está frustrado porque outro profissional aparece mais do que ele, deveria tentar fazer o que o outro faz. O reconhecimento profissional do roteirista não é de massa, é do meio cinematográfico, é do público, é pela história. Mas o nome do roteirista tem que aparecer nos créditos, sim. Ele é autor e tem que ser reconhecido como tal.

Grande parte das críticas ao roteiro no cinema brasileiro é destinada aos diálogos. Existe uma maneira melhor de construí-los?

Nos últimos anos, tive a chance de participar da seleção de festivais, de formar parte de júris e da comissão que indica o filme brasileiro ao Oscar, e por causa disso assisti a muitos filmes. Vi tudo o que foi feito e principalmente muito do que foi feito no Brasil nos últimos anos. E o texto, até por trabalhar com isso, é o que me incomoda mais. Ainda sobra muito diálogo no filme brasileiro. Não sei se é cultural, se vem da novela, se vem do rádio, não saberia explicar. Mas é tão irreal... A gente não passa o tempo inteiro se explicando por meio do diálogo. Ninguém chega em casa e fala: "Tive um dia muito difícil por isso ou aquilo". Isso não existe. Ninguém fala o que pensa. Ninguém pensa antes de falar. Ninguém filosofa o tempo todo. Em um roteiro é preciso respeitar o universo do qual se trata a história. Eu não posso botar um casal que nasceu no interior de Goiás na década de 1960 tagarelando. Essas pessoas não falam, essas pessoas são monossilábicas, você tem que traduzir o diálogo em ações.

O exercício do roteiro é o exercício da síntese. É você dizer muito com pouco, com menos. Quanto menos, melhor. E quanto mais o roteirista puder transformar palavras em ações, mais estará fazendo cinema. Porque é disso que se trata: de contar uma história com imagens, não com palavras.

Como você vê o atual panorama do cinema brasileiro?

O cinema brasileiro se profissionalizou muito em pouco tempo. Acho um absurdo a generalização do cinema nacional como bom ou ruim. Tudo se faz no cinema brasileiro: filmes de gêneros, de qualidades e de formatos diversos. E que bom que é assim! Quanto mais, melhor. Filme brasileiro hoje tem mais diversidade, mais produção e mais profissionalismo.

Então o que falta no cinema brasileiro?

O maior clichê, quando eu comecei a trabalhar como roteirista, era ouvir que roteiro era o que faltava no cinema brasileiro. Mas não é verdade. Faltava tudo no cinema brasileiro. Até pouco tempo não havia nada. Então vieram as leis de incentivo e com elas algumas perversões. O projeto só passava a existir depois da existência de um roteiro. Aí o cara que queria fazer um filme tinha que entender de leis de incentivo, escrever o roteiro, captar recurso... Tudo girava em torno do diretor, que tinha que ser obsessivo para conseguir filmar. O cara tinha que ser louco para fazer cinema no Brasil e tinha que entender de tudo, era cruel. Eu não sou contra diretor que escreve seu roteiro, tem gente que faz isso brilhantemente e tem que fazer. Mas não é todo mundo que quer, que gosta e que sabe fazer. E também não é todo diretor que quer ser produtor, captar dinheiro, cuidar de orçamento e da distribuição. Então, se hoje existe a opção de que cada profissional se responsabilize por sua área, ou seja, produtores que produzam, roteiristas profissionais que escrevam, gente que faça exclusivamente isso da vida e que não apenas se dedique a esses ofícios nas horas vagas, consequentemente haverá mais mercado, mas profissionalismo e filmes melhores.

QUE APTIDÕES UM BOM ROTEIRISTA PRECISA TER?

Antes de qualquer coisa, precisa ter interesse por histórias. Qualquer uma. Ser um observador, quase um pervertido. Precisa saber escrever bem, gostar de escrever, gostar do texto, ter respeito por ele. Respeito com consciência. Não adianta achar que roteiro é literatura. Se você quer fazer literatura, vá fazer outra coisa. Roteiro e literatura são coisas diferentes, são maneiras diferentes de contar uma história.

ANTES DE ESCREVER *2 FILHOS DE FRANCISCO*, VOCÊ NUNCA TINHA ESCRITO FICÇÃO. COMO SE ENVOLVEU COM O PROJETO DO FILME?

Quando a Sony fez a encomenda de um filme sobre o Zezé di Camargo e o Luciano para a Conspiração, ninguém sabia muito bem o que fazer com aquela história nem por onde começar. Por causa da minha experiência em documentário e pesquisa, fui com a Patrícia Andrade fazer a primeira entrevista com eles. Depois de muito conversar, entendemos por que valia a pena contar aquela história: porque era incomum e emocionante. A partir daí, decidimos nós mesmas escrever o roteiro. Nessa época, a Patrícia era assessora de imprensa da Conspiração e também nunca tinha trabalhado com cinema. Assim como eu, tinha feito documentários, mas nunca ficção. Como o projeto ainda não tinha diretor, nos arriscamos a escrever o filme. O Leonardo Barros, produtor do filme, disse que eu estava maluca e que aquilo não funcionava daquele jeito, que roteiro era uma coisa muito séria, muito técnica e que não poderia assumir nenhum compromisso com a gente. Mesmo assim, aceitamos o desafio e começamos a trabalhar. Eu queria contar aquela história mais do que qualquer coisa, independentemente de estar ou não nos créditos do filme. Então trabalhamos durante seis meses. Foi quando o Breno (Silveira, diretor do filme) entrou no projeto, leu o roteiro que tínhamos escrito e se apaixonou pela história que propusemos. Depois trabalhamos mais um ano juntos e deu no que deu.

Você escreveu um roteiro sem nunca ter lido um manual?

Fui ler os manuais depois de ter o primeiro tratamento pronto. Não se faziam filmes antes de esses manuais serem escritos? Além disso, esses livros vêm da lógica. E fazer esse exercício de lógica sem ter a fórmula preestabelecida foi muito importante para mim, para o meu aprendizado. O meu esforço talvez tenha sido um pouco maior do que se eu tivesse lido os manuais antes, porque fui errando e acertando na prática. Mas essa prática me fez entender muito da estrutura, do caminho e do que funcionava ou não de uma maneira mais intuitiva. Então, quando fui ler o Syd Field (roteirista americano e escritor de diversos manuais) e o Christopher Vogler (consultor dos estúdios Disney e autor do livro *A jornada do escritor*), eu já tinha passado por aquela experiência. Já tinha chegado a muitas daquelas conclusões. A gente chama de manual justamente por isso, porque fala de obviedades, de coisas que, em geral, as pessoas são capazes de pensar sozinhas, mas que às vezes é bom lembrar ou reforçar.

Então qualquer pessoa pode escrever um roteiro?

Poder pode, mas isso não quer dizer que vai ficar bom. É como pintar um quadro, você tem a tinta, tem o pincel, tem a tela... Se for alfabetizado, você pode contar uma história. E toda história pode ser contada, como disse o doutor Dráuzio Varela. Toda vida dá um filme, dá um livro, mas alguém tem que colocar uma palavra depois da outra e tem que fazer isso direito para valer a pena ser filmada, para valer a pena ser assistida. Então toda pessoa pode escrever um roteiro? Pode. Mas não é todo roteiro que vai ficar bom. Escrever bons roteiros é difícil, muito difícil. Se disserem que é fácil, estão mentindo ou fazendo isso mal (risos).

Como autora do filme, qual seria a explicação para o fenômeno de *2 filhos de Francisco*?

A história do Zezé e do Luciano se resume, para mim, em uma frase que a dona Helena, mãe deles, fala depois que um de seus filhos morre: "Se a gente errou, errou tentando acertar". Porque nenhum pai e nenhuma mãe fazem alguma coisa para prejudicar o filho conscientemente. *2 filhos de Francisco*, apesar de ser a história deles, é uma história popular. Ao longo de três anos, enquanto escrevíamos o roteiro, tivemos que lidar com muito preconceito. Durante o processo inteiro, a gente ficava explicando para todo mundo por que queríamos contar a história deles. E era porque aquela história falava de coisas importantes para todos. São pessoas que tiveram uma curva dramática e rara de vida. Nela está a relação entre irmãos, entre pais e filhos; a busca de um sonho, as frustrações, os desafios e coisas que até eu não imaginava que pudessem emocionar alguém, como chegar a São Paulo à procura de um sonho. Muitos músicos que eu conheço e que vieram de longe se identificaram com esse momento. Para eles, foi a parte mais emocionante do filme, que é chegar nessa cidade assustadora e enfrentar esse lugar. Eu, que nasci aqui, nem pensei nisso. Então acho que o desafio do cinema é dar esse passo. E, para mim, o trabalho do roteirista, para conseguir dá-lo, passa por uma pesquisa profunda de envolvimento verdadeiro com aquele universo, aquela história, aquele drama, mais do que tudo. Porque seja no morro, seja no interior de Goiás, seja em São Paulo, o drama no fundo é o mesmo. Lá no fundo, e quando a gente chega lá no fundo mesmo, a gente consegue falar com todo mundo. Então esse é o cinema que gosto de ver, e é, portanto, o cinema que eu gosto de fazer. E acho que é por isso que deu certo.

TEM COMO SABER SE O FILME DARÁ CERTO AINDA NO ROTEIRO?

Acho que saber não sabemos nunca, a gente sente. E só quando sentimos de verdade e os personagens nos usam, e não o contrário, é que o filme tem chance de dar certo. Mas acho que é um sentimento, e não uma certeza, não uma fórmula. Até porque se essa fórmula existisse, primeiro, ninguém errava e, segundo, que graça ia ter? A gente já saberia o que ia encontrar quando fosse ao cinema.

FILMOGRAFIA

* *Não pare na pista: a melhor história de Paulo Coelho* (2014)
* *Flores raras* (2013)
* *Quebrando o tabu* (2011)
* *2 Filhos de Francisco: a história de Zezé di Camargo & Luciano* (2005)

DAVID FRANÇA MENDES

"NÃO É FÁCIL ANDAR COM UMA MULTIDÃO DE PESSOAS
DENTRO DA SUA CABEÇA."

1999. Ano da primeira edição do Festival de Cinema do Rio de Janeiro. O sobrado onde funcionava o Grupo Estação, na rua Voluntários da Pátria, em Botafogo, no Rio de Janeiro, fervilhava entre as novidades do evento e os pormenores de sua realização. Uma enxurrada de estudantes de cinema – da qual eu fazia parte – era voluntária na organização em troca de ingressos para assistir aos filmes. Foi quando conheci David França Mendes. Durante minha estada naquele sobrado, nunca entendi o que ele fazia por lá. Nossa relação se limitava à saudação cordial do franzir a testa e nunca me atrevi a perguntar sobre sua função. Sabia que ele fora um dos fundadores do Cineclube Estação Botafogo junto a outras pessoas que, pouco a pouco, fui conhecendo por ali. Mas todos tinham uma mesa, uma sala, um canto. Menos ele. David passeava pelos corredores, falava pouco e observava muito. Até o dia em que desapareceu. E, naturalmente, minha curiosidade aumentou até conseguir uma resposta: "Ele é roteirista", me disseram. Aos 21 anos, confesso que não sabia exatamente o que fazia um roteirista e voltei ao trabalho dissimulando uma dúvida que me perseguiu por anos.

Corta.

2009. Encontro o David na Lapa, em outro casarão, onde agora realizamos as entrevistas do projeto *Palavra de roteirista*. Ao chegar, David me pergunta: "A gente se conhece?". Conhece sim, David. Eu era aquele menino voluntário no primeiro Festival do Rio, há dez anos. Aquele que sempre quis saber, mas nunca teve coragem de perguntar, o que você fazia. Será que você pode me responder?

Palavra de Roteirista

Quase médico, quase oceanógrafo, quase cientista, o carioca David França Mendes foi jornalista, crítico de cinema, fundador de cineclube, professor, roteirista, consultor de roteiros e diretor do longa-metragem *Um romance de geração*, uma particular adaptação do livro de Sérgio Sant'Anna. Em duas horas de conversa, aquele personagem tímido e calado que vagava pelos corredores do antigo sobrado de Botafogo se revelou um roteirista seguro, cheio de opiniões fortes e, por que não dizer, provocadoras. O personagem que qualquer roteirista precisa.

É POSSÍVEL SOBREVIVER NO BRASIL SENDO ROTEIRISTA?

Olha, eu consigo, mas realmente não é muita gente que consegue. E eu só consegui depois que o roteiro de um longa-metragem que escrevi foi selecionado para o laboratório de roteiro do Festival de Sundance, em 1996. Mas, na verdade, posso dizer que passei a sobreviver apenas da profissão de roteirista uns sete anos depois disso. Nesse meio tempo, eu vivi também de dirigir. Fiz mais de duzentos programas para o canal Futura, alguns documentários, entre outras coisas. O que quero dizer com isso é que leva um tempo, e eu acho até que esse tempo para mim foi relativamente curto. Acho que ninguém que esteja começando deve esperar viver de roteiro em menos de dez anos de profissão.

O QUE VOCÊ DIRIA PARA OS SEUS FILHOS SE ELES DISSESSEM "PAPAI, QUERO SER ROTEIRISTA"?

Para a minha filha, eu diria que não é uma má ideia, porque ela já tem a facilidade de o pai ser roteirista (risos). Mas para o filho de outra pessoa eu diria que é imprevisível. Eu e o Marcelo, meu irmão, trabalhamos com cinema. Eu com roteiro e ele com exibição. Quando a gente decidiu fazer isso, lá nos anos 1980, era uma coisa maluca. E hoje acho que a gente tem um nível de vida de classe média talvez com menos sofrimento do que a de muito médico por aí. Então isso é relativo. Você não sabe o que vai ser daqui a dez anos. Por isso é melhor fazer alguma coisa de que esteja a fim, algo de que você goste. Eu acredito minimamente nisso, mas também com um senso de realidade.

O QUE VOCÊ CONSIDERA SENSO DE REALIDADE?

Para te dar um exemplo, eu tenho um site e dou aula de roteiro, então me escrevem de vários lugares do Brasil com aflições como essas. E vejo muita gente magoada: "Eu não consigo fazer roteiro aqui em Campo Grande ou em Manaus". Pensando nisso, outro dia escutei uma entrevista dos irmãos Coen (Joel e Ethan, diretores e roteiristas americanos), em que perguntaram para eles o que sugeririam para alguém que quisesse fazer cinema, e eles responderam rapidamente:

"Morar em Nova York ou em Los Angeles". E isso nos Estados Unidos, um país infinitamente mais rico que o nosso! Então é normal que se concentrem as atividades em poucos lugares. Se você não está nem no Rio, nem em São Paulo, a sua chance de fazer cinema é menor porque existe menos dinheiro, existe menos experiência, existe menos gente com quem você possa dialogar e que faça isso também. É uma questão de maturidade. Você tem que ter a maturidade de entender que as coisas não acontecem em qualquer lugar, tem que ter maturidade de entender que você precisa, sim, se conectar com pessoas que trabalham com isso e viver nos grandes centros.

Formar a sua própria "panelinha"?

Esse papo de panelinha é uma fantasia persecutória das pessoas que não conseguem fazer cinema. As panelinhas são, simplesmente, pessoas que começam a trabalhar juntas. Vocês que estão fazendo esse projeto aqui, dos roteiristas, a curto prazo serão uma panelinha, com toda a justiça. Porque vocês estão trabalhando, estão fazendo bem, conhecem uns aos outros, conhecem outras pessoas. Vocês serão um grupo de pessoas que faz cinema, televisão, audiovisual, o que for, que vai ganhar mais prêmios e, assim, mais dinheiro para fazer seus filmes e ter tudo o que as pessoas que não têm contato nenhum, que não se relacionam com ninguém e não fizeram nada, não terão.

Como seus pais reagiram quando você e seu irmão decidiram fazer cinema na década de 1980?

Surpreendentemente larguei a faculdade de medicina para fazer jornalismo e, em um primeiro momento, eles acharam ótimo. Acho que viam que eu estava infeliz. E nem foram os meus pais que quiseram que eu fizesse medicina. Eu mesmo é que queria ser uma espécie de cientista. Mas eles viam que eu sempre escrevia. Não houve nenhuma crise, não. Talvez não soubessem o tamanho do tombo (risos).

Alguma influência cinematográfica na família?

Meu pai é comerciante e minha mãe é professora. Mas eles viam o entusiasmo que a gente tinha. A gente já fazia, por exemplo, um cineclube na UERJ (Universidade do Estado do Rio de Janeiro) chamado O Ébrio, antes mesmo de existir o Grupo Estação. A gente fazia tudo. Pegava as latas debaixo do braço, levava para a cabine, fazia programação. Então acho que eles pensaram "Seja o que Deus quiser!" e, em último caso, a gente sustenta (risos).

Em suas palavras, o que faz o roteirista? Qual é a sua função?

O roteirista é um cara que faz cinema, isso é o que o sujeito tem que enfiar na cabeça. Um roteiro é um filme no papel, entendeu? Se não é um filme no papel, ele não serve para nada. Você tem que ter essa postura. Em primeiro lugar, o roteirista deve ter capacidade de pensar cinematograficamente. Você pensa uma história, sim, mas uma história que deve ser contada com imagens e sons, que tem de ser vista cinematograficamente. Você não pode escrever simplesmente "fulano encontra o outro e toma um chope". Isso não funciona. É preciso construir o espaço onde os personagens tomam aquele chope, o gesto que eles fazem, quem chega primeiro, quem olha para onde... Você tem que dirigir no papel.

Qual é o ponto de partida de um roteiro?

Eu não consigo escrever um roteiro se não fizer antes muita pesquisa. Uma vez tive uma discussão sobre isso com o Marcos Bernstein (roteirista também entrevistado neste livro). O Marcos entende que a pesquisa é um problema, pois às vezes ela freia você. Segundo ele, você não vai fazer certas coisas porque a pesquisa te diz que isso não acontece na realidade. Eu discordo. Não é *reality check* o que o roteirista vai fazer com a pesquisa. É o contrário: eu vou ver coisas que não conseguiria imaginar se não pesquisasse. Quando fiz pesquisa para o filme *O caminho das nuvens* (longa-metragem escrito por David e dirigido por Vicente Amorim), eu, o Vicente e o fotógrafo viajamos uma boa parte do caminho que as pessoas que inspiraram a história fizeram pelo Nordeste. Viajamos aquilo tudo. Um dia, no meio do nada, vimos um posto de gasolina chamado Posto Milênio, parecia um disco voador pousado no sertão. Ele era branco reluzente. Um branco que eu nunca tinha visto na minha vida. E ali, naquele lugar incrível chamado Posto Milênio – a gente estava em 1999, era o ano da virada –, tinha uma sala chamada Sala de Lazer Amigo Caminhoneiro, em que havia alguns televisores e umas espreguiçadeiras. Aquele lugar me deu uma ideia para uma cena que eu jamais teria imaginado sentado na frente do computador na minha casa. É preciso ir aos lugares e juntar a imaginação e a estrutura. Você junta coisas que leu, filmes que assistiu, coisas que viu na realidade. Gosto, por exemplo, de ouvir as pessoas falando, ver a cara que elas têm, ver como elas fazem as coisas. Eu preciso dessa pesquisa.

E QUAL É A MATÉRIA-PRIMA DE UM ROTEIRISTA? ONDE ELE VAI BUSCAR TODAS ESSAS HISTÓRIAS?

Eu acho que é na realidade, na sua vida, na sua realidade interior também, no cinema, na literatura. Você vê alguma coisa, interpreta aquilo, você interpreta a sua própria experiência.

VOCÊ SEMPRE SABE O QUE VAI CONTAR QUANDO ESCREVE UM FILME?

Depende. Sim e não. Sou totalmente contra, por exemplo, aquela ideia de que, para começar o trabalho de um roteiro, você tem que saber o começo, o meio e o fim. Não. Você pode ter qualquer ponto de partida. Mas, em algum momento antes de começar, de fato, a escrever, você tem que ter esse começo, meio e fim definidos. Entre esse ponto, que é o ponto de partida que pode ser qualquer coisa, e o ponto de começar a escrever é que acontece muita coisa. E essas coisas às vezes vão para caminhos diferentes.

O QUE FAZER QUANDO A HISTÓRIA TOMA UM CAMINHO DIFERENTE DO PLANEJADO?

Eu tenho uma metáfora para responder a essa sua pergunta, que é a seguinte: quando você escreve um roteiro, é como se estivesse desenhando um hipopótamo, e aí esse hipopótamo, sem você perceber, começa a parecer um elefante. Você tem que ser capaz de perceber que o seu hipopótamo está parecendo um elefante e decidir se vai brigar para torná-lo de novo um hipopótamo ou se vai assumir e aceitar que virou um elefante. O engraçado é que isso tanto pode acontecer porque você é muito bom, quanto porque é muito ruim; seja por você não ser capaz simplesmente de fazer o hipopótamo, seja por você ter um talento imenso para fazer elefantes. E dá meio que no mesmo, pois o que importa é ter consciência do que se está escrevendo.

DE ONDE VÊM AS IDEIAS PARA AS HISTÓRIAS? COMO ELAS COMEÇAM A SE DEFINIR, COMO FUNCIONA SUA METODOLOGIA CRIATIVA?

São dois caminhos diferentes. Em alguns casos, a ideia vem de fora. Alguém chega e diz que quer contar uma história "xis" e pede para você escrever. Em *O caminho das nuvens*, por exemplo, o Vicente (Amorim, diretor do filme) me disse que tinha a história dessa família que veio do Nordeste até o Rio de Janeiro de bicicleta. Isso não era ainda uma ideia. Isso era a ideia de armar uma ideia. E é importante as pessoas perceberem essa diferença. "Ah, então eu já tenho uma história?". Não. Você tem uma situação para explorar. Qual foi a ideia? Ela surgiu quando a gente decidiu focar a história em um menino que vivia uma crise que todo mundo vive, que é a pré-adolescência. Porque é uma situação que pouca gente vive enquanto está viajando com a família de bicicleta pelo país. Então existe essa ideia que vem de fora, como um pedido, que você precisa descobrir qual é. Por outro lado, existem as ideias próprias também. Às vezes alguma coisa fica martelando na sua cabeça. Desde ontem, para dar um exemplo, estou com uma imagem na cabeça que é um casal ensaiando. Ela canta e ele é músico. E eu queria fazer com que, em algum momento, começasse uma briga entre eles durante esse ensaio. Estou com isso desde ontem e não sei onde vai dar. Aí começo a pensar: eles vão brigar por quê? Precisa entrar uma terceira pessoa nessa história? Eu não sei se pode ser uma pequena cena dentro de uma história que não tem nada a ver com isso, ou se pode virar o foco da história, ou até mesmo se pode acabar abandonada. E de onde veio? Eu não sei. Daqui para frente, eu vou começar a fazer perguntas para mim mesmo. Quando você tem uma ideia, tem que ser capaz de entrar nela e sair. Você vai para dentro dela. Então, quando está dentro, você não sabe de onde as coisas vêm. Vai experimentando e produzindo. Aí tem um momento em que nada vem. Nesse momento, você tem que sair e ver aquilo de fora como se lhe fosse uma realidade exterior, como se você fosse um detetive. Você se torna o detetive investigando sua própria ideia, como se ela fosse uma realidade. E tem que começar a investigar: "Quem é essa pessoa que está cantando? O que ela quer? E esse cara? Estão brigando por quê? E esse outro que entrou, ele faz o que nesse estúdio?". Eu vou fazendo perguntas objetivas como se aquela história existisse. Aí vou avançando. E esses dois processos acumulam novidades para a criação. Porque em ambos os casos o que se exercita é a imaginação. A técnica ajuda muito em determinados momentos. Você começa a pensar: "Existe um momento forte nisso aí? Qual seria o momento inicial para se colocar e detonar esse conflito?". Essas são perguntas técnicas, mas você pode fazer uma série de outras.

Falando em técnica, até que ponto o roteiro é um objeto técnico e até que ponto é um objeto artístico? Ele é mais técnico ou mais artístico?

Difícil dizer se é mais técnico ou mais artístico. Acho que varia de caso a caso. Mas, como qualquer produto artístico, ele precisa de técnica para ser realizado. O David Mamet (dramaturgo e roteirista americano) diz que há uma coisa com a qual você não deve se preocupar porque os deuses já tomaram conta: o fato de você ter talento ou não. É algo em que não adianta pensar, ou você tem ou não tem e nada pode ser feito. Então, acho que, talvez, essa questão de ser técnico ou ser artístico depende desse imponderável que é o talento. Mas também das condições concretas de cada trabalho. Às vezes trabalhamos em um projeto que tem uma possibilidade mais artística e, em outros casos, menos. Então também depende de fatores e habilidades que cada trabalho requer. Agora, não se pode ignorar o fato de que não existe artista sem técnica, e que não há, na verdade, uma oposição entre arte e técnica. Muito pelo contrário.

O ROTEIRISTA É OU NÃO O AUTOR DE UM FILME?

Desde que o Guillermo Arriaga (roteirista mexicano e ex-parceiro do diretor Alejandro González Iñárritu, com quem se desentendeu por questões relacionadas aos direitos de autor do roteirista) começou a fazer muito barulho reclamando sua autoria como roteirista, a gente aqui no Brasil, provocativamente, chamou nossa associação de roteiristas de "Autores de Cinema", que é uma coisa que os diretores devem ver com certo desconforto. Eu acho que existe um automatismo público de enxergar o diretor como o autor, o que não é correto. Em alguns casos, o autor é o produtor; em outros, o diretor; em outros casos, talvez seja o roteirista; e, ainda, em outros, seja os dois. Também não acho justo que se diga que o autor é só o roteirista. Não é. Porque o que ele escreveu é um papel. Alguém vai transformar aquilo. Mas o que é realmente equivocado é o imenso desnível entre a posição de um e de outro. Não acho que eu seja mais autor de qualquer filme que escrevi do que os diretores deles. Pelo contrário: eu sou menos autor do que eles. Mas não sou tão menos assim! Não tão próximo de zero, que é como normalmente a cultura do cinema e principalmente a imprensa tratam o roteirista.

VOCÊ ACHA QUE OS ROTEIRISTAS SÃO POUCO PRESTIGIADOS NESSE SENTIDO?

A lógica do cinema no Brasil pressupõe que o roteiro dá em árvore. Por quê? Porque para colocar um roteiro na Lei do Audiovisual, na Lei Rouanet, enfim, nos concursos, você precisa ter o roteiro pronto. E de onde vem esse roteiro? Quem paga? Não existe nenhum mecanismo de fomento ao produtor. Aliás, o principal parceiro do roteirista tem que ser o produtor, pois os dois precisam da mesma coisa: de insumos, de meios para desenvolver o projeto. Então o produtor chega até você no momento em que o filme ainda não existe economicamente. E, claro, ele chega sem ou com pouco dinheiro, porque tem que tirar do próprio bolso ou do filme anterior, ou pedir emprestado. Daí ele faz uma proposta: "Você escreve e quando eu captar, te pago". Isso é uma coisa que todo roteirista no início de carreira faz, e acho até que deve fazer. Mas chega um momento em que você não quer e não pode mais fazer isso. Então se for comparar o que um roteirista ganha pelo trabalho que dura um ano ou dois com o que um fotógrafo ganha – só para ser polêmico (risos) –, é um absurdo de diferença. É uma coisa imbecil ser roteirista se você pode ser fotógrafo. O fotógrafo vai ganhar em oito semanas mais do que você vai ganhar em dois anos! E você criou a porcaria da história, entendeu? Que vai virar o filme! Com isso, não quero que diminuam o salário do fotógrafo. Só preciso que aumentem o nosso! E não é só porque a gente quer morar em um apartamento melhor. É porque, como o roteirista é mal pago, está obrigado a fazer vários trabalhos ao mesmo tempo. Quem é que pode fazer isso? Você iria em um dentista que fosse dentista duas horas por dia? Não tem cabimento. Como é que você pode fazer um roteiro legal nessas condições? Você faz um roteiro legal quando faz uma coisa de cada vez. Não é fácil andar com uma multidão de pessoas dentro da sua cabeça, que são os personagens de um filme. Eu acho que só consigo fazer bem dois roteiros ao mesmo tempo se não estiver fazendo mais nada.

Qual seria a relação ideal entre o roteirista e o diretor?

Eu acho que o essencial da relação com o diretor é você escutar o cara. Não pode acreditar nesses mitos que a gente mesmo alimenta de que o diretor e o produtor só existem para destruir aquilo que a gente faz. Não é assim. Se você está ali para fazer o filme do cara, tem que escutar, tem que dialogar, tem que jogar com ele. Eu proponho, e tenho conseguido nos meus roteiros, um acordo que é o seguinte: conversamos o máximo possível, quantas vezes o cara quiser; trabalhamos juntos a escaleta e aí, na hora da redação, faço um primeiro tratamento que não mostro para ele até estar pronto. Isso gera muita ansiedade e eu compreendo. Acho que se estivesse no lugar deles eu também ficaria ansioso. Mas esperar terminar é importante pelo seguinte: eu apresento uma versão pela qual me sinto responsável. Acho que ficar mandando páginas para o diretor dá aquela sensação de estar escrevendo com alguém em cima do ombro. Você manda coisas de que nem mesmo tem certeza ainda. O que é ruim. E é ruim para eles, e não para mim. Desse jeito, você acaba fazendo menos do que é capaz, pois se sente quase um datilógrafo.

Mas quem toma a decisão final?

Eu discuto, eu dialogo. E se não gosto de uma ideia que o diretor propõe, falo, mas se ele insiste, eu aceito. Eu tento escrever o melhor da minha imaginação dentro da direção que ele quer. E não adianta ir em outra direção. O roteirista deve ter maturidade para entender que, se é contratado por um diretor ou por um produtor, ele está fazendo um filme para quem o contratou, então vai, ou pelo menos deveria, ser dirigido. Como um ator precisa ser dirigido, por exemplo. O ator pode ter uma ideia sensacional de como fazer um personagem, mas se o diretor diz "isso não tem nada a ver com o meu filme", ele tem que mudar. Então é a mesma coisa. Você precisa ser dirigido como o ator é dirigido, como o fotógrafo é dirigido. O essencial é estabelecer uma conversa.

Como você lida com as críticas quando mostra essa primeira versão para o diretor ou para o produtor?

É preciso saber interpretar o que as pessoas estão dizendo. Às vezes acontece de você escrever um tratamento e alguém chegar e sugerir uma cena de que você não gosta. O que fazer então? Você pode imediatamente começar a brigar. Mas acho mais interessante pensar, por que a pessoa está sugerindo essa cena? Do que ela está sentindo falta no roteiro? De repente, está sentindo falta de um toque de humor ou de alguma informação. Aí você tenta uma outra coisa no roteiro que contemple aquilo de que ela está sentindo falta. É saber interpretar a demanda.

E quando o diretor ou o produtor apostam em algo em que você não acredita?

Nesse caso eu tenho a obrigação profissional de dizer o que penso. Eu também sou pago para isso. Para escrever, mas também para apresentar o melhor da minha qualificação, do meu bom senso profissional e artístico, seja ele qual for. Claro que não vou dizer "pô, isso tá uma merda", mas vou tentar dizer "não funciona por isso ou por aquilo". Se ele persistir, eu vou, talvez, insistir mais um pouco. Na terceira vez, eu tenho duas opções: fazer o que ele pede ou me demitir. E acho que isso tem que estar claro. Não dá para, simplesmente, deixar entrar por um ouvido e sair pelo outro ou fazer uma coisa diferente do que foi pedido. É perda de tempo.

Como você lida com a crítica cinematográfica?

Honestamente, eu não leio. Nunca li crítica de nenhum filme que eu fiz.

Por quê?

Porque não. Para que me serve? A crítica que se publica hoje nos principais jornais é simplesmente um guia de consumo para o espectador, com raríssimas exceções. Na maioria dos jornais ela é uma peça publicitária como outra qualquer. É uma opção dos jornais. Mas eu não quero ser orientado como espectador sobre um filme que eu fiz. Então não tem sentido ler. Eu leria um ensaio que soubesse que tem mais fôlego, que está dialogando com a linguagem, com o fazer do filme. Acho problemático, por exemplo, um crítico que não sabe como os filmes são feitos. Por outro lado, a crítica cinematográfica de verdade faz uma imensa falta para quem faz o filme, e ela quase não existe hoje em dia.

Você se relaciona com outros departamentos do filme?

Pouco. Gostaria, inclusive, de ter mais contato com os atores. Acredito que seria bom para os filmes se os roteiristas tivessem mais contato com eles. O cinema brasileiro tem um certo medo do ator. A maioria dos diretores brasileiros usa o preparador de ator. Quando lancei o *Um romance de geração*, o meu primeiro longa de ficção como diretor, vieram me perguntar quem era o preparador de atores. Eu respondi: "Os meus atores já vieram preparados". Nada contra. Se existe esse profissional é porque existe uma necessidade. Mas a explicação dessa necessidade vem desse medo que os diretores brasileiros têm de ator; não todos, evidentemente, mas muitos. E a contribuição que os atores podem dar é imensa. Eu dou aula de roteiro e muitos atores vão fazer meu curso. E vejo que, de cara, eles escrevem diálogos melhor do que a maioria das pessoas. Eles têm ouvido para diálogo, é óbvio. Então eu acho que uma coisa que é supercomum nos Estados Unidos e que deveríamos fazer aqui são as mesas de leitura de roteiro com o diretor, o roteirista e os atores. Porque aqui não se faz isso, ou nunca se fez comigo. É uma das coisas que eu não entendo. Assim, eu teria condições de incorporar no roteiro coisas que surgem no jogo com os atores, ouvir as sugestões deles e sanar as dúvidas sobre algo que escrevi.

Você costuma visitar o *set*?

Acho que, ao contrário do trabalho de mesa com os atores, eu não preciso visitar o *set*. De fato, um roteirista no *set*, profissionalmente, não faz falta. É uma curiosidade. Se me convidarem é obvio que eu vou, acho simpático, acho legal, mas nunca daria um palpite dentro do *set*, nunca faria isso, porque realmente não é o meu papel estar ali. Ainda mais porque dirijo também, então seria extremamente desconfortável.

Algumas pessoas dizem que a montagem é uma espécie de última versão do roteiro. Você concorda com essa ideia? O roteirista deve participar da montagem?

Depende. Quando a montagem está só no ajuste fino e no corte, eu acho que não. Nessa etapa, acho que o filme já não tem relação com o roteiro. Quando você acaba tendo que fazer mudanças estruturais mesmo, trocar cenas de ordem, aí você está mexendo, de alguma forma, com o roteiro. E eu acho, sim, que seria interessante chamar o roteirista não para defender o seu trabalho, nunca é isso, mas para defender o filme. Eu já fui chamado algumas vezes para ver o primeiro corte, por exemplo. E dei lá meus palpites, se gostei, se não gostei, se tinha barriga aqui ou não sei onde, mas foram palpites. Acho que são palpites que o diretor deveria pedir, sim, porque o roteirista trabalhou com ele lá no início para imaginar o andamento daquele filme.

UM ROTEIRISTA, POR SABER OS MECANISMOS DE CONSTRUÇÃO DO RELATO CINEMATOGRÁFICO, DEIXA DE APRECIÁ-LO NAS TELAS?

O prazer de assistir não desaparece. No início, sim, talvez. Falo para os meus alunos que quando eles começam a estudar roteiro, eles só conseguem assistir a um filme e perceber a estrutura, o ritmo, aquele esqueleto inteiro. Mas isso passa. E eu sinto que, quando assisto a um filme hoje em dia, parece que eu sou dois: assisto como todo mundo, gosto, desgosto, me emociono, rio, fico com medo se for um filme de terror. Mas, quando saio, sou capaz de reconstituir, de certa forma, a estrutura dele, como se eu tivesse prestado atenção. Quer dizer, é como uma segunda natureza.

VOCÊ, ALÉM DE ROTEIRISTA, É PROFESSOR. ENTÃO NÃO POSSO DEIXAR DE PERGUNTAR: O QUE VOCÊ ENSINA PARA OS SEUS ALUNOS A RESPEITO DA POLÊMICA VOZ *OVER*?

Quando ela é boa, é ótima, né? Mas quando é ruim, é uma merda (risos). O problema da voz *over* é que ela é utilizada em 75% dos roteiros de quem não sabe escrever. Por que será? Tem uma explicação muito simples: é porque facilita. Você acha que está fazendo uma coisa altamente sofisticada, que vai te aproximar dos grandes mestres do cinema e, na verdade, está utilizando um recurso fácil. Por isso todo iniciante a usa. E, ainda por cima, acha que está sendo chique. Por outro lado, quando é bem-feita, é sensacional. Mas como saber se ela é bem-feita? Quando você não precisa dela. Na maioria dos filmes bons que funcionam com voz *over*, se você tirá-la, o filme provavelmente vai continuar funcionando. Isso é um bom teste. Em dois roteiros meus, comecei pensando em usar a voz *over*, achando que ia ser bom para o filme. E chegaram a ter esse recurso no primeiro tratamento. Mas depois percebi que não fazia a menor falta. Acho que até hoje não escrevi nenhum roteiro que tivesse. Não sou contra. Mas ela tem que ser boa e é preciso saber usá-la.

Fale um pouco sobre seu método para construir personagens.

Uma coisa que não faço e não recomendo a ninguém é fazer perfil de personagem. No máximo anotações por alto, mas aquela coisa do passado do personagem, dos pais do personagem, do personagem na escola... Você precisa é saber quais problemas ele tem. Conhecê-lo pelo conflito: ele quer tal coisa e não pode. Definir onde é que ele tem problema. E aí, os outros detalhes, você vai construindo. Então, acho ruim criar perfil de personagem, porque a pessoa escreve aquilo, pensa em uma certa característica daquele personagem, mas, quando começa a escrever a história e ela está indo em outra direção, se sente obrigado a colocar aquilo, pois já pensou naquele personagem daquele jeito e acaba ficando presa àquela ideia.

Muita gente classifica as histórias de um filme entre "de personagem" ou "de trama". O que você prefere?

Isso é um mito. É quase um fantasma político, de política cultural. Não existe filme "de personagem" ou filme "de trama". Isso é totalmente infantil. Uma coisa não existe sem a outra. O personagem só existe quando toma uma decisão, quando faz alguma coisa em conflito. E de onde vem o conflito? Vem da trama. Por outro lado, a trama também não acontece se você não tiver um personagem com as necessidades e os conflitos que imaginou para ela. Isso é uma bobagem. Existe filme mais minimalista na trama ou mais minimalista no personagem, mas sua construção é indissociável.

E o mito do personagem conversar com o autor, acontece mesmo?

Não, eu acho que não. É um mito mesmo. Gosto muito de uma frase do Nabokov (Vladimir, escritor russo) sobre isso. Perguntaram para ele se os personagens dele tinham vida própria, já que o escritor Ian Foster havia afirmado que os dele "vão para onde querem". E a resposta dele foi ótima: "Se eu fosse um personagem do Ian Foster, eu iria para onde eu quisesse. Mas os meus vão para onde eu quero".

Você é exigente com relação ao formato de escrita de um roteiro?

Sou bem radical em não colocar nada técnico. Até a palavra "câmera" evito botar o máximo que posso. Acho que quando você lê um termo técnico no roteiro, ele trava a leitura. E é um saco, porque não é para isso que ele existe. O roteiro deve ser um filme no papel, e no filme você não vê a câmera. Então eu tento escrever o mais limpo possível.

Como você constrói os diálogos?

Diálogo, eu sempre deixo por último, porque adoro fazer e, modéstia à parte, acho que faço bem. A regra principal, para mim, é: quanto menos, melhor. Uma coisa que eu acho essencial é que o diálogo seja o mais agramatical possível. É não ter princípio, meio e fim para as frases. É nunca ter um personagem que pergunta e o outro que responde. Desse jeito parece uma entrevista. Às vezes eu coloco os personagens falando de duas coisas diferentes ao mesmo tempo, achando que estão conversando, ou personagens que se interrompem. A grande escola é o Nelson Rodrigues. Se você quer escrever bons diálogos, tem que pegar as "tragédias cariocas" do Nelson Rodrigues: *A falecida*, *O beijo no asfalto*, e aprender com aquilo. É o melhor diálogo em português, dramático, que existe.

Para terminar, que conselhos você daria para alguém que quer seguir a carreira de roteirista?

Se você quer escrever para cinema, não veja novela. Veja novela apenas se quiser escrever para novela. Porque a técnica é tão diferente que não dá para comparar. E a novela contamina muito. Novela tem duas características essenciais diferentes do roteiro de cinema. Uma é que não pode ter elipse, enquanto o roteiro de cinema usa a elipse o tempo todo. Em um roteiro de cinema, você tem um casal que começa uma discussão. Corta. Um deles saca uma arma. Corta. O enterro de um dos dois. O espectador já entendeu que um matou o outro, e isso é suficiente. Mas você não pode fazer isso na novela. Você tem que matar, tem que ver sangue, depois alguém chorando, o cadáver na tumba, a chuva que cai na hora do enterro, entende? Você tem que ver o processo todo. É outra técnica. A outra coisa é que, em novela, nada do que é importante pode ficar fora do diálogo, enquanto no cinema você vai colocar fora dele o máximo possível de informação. A diferença é tão forte, principalmente, porque existe uma presença muito grande da cultura da novela no Brasil. Se você quer escrever novela, o que é uma ambição perfeitamente legítima e profissionalmente mais inteligente que fazer cinema, assista à novela e não faça outra coisa, mas faça por gosto. Se você quer escrever cinema ou seriado, ou outras formas mais parecidas com cinema, então não veja novela. Ou veja de vez em quando. Eu não assisto desde *Dancing days*.

FILMOGRAFIA

* *Corações sujos* (2011)
* *Um romance de geração* (2008)
* *Irmãos de fé* (2004)
* *O caminho das nuvens* (2003)
* *2000 Nordestes* (2001)

DI MORETTI

> "UM FILME NÃO É DO DIRETOR,
> UM FILME É DE MUITA GENTE.
> CINEMA É UMA ARTE DE EQUIPE."

Se existe algo em comum na trajetória da maioria dos roteiristas entrevistados neste livro é o fato de quase metade deles ter passado pela experiência de escrever filmes institucionais antes de começar a escrever para a tela grande. Breves histórias feitas para vender seguros, carros, estações de metrô e uma infinidade de produtos e serviços que demandam uma estrutura narrativa clara e eficaz. Di Moretti foi um desses roteiristas. Mas não um qualquer. Paulista formado em Rádio e TV pela FAAP (Fundação Armando Alvares Penteado, em São Paulo) e em jornalismo pela PUC-SP (Pontifícia Universidade Católica de São Paulo), pouco a pouco conseguiu ousar na estrutura do monótono e engessado padrão institucional. Prova disso é o filme que fez para um cliente que importava avestruzes de Cádis, na Espanha. Uma prática estranha pedia uma abordagem no mínimo incomum. Mas pouca gente se atrevia a propor: "Todo mundo achava que para vender uma cadeira era só falar sobre ela", lembra Di. Tudo começava em uma ibérica praia deserta onde um casal de avestruzes se conhecia e se apaixonava. A partir daí, o amor dos animais servia de força motriz para que seus "protagonistas" enfrentassem uma longa e tortuosa viagem de barco até o Brasil, onde finalmente se reencontrariam. Entretanto, seriam obrigados a se separar novamente por causa da quarentena obrigatória antes da reprodução. É uma história que aparentemente não cabe em um filme institucional, mas que foi aceita pelo cliente e pelo produtor. "Na verdade, o filme tinha uma estrutura de curta-metragem, só que dessa vez eu estava vendendo avestruz", brinca ele.

A capacidade de adaptação do roteirista aos diferentes meios em que trabalha é uma das ideologias que Di Moretti defende, até porque essa foi uma característica que ele aprendeu com o tempo e com as diferentes funções que exerceu. Di foi diretor, assistente de direção e redator de rádio e televisão, até se estabelecer como roteirista. Não importa o cargo em que estivesse, Di Moretti sempre tentava combinar as ferramentas da dramaturgia com novos pontos de vista e novas abordagens. Foi assim desde pequeno: "Eu desenhava pessimamente, mas escrevia sempre alguma coisa para dar sentido àquela imagem". Com o tempo e o reconhecimento, viu que seu ponto de vista e sua metodologia funcionavam e, inevitavelmente, Di se tornou um ativo representante dos roteiristas brasileiros. Não por acaso, foi presidente da Autores de Cinema, associação fundada em 2006 com o objetivo de "profissionalizar a atividade, assegurar a boa qualidade dos projetos e, por consequência, o crescimento da indústria cinematográfica no Brasil". Afinal de contas, resume, "é preciso esclarecer qual é a função do roteirista para que as pessoas saibam e se interessem por ela e, consequentemente, para que novos roteiristas se formem. Só assim os filmes poderão ter bons roteiros".

Amém.

O ROTEIRO É IMPRESCINDÍVEL PARA QUALQUER FILME?

Eu não consigo visualizar um filme sem roteiro. Acho que aquela frase "se você tem uma casa sem livros, tem um corpo sem alma" se aplica perfeitamente à ideia do roteiro. Um filme sem roteiro é um corpo sem alma também.

VOCÊ CONSIDERA O ROTEIRO UM ELEMENTO MAIS ARTÍSTICO OU MAIS TÉCNICO?

Muita gente acha que o roteiro é bem mais técnico que artístico. Nesse sentido, acho que o roteiro é um mapa, um guia. Ele é toda a estrutura narrativa da história que se quer contar. Então acho fundamental entender a importância dessa primeira etapa. Certa vez, fui a um festival de cinema em que o presidente do júri abriu a sessão explicando como eles iam escolher os vencedores e começou pelos prêmios técnicos, entre eles o roteiro. Os outros jurados acharam aquilo muito estranho. Roteiro, um prêmio técnico? Essa deturpação da importância do roteiro serve para que a gente entenda por que às vezes o cinema brasileiro patina: precisamente porque não se dá a devida atenção ao roteiro! Eu costumo dizer que, se você não dá atenção ao começo do processo, que é a criação do roteiro, lá na frente vai sentir falta dele. Esse é o problema do filme sem roteiro: se alguma coisa não funciona na montagem é porque na etapa do roteiro não foi dada a devida atenção. E dar atenção ao roteiro faz parte do processo, não se pode abrir mão disso.

SEU PRIMEIRO LONGA-METRAGEM COMO ROTEIRISTA FOI *O VELHO: A HISTÓRIA DE LUÍS CARLOS PRESTES*, UM DOCUMENTÁRIO. QUAL É A SUA POSIÇÃO NO QUE SE REFERE À IDEIA DA NECESSIDADE DO ROTEIRO NO DOCUMENTÁRIO?

Nosso mestre, o Eduardo Coutinho (documentarista carioca), costumava dizer que documentário não tem roteiro, o que para mim é uma meia verdade. O que acho importante no documentário é não ficar engessado por um roteiro e não deixar passar as oportunidades que surgem quando você grava. Mas também não dá para sair para gravar sem um objetivo ou uma proposta. Você precisa de um esqueleto, e *O velho* era muito isso.

UMA ESTRUTURA?

Em princípio, sim. Na época da filmagem, o Prestes já tinha morrido. Era 1995 e ele morreu em 1990. Tínhamos um material de oito horas que o Nelson Pereira dos Santos gravou com ele, e essa era nossa linha principal. Somado ao depoimento dele, a gente ia complementar com outras entrevistas. Na verdade foi uma luta para fazer isso, mas conseguimos 47 depoimentos, editamos na casa do Toni (Venturi, diretor do filme) de um VHS para outro.

O QUE ACONTECEU DEPOIS?

Propusemos primeiro para a TV Cultura, para ser exibido em capítulos para a televisão. Mas como eles ofereceram pouco dinheiro, decidimos recusar e mostrar para a GNT (canal de TV a cabo), que estava surgindo no mercado naquela época. E a GNT ofereceu uma quantia que permitiu que filmássemos o restante. Então decidimos filmar em 35 mm todas as imagens dos quartéis, do Palácio do Catete e de tudo o que ajudava a ilustrar o filme.

E COMO O SEU TRABALHO DE ROTEIRISTA INFLUENCIOU NESSAS DECISÕES?

Acho que a grande sacada foi permitir essa presença tão importante do roteirista. Porque o trabalho do roteirista é observação, curiosidade e foco. Como diria Billy Wilder (diretor de cinema americano), "Deus está nos detalhes", e a gente precisava dar humanidade para o personagem. O Prestes estava muito duro, positivista, militar. E tivemos grande dificuldade em arrancar emoção disso. Então posso dizer que o grande trabalho do roteirista era tentar achar emoção naquela história tão racional. Para você ter ideia, chegou um momento em que eu disse para o Toni que não era possível seguir daquela maneira e que precisávamos de uma declaração emocional do Prestes. Daí, concluímos que a solução estava no trecho em que ele fala da Olga. Afinal de contas, ela foi sua primeira esposa aos 37 anos de idade, a filha deles nasceu em um campo de concentração, e ela morreu em uma câmara de gás... Não era possível que ele não tivesse o mínimo de inflexão emocional ao falar dela. Coisa que era fundamental para o roteiro.

Conseguiram?

Quando localizamos o fragmento em que o Nelson Pereira dos Santos pergunta para o Prestes o que foi a Olga para ele, a câmera chega perto, ele balança a cabeça e fala: "A Olga foi um grande quadro da Internacional Socialista!". Aí eu virei para o Toni e falei que não íamos conseguir um mínimo de emoção daquela maneira. Por isso a batalha do roteiro era sempre procurar emoção naquela descrição muito didática, muito racional da história do Brasil e da vida do Luís Carlos Prestes.

E qual foi a solução para o roteiro a partir daí?

Então eu fui ler. Li todos os livros sobre o Prestes, vi todos os filmes que tinham sido feitos sobre ele, sobre o Partido Comunista e descobri que eles tiveram que mudar de casa, na Vila Mariana, em São Paulo, quando estavam sendo perseguidos pela repressão. Ao se mudar, a primeira providência que o Prestes tomou foi plantar uma roseira no quintal. Foi aí que encontrei o mote do filme: a roseira era o símbolo! Além de ser o símbolo do socialismo universal, era o símbolo que eu queria trazer para o filme. A partir disso, montamos uma roseira em estúdio e fizemos as suas várias fases: intempéries, seca, aridez, tempestade, florescimento. E esse foi o mote que acabou construindo o filme analogamente à construção do roteiro do começo ao final. Acho que isso sensibilizou o discurso, porque deu poesia para o filme, foi isso o que deu o lirismo. Por isso acredito que, quando você faz um roteiro para documentário, tem que estar aberto a esse tipo de caminho e procurar nos lugares mais improváveis o mote que dê emoção a esse filme.

Você sempre sabe até onde vai sua história quando começa a escrever?

Não, mas você se cerca de algumas coisas, obviamente. Quando você começa a fazer o roteiro, parte de premissas anteriores para ir desenvolvendo, para chegar ao roteiro final. Você tem um *storyline*, que é a linha da história, a sinopse, o argumento e uma série de outras etapas até entender o que quer contar. Acredito que escrever um roteiro é embarcar em uma viagem ao desconhecido. Nessa viagem o roteirista é seduzido para ir em uma direção, mas acaba descobrindo outras.

E obviamente você precisa saber aonde quer chegar, senão a viagem naufraga. Por isso é bom evitar na primeira etapa um formalismo excessivo. O roteirista não deve se transformar em um escravo de si mesmo. Às vezes você cria uma ideia que acha genial e fica preso a ela quando, na verdade, se não se deixar levar pelo desconhecido, pela atração do desconhecido, acaba esbarrando no lugar comum, no estereótipo, nos personagens clichês, nas ações batidas. Acho que ter essa vontade do desconhecido, essa característica do aventureiro, é bacana para o roteirista.

Você é um dos grandes defensores da importância do argumento. Explique um pouco a função dessa etapa.

Eu acho que o argumento é mais importante até do que o roteiro em si, e pouca gente dá valor. Quando o roteirista é contratado para escrever, ele é pago para desenvolver uma ideia. Para isso, é preciso pensar no argumento, porque, em qualquer edital de que você participe antes do roteiro, vão pedir um bom argumento. Na verdade, a ideia do filme está nele, não no roteiro. O roteiro é o desenvolvimento desse argumento, quase que mecânico. Por isso acho que deveriam existir mais iniciativas que o valorizem.

Qual é a diferença entre o roteiro e o argumento?

Quando você faz um projeto, começa geralmente com uma ideia que é, na maioria das vezes, impalpável. É possível ter uma ideia a partir da letra de uma música de que você gosta, de uma fotografia que o impressionou, de um fato que viu na cidade, de uma cena que o comoveu quando estava saindo do metrô, de uma notícia de jornal. Isso são ideias. Dessas ideias pode nascer o argumento de um roteiro. Argumento é um documento em forma de prosa com entre dez e vinte páginas, em que você escreve sua história sem diálogos, sempre no presente e de maneira absolutamente descritiva. Depois transforma o argumento em roteiro. O primeiro parágrafo do seu argumento vai render uma ou mais cenas. Você vai destrinchando, do menor para o maior. Do argumento para o roteiro. Só que no argumento está toda a sua ideia. Você conta tudo, desde o começo, passando pelo meio até o fim. Lá estão o desenvolvimento narrativo, os personagens, etc. O que você vai fazer quando passar para o roteiro é sequenciar, dividir em cenas e colocar diálogo.

Como funciona a relação entre roteirista e diretor?

A relação do roteirista com o diretor é como um casamento. O que tem de bom no casamento e o que tem de péssimo nele. Desde o desgaste, da apropriação das funções de um pelo outro, até o amor que justifica tudo aquilo. Então é uma relação que precisa ser harmoniosa, só que ela é muito desgastante porque é longa. Se você for fazer um filme que vai ser produzido dentro de três a cinco anos, o primeiro ano e meio é de relacionamento apenas com o diretor. No Brasil, geralmente, o diretor contrata um roteirista de sua confiança ou com quem quer trabalhar e acaba criando um vínculo que às vezes nasce na informalidade: eles são amigos fora daquela profissão, fora daquele meio, começam a trabalhar e acabam construindo outra relação no meio do processo.

E como funciona o trabalho entre os dois?

Você começa trocando figurinhas. No meu caso, depois disso, eu sempre peço um tempo. Porque quando se dá o *start* do processo é preciso fazer uma grande pesquisa. Por isso eu peço de um a dois meses para me familiarizar com o tema, reunir todo o material, já trabalhando em cima do argumento. Depois preciso de mais dois ou três meses até fazer o primeiro tratamento do roteiro. O duro, às vezes, é controlar a ansiedade do diretor nesse meio-tempo. Porque é um período longo e ele pode ficar ansioso. Parece marido preocupado com mulher grávida. "E aí, estourou a bolsa?", "Tá sentindo contração?", "Sabe se é menino ou menina?". E, na verdade, não dá para descobrir isso sem ter esse tempo de trabalho. A pior coisa que podem lhe pedir é para enviar o trabalho inacabado. O diretor não sabe aonde quero, nem aonde posso chegar. Posso ter um argumento muito bem desenvolvido, mas no roteiro às vezes pego outro caminho para chegar ao mesmo ponto. Ele deve ter muito cuidado com isso. E o roteirista precisa aprender a segurar a bola do diretor, conter a ansiedade dele. Às vezes é difícil, porque o cara tem a grana, conseguiu o carimbo da Ancine (Agência Nacional do Cinema, que regula a produção cinematográfica brasileira), precisa fazer o filme até o final do ano e tal. O roteirista lida com essas premissas básicas, mas, ao mesmo tempo, precisa poder desenvolver seu trabalho com tranquilidade.

O RESULTADO NAS TELAS CORRESPONDE ÀS EXPECTATIVAS?

A gente parte sempre de 70% para menos. Se o roteirista for assistir ao filme com a ansiedade de querer ver o que escreveu na tela, não vai e não deve encontrar, porque roteiro é roteiro e filme é filme. O roteiro é uma passagem. Ele serve ao filme e depois muita gente põe fogo nele, joga fora, até porque é uma peça dramatúrgica que serve para ser transformada em outra coisa que não o roteiro. E é bom que seja assim. O roteirista não pode ter a expectativa de que tudo o que colocou lá vai estar no filme.

O ROTEIRISTA DEVERIA PARTICIPAR MAIS DA MONTAGEM DO FILME?

Eu sempre digo que a montagem é a segunda escrita do roteiro. Se você deixar, a montagem tanto pode destruir como pode levantar um roteiro ruim. Então eu não peço para estar na ilha de edição com o diretor e com o montador. Só peço para ver as diferentes versões trabalhadas para que eu possa fazer pelo menos um relatório, falar o que acho bacana, o que poderia mudar, etc. Tive a sorte de todos os diretores com quem trabalhei terem me proporcionado isso e aprendi muito com esse processo nos meus roteiros seguintes.

MAS EXISTE UM ABISMO CONSIDERÁVEL ENTRE O ROTEIRO E A MONTAGEM...

É por isso que o roteirista precisa acompanhar todo o processo. O primeiro relacionamento que você tem é com o diretor, óbvio. Você faz a interface da história, estipula a estrutura narrativa, os objetivos do filme, etc. Depois, chega a figura do produtor com quem o roteirista vai ter que saber se relacionar, porque o produtor vai começar a cortar coisas em função do orçamento, e o roteirista vai ter que adaptar a história às novas diretrizes. Aí existem aquelas reuniões de mesa, durante a pré-produção, quando a equipe lê o roteiro em grupo e todo mundo que está entrando no filme começa a dar sugestões e a colocar limitações; algumas são boas e você tem que aceitar, pois faz parte do processo, e outras nem tanto. Então o diretor de arte chega e pergunta se em vez de uma igreja barroca não se pode filmar em um terreiro de umbanda. Daí o roteirista volta para o roteiro, reescreve, mostra de novo e vem o diretor de fotografia e diz: "essa cena à noite tá maravilhosa, só que a gente precisa de um caminhão de luz, mas não tem grana. Por que não fazemos de dia?". Outra vez o roteiro é reescrito: vamos fazer de dia. Aí chegam os atores e o roteiro segue sendo reescrito. Sempre brinco que é uma arena de touros.

E DEPOIS DOS ATORES?

Depois dos atores tem a filmagem, porque nessa etapa podem haver problemas técnicos em que aquela cena maravilhosa que você criou não funciona, ou um ator não rendeu aquilo que se esperava dele, por exemplo. Aí a montagem tem que salvar o filme e geralmente prioriza a atuação em detrimento do roteiro.

QUAL É O DESAFIO DO ROTEIRO ADAPTADO?

Costumo dizer que, se você está fazendo um roteiro adaptado, deve ter um desrespeito saudável pela obra original. Isso quer dizer que, se vou adaptar um livro, não posso reescrevê-lo em imagens, vou interpretá-lo. O mesmo acontece com uma peça de teatro original ou uma música. Peça é peça, livro é livro e filme é filme. Eu tenho que ter a liberdade de sair dessa gênese original, poder mexer nela, mesmo que seja Machado de Assis. Tenho que matar quatrocentos personagens para ficar com um, às vezes inverter a ordem da estrutura narrativa, criar linhas narrativas paralelas, etc. Preciso dessa liberdade.

É MAIS FÁCIL ADAPTAR DO QUE CRIAR UM ROTEIRO ORIGINAL?

Muita gente do meio cinematográfico diz que roteiro adaptado é mais fácil porque toda a dramaturgia, toda a construção do personagem já foram pensadas, já estão feitas. Eu acho isso um erro brutal. O roteirista vai trabalhar igualmente para adaptar o texto original para outro formato, e nesse formato é preciso criar coisas novas da mesma maneira. Particularmente me sinto mais à vontade escrevendo um roteiro original, mas não acho que seja mais difícil adaptar. Se um autor de uma obra original não quer que mexam no que ele escreveu, então que não venda os direitos. O Gabriel García Márquez, por exemplo, não vendia os direitos de *Cem anos de solidão* por nenhum dinheiro do mundo. E ele tinha suas razões e devemos respeitá-las. Mas acho que, assim como o roteirista, o autor do original, seja ele um livro, uma peça de teatro ou uma música, tem que ter certo desapego a partir do momento que vende os direitos para outro autor.

COMO FUNCIONA O SEU PROCESSO CRIATIVO COMO ROTEIRISTA AO FAZER UMA ADAPTAÇÃO?

Quem escreve roteiro tem que ter o hábito de escrever. A cabeça do roteirista funciona muito com imagens. Se você me conta qualquer fato, eu imediatamente imagino a ação. Cinema é a arte da imagem; a arte da palavra é o teatro, a literatura. Na adaptação de uma obra de teatro, por exemplo, é a necessidade de eliminar ou diminuir a importância do diálogo e aumentar a carga descritiva das ações. É preciso contar o filme por meio de ações imagéticas, e elas só acontecem com imaginação. O roteirista tem que estar preparado para transformar uma ideia em imagens que, dentro de uma estrutura narrativa, façam sentido, que sejam absolutamente descritivas e que sirvam para contar uma história com começo, meio e fim. Acho que, por ser uma geração criada pela televisão, a gente acha que fazer cinema é palavra. Às vezes leio roteiros em que João encontra Maria e há quinze páginas de diálogo, e me pergunto se esses personagens não realizam nenhuma outra ação além de só falar.

MAS O DIÁLOGO É TAMBÉM UM ELEMENTO RICO E IMPORTANTE NO CINEMA, CERTO?

Diálogo é algo muito difícil. Pouca gente escreve diálogo bem no cinema brasileiro, com exceção da Adriana Falcão (escritora e roteirista). Costumo dizer que um filme que tem muito diálogo ou é francês ou é ruim. Por isso é fundamental dar atenção à descrição das ações e por isso a observação no trabalho do roteirista é muito importante. Esse é o trabalho de pesquisa do roteirista. Por esse motivo que ele precisa saber observar. Porque o trabalho do roteirista é ser como uma esponja. Seja onde for, seja em que lugar estiver, ele estará se nutrindo de informações, principalmente visuais, que pode usar em algum filme. E a função do roteirista é saber guardar em cada gavetinha as boas ideias e abrir cada uma delas quando for preciso. Faz parte do trabalho do roteirista saber ser seletivo. Até porque se ele quiser colocar todas as informações que acumulou ao longo dos anos num só roteiro, vai se atropelar e perder o foco da história que quer contar.

EXISTE UM MÉTODO IDEAL PARA SE TRABALHAR EM UM ROTEIRO?

Eu sou bem antiacadêmico. Acho que a experiência pessoal faz você lidar melhor com a realidade, com seus objetivos, com seu compromisso em escrever um roteiro. Para mim, cinema é sensibilidade, é emoção. A imagem pode não ser bonita, mas deixe o primeiro impulso vir à vontade, naturalmente. Depois você limpa a sujeira. Você não pode se privar de criar pela técnica, pelo academicismo, pela teoria. Não pode se privar da emoção. Deixe a emoção e a sensibilidade virem num primeiro momento. Até porque a estrutura narrativa, os truques, os métodos estão lá, nas suas costas. E, quando tiver um problema, você o resolverá com todas as técnicas que existem. Afinal de contas, alguém já pensou nisso há dois mil e trezentos anos. E funciona. Roteiro não é o decalque de uma fórmula que deu certo. Roteiro é sensibilidade, é emoção. Você corrige, sim, às vezes, o rumo do seu roteiro, da sua estrutura narrativa, bebendo lá na fonte de alguém que já burilou isso. Por isso eu falo que aquele que não lê, que não vai ao cinema, que não foi educado pelo olhar e pela sensibilidade do cinema provavelmente não vai ser roteirista. E essa coisa do olhar frio, de alguém que aprendeu a técnica, também vai se decompondo com a prática. É inevitável. Tem a ver com maturidade.

QUAL É O GRANDE DESAFIO DO ROTEIRO CINEMATOGRÁFICO?

Quando você vai ao cinema, está doando duas horas da sua vida para fazer um pacto com o filme a que vai assistir. Você entra em uma sala escura e pede para que aquele filme não o traia, não subestime a sua inteligência e o surpreenda, emocione. E isso é trabalho do roteirista. Uma frase que o personagem fale que soe errado, que seja ruído, que vá contra a direção e o tom que o filme tenta me levar, me tira da história e eu não volto para um personagem que é mal-apresentado. Por isso o roteirista tem que tomar cuidado como criador para não desrespeitar a inteligência das pessoas, do público. E todos esses ruídos são sentidos. Quando vou ver um filme, por exemplo, e tem um diálogo ou uma ação que acho esquisita, digo: "Putz, se eu pudesse, voltava na montagem e tirava essa bomba daqui". Pode não parecer para as pessoas, mas cada vez que vejo um filme que fiz, aquilo bate no meu ouvido como a explosão de uma bomba nuclear.

UMA DAS GRANDES POLÊMICAS ENTRE DIRETORES E ROTEIRISTAS É A QUESTÃO DA AUTORIA. NA SUA OPINIÃO, QUEM É O AUTOR DO FILME?

Um filme não é do diretor, um filme é de muita gente. Cinema é uma arte de equipe. Não quero dizer com isso que o filme seja do roteirista. Não é. Mas o roteirista é um dos autores do filme, junto do diretor. Costumo dizer também que nós temos um problema com relação à definição do roteirista. Tanto o meio como a mídia, e até minha mãe, não sabem o que eu faço. Às vezes a imprensa escreve muito bem sobre um filme, páginas elogiosas falando sobre o roteiro, sobre a história, sobre a estrutura, mas não cita o nome do roteirista. Ninguém sabe dizer o nome de um. Não se reconhece a função do roteirista. A gente só vai reconhecer o valor do roteirista quando souber o que ele faz. Quem quer ser roteirista hoje no Brasil? Ninguém sabe quanto ganha o roteirista, ele não aparece nos festivais, não tem o nome no jornal, muitas vezes os créditos de roteiro de um filme estão abarrotados de nomes que os produtores colocam junto do roteirista real, o que ajuda a diluir a função. Então por que alguém vai querer ser roteirista? Não vai. E se não formarmos roteiristas, teremos problemas mais adiante, porque faremos filmes sem roteiro ou com roteiro muito ruim. É uma cadeia alimentar. Por isso é preciso esclarecer qual é a função do roteirista para que as pessoas saibam, se interessem por ela e, consequentemente, novos roteiristas se formem para que mais tarde os filmes saiam com bons roteiros e qualidade.

FILMOGRAFIA

* *A última estação* (2012)
* *Tropicália* (2011)
* *Simples mortais* (2011)
* *4 × timão: conquista do tetra corinthiano* (2010)
* *No olho da rua* (2010)
* *23 anos em 7 segundos* (2009)
* *Nossa vida não cabe num opala* (2008)
* *As vidas de Maria* (2005)
* *Filhas do vento* (2004)
* *Cabra-cega* (2004)
* *Latitude zero* (2001)
* *O velho: a história de Luiz Carlos Prestes* (1997)

DOC COMPARATO

"A ideia é o exercício da memória."

Quando terminamos a entrevista, Doc Comparato se surpreendeu: "Acabou? Pensei que você fosse perguntar coisas mais pessoais. A gente sempre fica falando de coisas conceituais, né? E poucas vezes tem a chance de se expor de verdade". O que ele não sabia é que sua entrevista tinha sido, sem dúvida, uma das mais pessoais desde que havia começado a conhecer, um a um, os roteiristas brasileiros.

Doc Comparato nasceu Luiz Felipe. Segundo o próprio roteirista, existe um momento na vida em que se pode mudar de nome e de profissão, assim como uma canção do America (*You can always change your name*). E foi o que ele fez. Luiz Felipe era um menino certinho, estudioso, ganhador de medalhas e bolsas de estudo, que passou em primeiro lugar no vestibular e se tornou médico aos 22 anos de idade. Sua mãe sempre dizia: "Meu filho é um rapaz muito interessante. Porque ele é muito quietinho, estudioso, até o dia em que ele de repente faz alguma besteira". E essa besteira se materializava em trocar santos de lugar no altar da igreja do colégio e dizer para todo mundo que tinha sido um milagre. Tudo isso até que, aos 30 anos, sozinho em Londres, Luiz Felipe começou a escrever para dar vazão aos sentimentos e à solidão que experimentava por lá. E foi aí que nasceu Doc Comparato. E Doc Comparato, como ele mesmo diz, é profano, biprofano, triprofano. E tem o direito de ser profano na religião que quiser, "Graças a Deus!". Aliás, Doc Comparato diz que quer ir para o inferno, porque lá vai encontrar pessoas muito mais divertidas e interessantes do que no céu, "aquela coisa monótona". Mas antes afirma que vai passar no paraíso para deixar uma carta para Deus, reclamando de uma série de coisas: do fato de ser baixinho, de não ter olhos claros e de ser careca. Coincidência ou não, enquanto Doc fazia sua lista de reclamações divinas (e conversávamos em um terraço do bairro Leblon, no Rio de Janeiro), um vento forte levou o chapéu que escondia seu *top list*. O chapéu voou e foi parar no edifício ao lado, onde uma boa alma conseguiu alcançá-lo e devolver ao roteirista pagão.

    Seja no céu ou no inferno, Luiz Felipe ou Doc Comparato, médico ou roteirista, esse carioca nascido na Tijuca, fez de si mesmo uma referência. "Mas não uma unanimidade", defende. Segundo ele, 30% das pessoas o odeiam, outros 30% o adoram, mais 30% acham que ele é um mistério e apenas 10% sabem de verdade quem ele é. Escritor de alguns dos primeiros livros teóricos sobre roteiros no Brasil, Doc herdou de Luiz Felipe a excelência em colecionar méritos. Basta dar uma olhada em seu currículo para entender por que ele prefere falar mais de si mesmo a teorizar sobre a profissão: ele já disse tudo com seus trabalhos e foi escutado por muitos. São dele importantes roteiros do cinema brasileiro, como as adaptações de *Bonitinha, mas ordinária ou Otto Lara Rezende* e *O beijo no asfalto*, além das séries para televisão *Plantão de polícia*, *O tempo e o vento*, *Mulher* e *A justiceira*. Que atire a primeira pedra quem nunca leu seu manual *Arte e técnica de escrever para cinema e televisão*.

Depois de tanto teorizar e trabalhar com roteiro, você chegou a alguma conclusão sobre o que ele realmente é?

Um roteiro, para mim, é um instrumento de trabalho para uma série de indivíduos. O que o roteirista faz é a crisálida, porque quem vai voar é o filme. Depois de pronto o filme, quem vai ver o roteiro? Ninguém. E eu particularmente acho a crisálida muito mais interessante. Se a borboleta vai sair linda e voando por aí, depende de outras coisas. Depende dos humanos, depende de uma porção de gente. Mas, talvez, por minha formação de médico, eu acredite muito nas pessoas e sempre tente acreditar que o trabalho, o filme, terá um bom resultado. Escrever roteiro é um trabalho muito bonito. É um trabalho de humildade. Porque tudo o que o roteirista aprende na vida ele aprende com o humano, com o outro. Além do mais, o roteiro tem uma das condições mais belas que já vi: não é estático, ele se move. O roteiro existe para "desexistir".

Qual é a matéria-prima das suas histórias?

Estou sempre imaginando coisas. De onde vêm as minhas ideias, eu não sei. A ideia é o exercício da memória. Mas não uma memória quantitativa. Você tem que saber exercitá-la, saber juntar traços com lugares, exercitar os seus sonhos, saber uni-los segundo a necessidade. E essa memória não tem idade. Às vezes existem talentos muito jovens, que mesmo com pouca experiência de vida conseguem exercitar essa memória de maneira atrativa. Acabo de chegar de um curso que ministrei na Escola de Cinema de Cuba, onde conheci um menino de 22 anos com um roteiro fantástico, que se passa todo dentro de uma piscina. Mesmo com a pouca capacidade metodológica que ele tinha e com a pouca idade, conseguiu fazer um roteiro maravilhoso. Então a imaginação independe da idade.

A imaginação é intrínseca? Tem a ver com o que chamam de talento?

São mil condições. Eu, por exemplo, tenho uma tendência imaginativa muito grande. E quanto mais você exercita isso lendo, vendo, buscando, melhor. Desde garoto adorava imaginar. Eu nunca andei de bicicleta porque as minhas eram jaguares, aviões, naves espaciais. A minha janela no bairro da Tijuca, no Rio de Janeiro, era a cabine de um avião. Nunca consegui ver as coisas reais como elas são. Sempre via um pouco mais do que tudo realmente era.

Transformar-se em roteirista foi então um caminho natural?

O escritor, o roteirista, tem a possibilidade de brincar sem ser considerado maluco. Se eu digo que sou Napoleão e saio na rua acreditando nisso, será um desastre. Mas se escrevo "eu sou Napoleão", todo mundo acredita. É uma questão de credibilidade, de criar um mundo. O roteirista cultiva o lúdico. Aquela criança que imaginava jaguares e aviões tem que estar sempre presente em você.

Mas como manter essa criança lúdica e imaginativa presente durante tanto tempo?

Nutrindo-se do real. Eu sempre presto muita atenção no humano. Estou sempre perguntando: "O que é isso?". Nunca perco a curiosidade. Até porque o ser humano fornece a você histórias belíssimas, não existe ninguém burro. Você encontra o iletrado, o analfabeto, mas todo mundo é um sábio em potencial. Qualquer pessoa que viveu sabe alguma coisa. As pessoas são fonte inesgotável dessa matéria-prima do roteirista. Seja ela de que mundo, raça ou classe social for. Você encontra príncipes em todos os lugares. Assim como nazistas, banqueiros, mendigos... O universo é menos estatístico e formal do que a gente imagina. O roteirista trabalha com os limites do ser humano. E nos últimos cem anos tudo aconteceu muito rápido. Do rádio passamos para a televisão. Do ventilador para o ar-condicionado. Mas cem anos atrás, o meu avô andava de carroça. Não sabia o que era luz, não tinha avião. Estamos em uma espiral impressionante de coisas maravilhosas de comunicação, de tecnologia. Mas a alma do homem não. A alma do homem continua a mesma. Por isso é que se continua escrevendo histórias, e as pessoas vão acreditar nelas sempre. No fundo nós somos gregos envolvidos em capas andando pelas ruas. Então de onde vêm as ideias? De nós mesmos, do nosso mundo e da nossa alma que continua completamente intocável nesses últimos dois mil anos, enquanto todas as outras coisas não param de se mover.

Mas essa espiral tecnológica e de comunicação não afeta a alma do ser humano?

O que a gente está vendo agora é a morte da sala de projeção, mas não da arte cinematográfica. A gente está assistindo à morte da aritmética, porque ninguém quer somar 127 com 232. O que a gente faz é pegar a maquininha de calcular e apertar os botões para saber o resultado. Mas a matemática não morre. O que morre é a caligrafia, a ortografia. Porque o corretor vai estar sempre lá, sublinhando de vermelho nossos erros. A gramática também não morre. Pouco tempo atrás fiz a prova de vestibular de português e me ferrei. Era um texto da Lygia Fagundes Telles e eu tinha certeza de que ia acertar tudo, porque conhecia aquele texto. E errei. Não sabia qual era "a elipse da epífise da quarta linha do parágrafo tal". Um desastre. Mas a gramática continua lá. E isso também acontece no roteiro. A dramaturgia está sendo substituída por algo muito mais veloz, muito mais dinâmico. O que ocorre é que ela está se transformando. Viramos novos modos e modelos com a chegada do digital. Porque a dramaturgia é toda einsteiniana. Não é com velocidade que você adquire matéria. Assim você perde matéria. Ela é anti-Newton. Porque nem toda ação humana tem uma reação igual ou contrária. Então ela é completamente diferente da física. É uma outra região em que as pessoas estão entrando, e é uma região de alto potencial criativo que precisa ser explorada.

Você sempre sabe em que porto sua história vai ancorar?

Tenho uma ideia do porto a que vou chegar. Sei que vou encontrar terra, um pouco como Cristóvão Colombo. Mas se vou chegar à Índia ou às Ilhas Cayman, aí eu não sei (risos). Eu tenho ideias, sei que vou ver os pássaros e que eles vão me levar em alguma direção. Mas o que vai acontecer no final e aonde vou chegar são consequências da minha viagem.

Você costuma visitar o *set* de filmagem?

Não. Posso até levar flores para a atriz, dar um beijo no diretor e ponto. Não gosto de interferir no trabalho dos outros. Como roteirista, eu fiz a crisálida para deixar a borboleta voar sozinha. Não sou desses caras chatos que vão até o *set* para comprovar como está a caracterização deste ou daquele personagem. Vou lá um dia para o diretor me mostrar as principais coisas e vou embora. Até porque morro de medo...

Medo do *set*?

É. Uma vez escrevi uma cena de um roteiro filmado em Barcelona e tinha posto uma carruagem de época, chuva e milhões de outros detalhes. Mas a cena não estava legal. Faltava alguma coisa. Eu precisava de mais "fogos de artifício", porque o protagonista estava morrendo envenenado. Daí coloquei quatro cães negros e famintos caminhando e rosnando debaixo da chuva. E ponto. *Fade* final de capítulo. Era uma minissérie. Aí passaram-se oito meses e o diretor perguntou se eu não iria até lá. E fui. Depois de ser tratado superbem com passagem, hotel e carro na porta, aquelas coisas que produtor faz, cheguei ao estúdio. Quando entrei pelo cenário e vi aqueles cães espalhados ali, toda aquela lama, o diretor no meio de um caos, aquilo tudo me pareceu uma desgraça. Achei uma irresponsabilidade minha escrever aquela cena por mais justificada que ela estivesse na história. Daí me perguntei como é que eles tinham acreditado naquela bobagem toda que eu tinha escrito e foi me dando um medo, tive uma diarreia e resolvi ir embora imediatamente. Foi quando percebi que, quando escrevo no papel, é uma relação muito mais simples. Quando você vê o real, ao vivo, você descobre que aquela janela realmente se transforma num avião de verdade (risos).

Qual é a sua relação com o montador do filme?

Eu tenho o maior respeito pela montagem. Para mim, a montagem é aquele trabalho quase de dentista, minucioso, em que o cara fica vendo aquelas coisinhas mínimas ali com uma lupa. Acredito que a montagem é o terceiro roteiro. Porque tem o roteiro que a gente escreve, tem o roteiro que é o instrumento de trabalho, o documento usado durante todo o processo, e tem a montagem, o terceiro roteiro, que na verdade é o roteiro definitivo. E eu chamo de definitivo porque esse realmente faz milagres. Consegue corrigir até os erros do diretor. E às vezes salva também o roteiro. Então acho que o roteirista deve passar pela sala de edição, sim, pelo menos para uma visita, já que é uma das etapas fundamentais desse processo criativo.

Como você encara as críticas ao seu trabalho?

Para começar, acho que o antagonista do roteirista é a crítica. E ponto. Eu tenho um antagonista na vida? Sim, os críticos. Acho que não tem que pensar duas vezes, não tem que imaginar coisas que não existem. Profissionalmente, os meus antagonistas são os críticos. Quando eles escrevem bem, são benevolentes. E, quando querem, me esculacham por coisas que não deveriam, que estão boas no filme ou nas peças de teatro que escrevo. Mas, de uma maneira geral, a maioria é legal comigo, me prestigia, escreve boas críticas sobre o meu trabalho. Esse é um processo normal de vida. Não posso louvar a crítica e também reconheço que os críticos não me ensinaram nada. Eles me deprimiram algumas vezes? Sim. Eles me deixaram feliz em outras? Também.

Mas o trabalho do roteirista é público, pode ser julgado por qualquer um, não?

O artista em geral tem três juízes. O primeiro é o público. E este será sempre. É ele que vai jogar tomate ou vai aplaudir. Este não morre nunca. O segundo é a crítica, que diz: "Vá ou não vá ver este filme ou este espetáculo". Isso normalmente é uma comédia de enganos. Mas, por outro lado, o público não se engana tanto quanto a crítica. A crítica se engana muito mais que o público. Não adianta falar mal dele. É ele quem manda. E o terceiro juiz é o tempo. O tempo é a solução final. É o tempo que vai dizer se aquela obra ou aquele autor foram realmente importantes.

No que diz respeito à autoria do filme, qual é sua posição como roteirista?

Que vença o mais forte, né? (risos). Eu acho que existe sempre, naquela tríplice aliança entre diretor-roteirista-produtor, um que vai brilhar mais. Mas quem deveria brilhar mais, na minha opinião, deveria ser o produtor. O problema é que aqui no Brasil ainda não existe essa figura que vai pôr a grana, que vai acreditar no projeto. Por isso os diretores e roteiristas ficam discutindo entre eles. Não existe um trânsito de funções definidas no cinema brasileiro.

De qual etapa do roteiro você mais gosta?

Quando eu entrego (risos).

E a etapa de que menos gosta?

Quando tenho que escrever a sinopse. Ô coisinha chata de fazer, a tal da sinopse! É difícil escrever uma sinopse quando na verdade o que você quer escrever mesmo é o roteiro. Eu odeio escrever sinopse. Mas tenho que fazer.

Você gosta de falar sobre roteiro, sobre seu processo e metodologia?

Depende. Fora do âmbito profissional eu não gosto de falar sobre roteiro, não. Dou aula sobre roteiro, sou teórico de roteiro, escrevo roteiros e por isso ponho limites. Em vez de falar sobre roteiro o tempo todo, prefiro ir para a cozinha e descobrir outros tipos de misturas, de combinações. Ontem, por exemplo, fiz macarrão com chuchu, berinjelas e ervas italianas. Ficou uma delícia. Aliás, se você não for bom cozinheiro não será nem um bom diretor, nem um bom roteirista, sabia disso?

Por quê?

É química. Tem que aprender a misturar os ingredientes e encontrar o sabor desejado. Como acontece com as histórias.

Qual é a sua metodologia de trabalho?

Eu escrevo de dia, não escrevo de noite, nem pensar! A noite foi feita para ler, para ver um filme. Eu fumo para escrever, sempre fumei, é um pecado que admito. Fumo quando dito, fumo quando estou trabalhando...

Fuma quando dita?

Todo mundo acha que eu escrevo à máquina ou no computador. Mas eu tenho a maior dificuldade com o teclado. Aliás, desde garoto, eu trocava o "b" pelo "p", aquela coisa meio disléxica. Escrevia "nóis" em vez de escrever "nós". E para o professor de português era um escândalo, porque às vezes cometia erros horríveis. Mas, na verdade, eu tinha uma certa dislexia e ninguém entendia isso. Eles me mandavam fazer caligrafia quando o que eu queria era fazer redação. Mas eu escrevia tudo errado. E até hoje olho para o teclado e acho que trocaram o "q" pelo "r". Então eu prefiro ficar parado. O pensamento é mais rápido. E por isso gosto de escrever à mão, com caneta mesmo. Assim dá para anotar o fluxo da imaginação. Mas no dia a dia não dá tempo de ser assim, então prefiro ditar para um assistente que me ajuda a colocar minhas ideias no papel.

Você também é conhecido por importantes adaptações literárias para as telas. Qual é o grande desafio da adaptação?

Adaptar é um dos processos mais lindos que existem. Já adaptei muito, tanto textos brasileiros como estrangeiros. Existem vários níveis de adaptação. Você pode se inspirar, se basear ou recriar o mundo original. Sempre digo que quando adapto, pego toda a obra original e o autor e durante uns três meses leio tudo sobre ele e tudo o que ele escreveu. Eu me transformo naquele autor. E, se conseguir, visito os lugares que o cara visitou, conheço as pessoas que ele conheceu. Sou uma espécie de Zelig (personagem do filme homônimo de Woody Allen). Só que aí, quando vou adaptar, jogo aquilo tudo fora, porque já sou ele. Eu adapto como se fosse ele. Mas isso se passa na minha cabeça. É você se mimetizar no outro autor. Aí você começa a conversar na linguagem do outro. E escrever também. Eu tive muita sorte de ler livros excepcionais, de fazer adaptações excepcionais. Então isso me facilitou muito a vida e me deu a possibilidade de colocar em prática um exercício criativo muito bom. Tive tempo e também todas as possibilidades, além de bons pesquisadores, muito importantes nesse processo. Foram trabalhos magníficos.

E O TAL DO BLOQUEIO CRIATIVO? EXISTE? O QUE FAZER DIANTE DELE?

Existem momentos difíceis. Momentos difíceis pessoais e momentos difíceis profissionais, pelos quais todo mundo passa um dia na vida. A vida não é um mar de rosas para ninguém. E nem deve ser. E ninguém está isento disso. Consequentemente, o bloqueio criativo às vezes existe, sim. Às vezes você fica meio empacado. Mas para isso também existe o recurso profissional, ou seja, a técnica. Existe o momento para o ator em que ele recorre ao chamado "beijo técnico". Ou quando ele usa a cebola para chorar, ou o cristal japonês. Com o roteirista também. Você vai até a fonte, nos teóricos, nos outros roteiros escritos, e se inspira, e revisa, e se nutre de soluções. É uma cadeia alimentar, como bem disse Tchecov (Anton, pensador russo). Metáforas à parte, o roteirista tem que ir adiante, não dá para mudar de profissão cada vez que o trabalho empaca. A profissão de roteirista é muito instável e cheia de dificuldades e limitações. Existem poucos profissionais na praça e pouca produção também. Então é extremamente difícil. Às vezes me comparo com os meus colegas médicos que tiveram uma trajetória tradicional e que atualmente vivem uma vida muito mais estável, muito mais confortável até certo ponto. Mas também, talvez, menos venturosa. Certamente muito mais tranquila do ponto de vista econômico.

EM ALGUM MOMENTO VOCÊ SE ARREPENDEU DE TER ESCOLHIDO A PROFISSÃO DE ROTEIRISTA?

Uma vez me perguntaram se eu era rico. Eu já tive dinheiro. Já tive bastante dinheiro. Morei nos metros quadrados mais caros do mundo e "desmorei" nos metros quadrados mais caros do mundo, ou seja, vivi nos metros quadrados mais ferrados também, em lugares inacreditáveis. Minha vida foi de altos e baixos.

Mas também escrevi filmes diferentes, em línguas diferentes, de culturas diferentes. Acho que tive uma vida muito venturosa como roteirista. Não posso reclamar.

Você é o autor de um dos livros fundamentais sobre a escrita de roteiros. Uma referência em termos de teoria em língua portuguesa. Qual é a sua opinião sobre os manuais de roteiro?

É engraçado falar sobre isso, porque o meu livro atualmente não está editado no Brasil. Vários teóricos estrangeiros invadiram o mercado nacional, e o meu livro não interessa mais aqui. Ainda bem que interessa aos franceses, aos portugueses, aos mexicanos, aos argentinos e aos italianos. Ele continua em circulação pelo mundo. Por outro lado, acho que o roteirista que já leu o meu livro e de todos os autores estrangeiros não precisa mais desse material físico para criar. Ele precisa experimentar, precisa errar, precisa é de uma câmera, de um aparelho de DVD para poder assistir na televisão o que gravou e aprender. Precisa fazer mais filme, ter mais produção no país, é disso que ele precisa. É necessário encontrar novas saídas e novas linguagens. Está tudo muito estrangulado. Na verdade, aí é que está o problema. E não na quantidade de livros que o cara leu. Isso já tem de sobra. O que precisamos é dar oportunidade para esse pessoal fazer. O problema não é com a crisálida. Só vai haver crisálida se o cara enxergar que vai ter a borboleta lá na frente. Do contrário, não vai se dedicar à crisálida, porque sabe que nunca vai existir a borboleta. Você acha que alguém que nasce na Paraíba vai querer ser roteirista? Para quê? Para onde ele vai escrever? Qual é a chance de ele escrever para televisão? Nenhuma. Qual é a chance de ele escrever para cinema? Nenhuma. Essa indústria é muito pequena. E isso tem que ser revisto. Imagina a quantidade de boas histórias que perdemos por causa disso?

FILMOGRAFIA

* *El corazón de la tierra* (2002)
* *Piege* (1993)
* *Encontros imperfeitos* (1993)
* *O trapalhão na arca de Noé* (1983)
* *O cangaceiro trapalhão* (1983)
* *Bonitinha mas ordinária ou Otto Lara Rezende* (1981)
* *O beijo no asfalto* (1981)
* *A mulher sensual* (1981)
* *O bom burguês* (1979)

ELENA SOÁREZ

"Não existe nada mais longe da verdade (para o roteirista)
do que ficar olhando para o vazio esperando a inspiração."

Como uma reportagem pode mudar sua vida? No caso da então economista Elena Soárez, de forma radical. Por causa de uma matéria publicada no jornal *Folha de S. Paulo* e apresentada no programa de televisão *Fantástico* em 1995, Elena recebeu o convite do diretor Andrucha Waddington para escrever um filme sobre uma mulher com três maridos. Mesmo sem nunca ter lido um roteiro cinematográfico antes – até aqui sua experiência restringia-se a filmes institucionais –, ela aceitou o desafio e no dia seguinte embarcou para o sertão à procura de uma mulher que não queria falar com ela. Essa mulher era dona Maria Marlene, que também viu sua vida mudar radicalmente por causa das mesmas reportagens, as quais esmiuçavam seu harém às avessas. Era de se esperar, portanto, que a chegada de Elena não fosse das mais receptivas. Dez dias depois, Maria Marlene permanecia irredutível. Às vésperas de voltar ao Rio de Janeiro, Elena Soárez foi obrigada a utilizar o último recurso de que dispunha: oferecer dinheiro para ouvir aquela história. Mas se Elena achava que deixar o pudor de lado e oferecer dinheiro para ouvir uma história era o mais difícil do trabalho de fazer cinema até então ("era a vida daquela mulher e eu achava que não tinha o direito de invadi-la"), mal sabia que escrever um roteiro seria pior. "Principalmente para quem não sabia nada", lembra.

Das primeiras pesquisas à finalização do roteiro do longa-metragem *Eu Tu Eles*, inspirado na vida de dona Marlene, passaram-se quatro anos. A grande recompensa do mestrado em antropologia que Elena cursou quando voltou da estadia em Londres não veio de Darwin ou Lévi-Strauss, mas da descoberta de sua própria resistência física. Durante os dois anos em que escreveu sua tese, Elena percebeu que tinha energia suficiente para se debruçar sobre uma mesa de trabalho e escrever durante oito horas por dia. Adestrada, ela levou a disciplina ao cinema e tornou-se roteirista na marra. A dedicação foi tanta a ponto de pensar que se o filme não desse certo, teria jogado fora quatro anos de sua vida. Mas sua concentração e paciência foram recompensadas com a consagração do filme na Quinzena dos Realizadores do Festival de Cannes, na França, no ano 2000, um acontecimento fundamental para que Elena aceitasse o roteiro como ofício, maneira como prefere chamar sua profissão.

De respostas curtas e objetivas, Elena Soárez não fala mais do que deve. Como boa roteirista, sabe a hora de encerrar suas respostas e – por que não? – deixar o leitor com "gosto de quero mais". Carioca, é notável sua familiaridade com o espírito do Rio de Janeiro, não apenas no sotaque e nos trejeitos, mas ao utilizar uma metáfora que compara o prazer da escrita ao prazer do surfista ao pegar uma boa onda. Surfista ou não, Elena consegue emocionar ao fazer uma simples relação entre duas atividades aparentemente anacrônicas, conectadas pelas palavras de uma das roteiristas mais prolíferas do cinema nacional contemporâneo.

O QUE É UM ROTEIRO E PARA QUE ELE SERVE?

O conceito de roteiro para mim é diferente do conceito de roteiro para o filme. Para mim, ele é o meu ofício. É o que eu acordo e faço de segunda a sexta, como se fosse funcionária pública. Já para o filme, o roteiro é a base. Quanto mais o filme estiver estabelecido no roteiro, mais fácil será para o diretor e para a equipe filmarem. Porque o filme não se concebe na filmagem e sim no roteiro.

VOCÊ CONSIDERA O ROTEIRO UM ELEMENTO MAIS TÉCNICO OU MAIS ARTÍSTICO?

Radicalmente artístico. Mas o artístico não funciona se não tiver a técnica por trás. O roteiro não atinge a dimensão artística se a técnica não estiver garantida.

VOCÊ SEMPRE SABE SOBRE O QUE VAI ESCREVER? QUAL É O SEU PONTO DE PARTIDA NA ESCRITA DE UM FILME?

Eu começo a trabalhar do grande para o pequeno. As encomendas chegam de formas muito abstratas, em diferentes níveis de maturidade, com informações muito preliminares e ainda precárias. A partir daí, recolho o maior número de informações possíveis, seja em livros, seja em filmes, histórias pessoais ou pela observação, e tento construir um universo em torno da pista que recebi. Com isso, vejo onde posso me agarrar, qual é a coisa que acho mais quente, o que mais se comunica comigo naquela história e começo daí.

NESSA ETAPA, COMO FUNCIONA A RELAÇÃO COM O DIRETOR?

Geralmente funciona bem. Quando o diretor te procura e você aceita o trabalho é porque já existe empatia, respeito, interesse e vontade de trabalhar com você. Escrever um roteiro é um trabalho longuíssimo e que provoca uma intimidade enorme: eu vou contar as histórias da minha mãe, o diretor vai me contar os sonhos dele, suas frustrações, etc. É uma troca íntima do ponto de vista emocional e intelectual. É importante estar claro, de antemão, que nós somos profissionais.

Mas às vezes pode acontecer de não haver empatia e o desempenho profissional ficar comprometido.

Qual é a matéria-prima do roteirista?

Eu acho que é a abertura para o seu próprio imaginário e para o imaginário alheio. É estar interessado no que está passando pela cabeça das pessoas o tempo todo. Um roteirista acaba não tendo escolha: tudo ao redor dele é material. Eu presto muita atenção em tudo, independentemente da minha vontade. Atenção no que as pessoas estão sentindo, falando, em como elas estão reagindo...

Fale sobre sua metodologia de trabalho. Você diz que escrever é um ofício, de segunda a sexta, oito horas por dia... É difícil encontrar um roteirista tão disciplinado.

Eu sempre tenho um plano pronto e sei exatamente o que tenho que fazer naquele dia. Não existe nada mais longe da verdade do que ficar olhando para o vazio esperando a inspiração. O que existe é o que a gente desenvolve: é provocar a solução certa para que ela compareça. O roteirista sempre tem o que fazer, mesmo quando estiver bloqueado: vá pelo outro lado, faça de novo, revise, redesenhe os atos, entenda o que está faltando na sua história. Existem milhões de procedimentos que você deve cumprir e que adiantam a sua vida. É um trabalho de ateliê, de começar apontando o lápis. Eu particularmente tenho as minhas horas estabelecidas de trabalho e sei que vou ficar sentada determinado tempo, e quando acabo não faço mais nada no computador, porque já passo o dia inteiro sentada na frente dele.

Mesmo com tanta disciplina, o que fazer na hora do branco, da falta de ideias e de respostas para a sua história?

No processo criativo, existe uma coisa engraçada: quando você para de trabalhar, vai tomar banho, vai embora, ou dorme, aquela resposta que você estava procurando há muito tempo e não conseguia encontrar, na hora que você relaxa, comparece. Aí é a hora do papelzinho, do guardanapo, do bloquinho de notas. Você vai lá, anota, leva para casa e articula com o que estava escrito até então.

Você está satisfeita com o resultado de seus roteiros nas telas?

Sim, mas acho importante ressaltar que o meu trabalho termina no papel e que depois de o roteiro ser entregue e aprovado, me desligo completamente dele. O meu trabalho é desvendar a história. Se eu tivesse mais competência e escrevesse literatura, estaria satisfeita. Porque depois que sai da mão do roteirista, o texto vira outra coisa, além do nosso controle. Por isso, para mim, está bom ali mesmo, no papel, onde os personagens já existiram e já viveram suas peripécias.

Dentro da sua disciplina criativa, você segue alguns procedimentos, como escrever *storyline*, escaleta, sinopse ou argumento?

Como eu não tive uma educação formal em roteiro, levei muitos anos para entender a importância de respeitar métodos como o argumento, a sinopse, a divisão por atos, a escaleta, etc. Quando você começa, a ignorância te dá um poder incomensurável e você parte desembestado para escrever o roteiro às cegas, o que é uma cretinice, porque depois de 120 páginas você percebe que deu errado e tem que voltar atrás. Foi o que aconteceu comigo nos primeiros filmes. Mas, por outro lado, a juventude te dá o vigor para compensar a sabedoria que você não tem. Então eu escrevia para caramba, ficava toda torta, com um lado do corpo paralisado (risos). Era um método braçal: eu construía a catedral e ela caía. Construía de novo e ela caía novamente, e assim por diante até acertar. Mas hoje não. Finalmente aprendi e cumpro todas essas etapas sim, direitinho.

Qual é a sua maior dificuldade no processo de escrita de um roteiro?

A maior dificuldade é encontrar o argumento brilhante. Tendo um bom argumento, é uma questão de mais ou menos trabalho até chegar num bom resultado para a sua história. Se a ideia inicial traz um bom argumento – por menos desenvolvida que ela esteja – o resto é trabalho físico até dar certo.

DE QUE VOCÊ MAIS GOSTA QUANDO ESTÁ ESCREVENDO UM ROTEIRO?

Do *tubo*. Da hora em que você está surfando dentro da onda; que você já remou, escolheu a melhor onda e fica dentro dela um tempo. É a hora em que a história passa a existir: está tudo no lugar, as coisas funcionam, os personagens se encontram, dizem coisas incríveis, aprendem, ensinam... É uma loucura! É a hora em que o filme acontece.

A INSEGURANÇA É UMA COMPANHEIRA DO ROTEIRISTA?

Eu acho que o roteirista tem que ter um nível de não temeridade. Quem escreve precisa ter coragem, uma espécie de abuso, senão a insegurança te paralisa. O medo paralisa. E isso é um problema, porque se você paralisar não adianta nada. Quando acontece é melhor fazer uma listinha, se organizar. Abaixe a cabeça e trabalhe: escreva o personagem de novo, tente uma nova maneira de levantar a história. Exerça a profissão como um ofício, como um bom e velho sapateiro. Medo é quando você olha de fora, acha que não vai conseguir e pensa mais em si mesmo do que na história. É claro que as coisas podem dar errado, mas quanto mais você trabalha nelas, menos isso acontece.

COMO VOCÊ LIDA COM A CRÍTICA E COM AS OPINIÕES EXTERNAS DURANTE O PROCESSO DE ESCRITA?

Durante o processo, não tem nada pior do que roteirista resistente. Se você está apegado à sua ideia, mesmo com gente dizendo que aquilo pode ser de outra forma ou não está funcionando, essa resistência não é boa para ninguém: nem para você, nem para a história. E ninguém te aguenta. Saber ouvir é uma virtude. Ao contar uma história, você tenta fazer isso da melhor maneira que pode. Você conta sua visão de mundo com os melhores sentimentos que consegue reunir e acha que dá o melhor de si para isso, sem contemplar a possibilidade de estar negligenciando alguma coisa. Aí vem alguém e diz que aquilo é cafona. Nesse caso não se pode perder a linha de jeito nenhum. Você argumenta seu ponto de vista, aceita as sugestões e refaz. Isso é básico. O roteirista não pode perder de vista que, para além dele e de seu mundo, ele está escrevendo um filme e é de interesse comum das pessoas que se reuniram para fazê-lo. Ele faz parte de uma equipe e não pode perder essa noção nunca.

A crítica depois de o filme ter sido lançado te afeta?

Se você consegue minimamente não perder a cabeça quando fazem um elogio e sair por aí se achando a melhor pessoa do mundo, você também deve se dar o direito de não sucumbir quando for duramente criticado. Porque isso acontece: às vezes os trabalhos não dão certo, uma coisa não fica boa e ninguém vai ter pena de você. Vão falar coisas horríveis e aquelas coisas estarão impressas e os seus pais sofrem, os seus filhos sofrem (risos). Mas se o que você faz é real, é honesto e você não está fazendo apenas para ficar famoso, mas porque acredita naquilo e não poderia fazer outra coisa, eu acho que você passa tanto pela crítica boa como pela ruim.

Qual é a sensação de assistir a uma história que você escreveu na tela grande?

Eu acho muito desagradável (risos). Acho uma injustiça você ter que fazer o seu trabalho e ainda ter que assistir com o público. Isso é um sofrimento de uma ordem, que não é justo ter que passar por ele, sinceramente. Porque você vai ter que rir se eles não rirem na hora que você esperava e vai se surpreender se o ator não fizer direito determinada cena. E isso dura duas horas, é insuportável (risos). Digo isso porque no papel o controle é todo seu. O roteirista diz que o personagem vai mover um mindinho, que um fio de cabelo vai levantar e isso é o que acontece. É uma maravilha! Você controla tudo. Depois, naturalmente, vem o diretor, os atores e o diretor de fotografia, que entram para fazer coisas lindas, mas que às vezes deixam escapar nuances ou não fazem exatamente como você esperava. São elementos que você não pode controlar como fazia quando o filme era só seu.

Além do diretor, você se relaciona com outros profissionais envolvidos no filme?

Só com o diretor mesmo. Não vou nem na filmagem.

Por que não?

Não vou à filmagem porque não tenho função. Se fiz meu trabalho direito, ele não vai ser mexido na filmagem. Mas também não tenho que estar no *set* para ver as folhas do roteiro jogadas no chão depois que a cena é filmada (risos). O que o roteirista vai fazer lá? Dar palpite no trabalho do diretor? Eu não. Ele sabe o que vai fazer ali e não precisa da minha ajuda.

Existe muita polêmica sobre a autoria do filme: se é do diretor, do produtor ou até mesmo do roteirista. Qual é o seu ponto de vista?

A minha visão é a seguinte: se está todo mundo identificado com o que faz, esse problema não vai aparecer. O problema é quando o roteirista sonha em ser diretor ou o diretor sonha em ser autor. Aí acho complicado. Mas como não tenho nenhuma ambição de ser diretora, tento sempre preservar o meu trabalho. Uma das questões que a categoria profissional de roteirista defende é o nosso crédito de roteiro. Há alguns anos, quando o cinema não tinha uma atividade industrial constante e os diretores efetivamente carregavam o filme do começo ao fim, a figura do roteirista estava colada à figura do diretor. Era natural que ele escrevesse o roteiro com o roteirista e assinasse o crédito com ele. Atualmente, os roteiristas estão mais profissionalizados e nossa função mais bem delimitada e, portanto, respondemos pelo produto final do roteiro. Os diretores já entendem, hoje, que roteirista é quem escreve.

Você tem manias de formatação ou de gramática na escrita do roteiro?

Tenho, muito. Um roteiro tem parâmetros e você tem que entregar o trabalho numa norma, numa formatação. Eu não escrevo em programa nenhum. Me irrita a interferência do programa naquilo que estou escrevendo. Como gosto mais de ler do que de ir ao cinema, tenho muito cuidado e prazer ao escrever minhas rubricas. Dizem que são literárias demais. Tem gente que gosta e aceita que sejam assim, tem gente que não. Eu gosto.

Fale sobre sua maneira de construir personagens.

Presto muita atenção na vida dos outros e na minha. Faço análise há anos e hoje olho para uma história e seus personagens como um arquiteto olha para a planta de uma casa ou um mecânico olha para o motor de um carro. Estou sempre pensando nas relações humanas, nos sentimentos, nos dramas familiares. Por isso o personagem vem muito fácil. Eu me divirto muito criando situações. Eu choro, eu rio sozinha... Aquelas pessoas passam a existir na minha vida.

Eles passam a existir na sua vida?

É verdade! O personagem fala com o autor. Se o autor fez o trabalho de casa direitinho e se o roteiro está bem atado, isso acontece. A maturidade do personagem e o tempo de vida que ele tem influem nessa ideia. Cada dia você passa mais uma camada de tinta naquele personagem, ele vai ficando mais robusto, mais real, vai se revelando. Das primeiras versões do roteiro até as últimas há um salto qualitativo imenso. Quando a gente diz que eles falam sozinhos é porque chega uma hora em que eles estão tão bem construídos que você escreve de olho fechado. Aquele personagem já é seu amigo e você já o conhece, já sabe como ele vai se comportar em qualquer situação.

Quanto do autor tem no personagem?

Se não tem do autor, tem da mãe do autor, da sogra do autor, do vizinho do autor (risos). Tem sempre muito. E tem também o que você acha da vida como um todo.

Outra polêmica com relação à escrita do roteiro é a voz *over*. Qual é a sua opinião sobre o uso desse recurso?

Eu acho que existem algumas normas de boa conduta. A voz *over* em si não é boa nem ruim. Depende de como ela é utilizada, porque é uma voz, não é matéria de cinema. Matéria de cinema é imagem. Então você pode cair na armadilha de achar que está resolvendo uma coisa que não está resolvida no seu filme. Resolver com um elemento externo não é orgânico. E a voz *over* é exterior à matéria filmada. Eu uso como regra pessoal deixar a decisão de colocar ou não esse recurso depois que fiz a história ficar em pé. Daí, se eu sentir que preciso, utilizo a narração. A mesma coisa acontece com outro recurso que é o *flashback*. Tem filmes que utilizam perfeitamente o *flashback* e a voz *over*. O roteirista só precisa tomar cuidado para que ela não seja uma muleta.

Muitos roteiristas e teóricos defendem que o melhor roteiro é aquele que não se vê. Você concorda?

Quando o esforço do autor é visível, acho muito deselegante. Quando você percebe um roteirista por trás do filme fazendo força para encaixar alguns artifícios, aquilo tira você da trama, distancia, quebra a experiência de encantamento que propõe uma história. O autor mais experiente te joga adiante, te esquenta, te esfria, te dá mil voltas sem que você sequer desconfie de como ele fez aquilo. Esses são os mestres.

O TRABALHO DE PESQUISA É FUNDAMENTAL PARA ESCREVER UM ROTEIRO?

A pesquisa se impõe. Se me mandarem fazer um filme sobre um tema científico, por exemplo, eu preciso da pesquisa porque, a rigor, não sei nada sobre isso. Para escrever o filme *Casa de areia* (dirigido por Andrucha Waddington), passei um ano tentando entender a teoria da relatividade em vão. Tive até professor particular de física e tampouco resolvemos. Pesquise sempre que houver necessidade. Mas saiba que às vezes a pesquisa afasta o roteirista do coração da história e ele pode acabar perdendo o que quer realmente contar. O roteirista tem que tomar cuidado com o excesso de informação, porque as histórias são quase sempre as mesmas. O tema é um recheio, uma paisagem. O mais importante é entender qual é a oposição básica no filme. Esse é o elemento que procuro primeiro. Preciso sempre de uma oposição.

VOCÊ GOSTA DE ESCREVER DIÁLOGOS?

Adoro! Tenho que tomar cuidado para não fazer só isso. Gosto de escrever do jeito que eu ouço.

HÁ ALGUMA TÉCNICA PARA ESCREVÊ-LOS?

Ouvir conversa dos outros é uma técnica infalível (risos).

QUE CARACTERÍSTICAS SÃO FUNDAMENTAIS PARA UM BOM ROTEIRISTA?

Saber observar. Ter sentido de observação. Um estado de comunhão com a própria subjetividade e com a subjetividade alheia. Disciplina também é importante, embora muita gente escreva sem ela. Tem gente que escreve de madrugada, por exemplo. Mas, na minha prática, a disciplina é fundamental. Gosto da disposição e do desafio de enfrentar a tela do computador diariamente.

Qualquer pessoa pode escrever um roteiro?

Qualquer um não. Assim como não é qualquer um que pode ser jogador de futebol, nem médico, nem engenheiro, nem um monte de coisa. Acho que existe um perfil bastante definido. Tanto é que, quando estamos entre roteiristas, somos bem parecidos. É até engraçado, a gente fica amigo num segundo. Todo mundo fala muito (risos).

Você já escreveu dividindo a autoria do texto?

Sim, mas confesso que tenho muita dificuldade em dividir a autoria. Não sei fazer isso tanto quanto deveria. Não incorporo bem o material dos outros. Realmente prefiro escrever sozinha.

Você participou de algumas tendências do cinema brasileiro recente, tanto na temática "favela" como na "sertão". Há poucos filmes que falem da realidade de quem escreve. Você concorda?

Esse problema de não haver filmes que falem sobre nós mesmos, dessa classe média, é um problema em função do espaço que as telenovelas ocupam. A telenovela faz isso muito bem em seus termos e tem um alcance muito grande. Por isso, qualquer roteirista de cinema que sente para escrever um filme sobre classe média, sobre nós mesmos, sobre populações urbanas, morre de medo de acabar escrevendo novela. Porque novela é novela e cinema é cinema. Inevitavelmente você acha que todas as cenas acontecem numa mesa de café da manhã e a gente não sabe fazer isso. Sobre os temas sertão e favela, acho que foram dois momentos; foram ondas, estilos, moda. São movimentos estéticos que aparecem e têm um prazo. Houve a safra sertão, da qual participei, e depois, a safra favela, de que já não participei tanto (risos). Mas acho que isso já se esgotou.

Qual é o futuro do roteirista no Brasil?

O roteiro possui um mercado que está longe de ter alcançado a sua capacidade máxima. Acho que existe uma demanda enorme. Prova disso é que muitos de nós começamos sem saber nada. Se eu trabalhei o que trabalhei sem saber nada é porque existia uma demanda gigantesca. E aqui somos a América nova, tudo está por fazer. Isso é uma coisa ótima e eu acho que a categoria vai crescer muito mais. Só não sei exatamente para onde, se filmes para internet ou para celular, nem o que significa tudo isso. Mas, se for o caso, a gente aprende.

Quais são as maiores dificuldades da adaptação da literatura para o cinema?

Adaptei Nelson Rodrigues para o filme *Gêmeas*, de Andrucha Waddington, e para *Vida de menina*, de Helena Solberg, e acho que quando a literatura é boa, fica sempre mais difícil, porque a história está resolvida nos seus termos, que são literários. Uma boa história escrita não necessariamente será uma boa história filmada, e o que acontece muitas vezes é que respeitamos demais a literatura. Tem uma lenda que diz – e muita gente confirma – que a má literatura dá bom cinema e a boa literatura não.

Jean-Luc Godard disse: "Roteiro não é uma arte, nem uma técnica, o roteiro é um mistério". Você concorda?

Os roteiros dele realmente são (risos). Eu acho que é arte. E acho que arte só acontece se houver técnica. Mas ter a técnica não garante que você atinja a arte. O mistério é aquele lugar entre a técnica e a arte, que é, obviamente, o melhor lugar.

O que você diria se seus filhos optassem pela profissão de roteirista?

Diria para eles trabalharem sério. Mas eu diria isso para qualquer tipo de trabalho que eles escolhessem. Por isso: trabalhe sério!

FILMOGRAFIA

* *Rio, eu te amo: pas de deux* (2014)
* *A busca* (2011)
* *Xingu* (2011)
* *Nome próprio* (2007)
* *Cidade dos homens* (2007)
* *Casa de areia* (2005)
* *Redentor* (2004)
* *Vida de menina* (2003)
* *Eu tu eles* (2000)
* *Gêmeas* (1999)

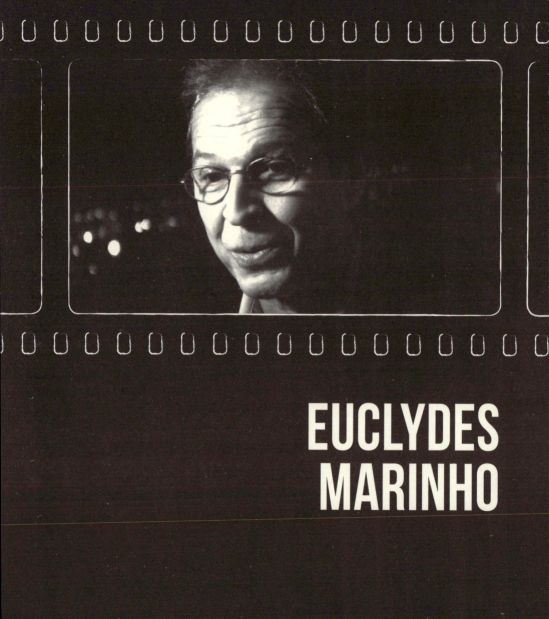

"TEM DIAS EM QUE VOCÊ SÓ PRODUZ BOBAGEM, MAS NO DIA SEGUINTE VAI LÁ E REESCREVE."

Muitos manuais de roteiro e alguns roteiristas dizem que o bom personagem é aquele que se contradiz. Aquele que quer uma coisa e necessita de outra, ou aquele que aprende e se transforma em sua jornada e proporciona ao espectador semelhante experiência. Se Euclydes Marinho fosse personagem de um filme, talvez se enquadrasse nessa categoria. Porque, como bom personagem, ele se contradiz. E, como bom roteirista, sinaliza sua própria contradição. Talvez porque quisesse ser fotógrafo e acabou roteirista. Mas principalmente porque é um personagem que, durante toda a nossa conversa, insistia em sua dificuldade de falar sobre seu processo criativo, o que resultou numa das entrevistas mais precisas, honestas, diretas e inevitavelmente interessantes deste livro.

Em determinado momento do encontro com Euclydes Marinho, no terraço de um edifício no Alto Leblon, Rio de Janeiro, o roteirista confessou sua surpresa pelo convite para participar como entrevistado junto a outros tantos roteiristas. Talvez sua trajetória televisiva o fizesse pensar que não representa o cinema nacional tão bem como os colegas. Mas basta folhear o catálogo de filmes escritos por ele para perceber sua importância aqui. Apesar de ter começado sua carreira (e seguir nela) como autor de televisão, Euclydes Marinho assinou o roteiro de um dos filmes mais relevantes dos anos 1980, *Bar esperança*, dirigido por Hugo Carvana, premiado como melhor roteiro no Festival de Gramado em 1983. Um pouco antes, havia escrito para o diretor Paulo Sérgio Almeida o roteiro de *Beijo na boca*, um filme tão traumático como importante para a formação desse jovem roteirista, na época com 31 anos. "Quando vi o filme pela primeira vez, era tão diferente do que tinha imaginado que levantei e fui embora no meio da projeção. Uma grosseria que não faria hoje. Mas com tudo na vida a gente aprende", lembra.

Depois disso, pouco a pouco, Euclydes se afastou da escrita cinematográfica. Por outro lado, colecionou sucessos na televisão em séries como *Malu mulher* ou em novelas como *Brilhante*. Por isso se considera um roteirista bissexto no cinema, no qual também já atuou como produtor e como diretor no longa-metragem *Mulheres sexo verdades mentiras*.

E se todo personagem, em sua jornada, possui um aliado que ora funciona como mentor, ora como escudo, Euclydes Marinho poderia considerar o diretor Daniel Filho como tal. Tanto em sua trajetória televisiva como na cinematográfica, a parceria com Daniel lhe rendeu frutos notáveis. Prova disso é o longa-metragem *Se eu fosse você 2*, um dos maiores sucessos da retomada do cinema nacional desde 1995, inspirado em um argumento de Carlos Gregório e escrito em colaboração com Adriana Falcão e Renê Belmonte. Um logro talvez contribuído pela híbrida formação de Euclydes em televisão e cinema, que o ajudou a se conectar com o público e trazê-lo de volta ao circuito cinematográfico. Uma característica a que muita gente deveria estar atenta.

Você queria ser fotógrafo e se transformou em roteirista. O que aconteceu no meio do caminho?

A minha carreira no cinema começou como assistente de câmera, querendo ser diretor de fotografia. Fiz fotografia de *still*, virei fotógrafo de publicidade, de imprensa e de tudo que aparecia para fotografar. Então um dia decidi largar tudo e fui morar no mato. Foi aquela fase "alternativa". Virei lavrador, morei três anos no mato. E quando voltei, fiz um curta-metragem que tentei vender para a Rede Globo. E não interessou a eles. A Globo queria me contratar como câmera, porque a fotografia do meu curta também era minha. Então eu disse que preferia escrever. E eles acreditaram em mim, fizeram um teste e comecei a trabalhar com eles. Foi simples assim.

Mas você tinha alguma experiência como roteirista, além do curta-metragem que havia escrito?

Na verdade sempre fui bom em redação. Passava em português por causa da redação, nunca pela gramática. Além do mais, sou um aficionado por cinema, sempre fui. Então acho que o roteiro, a escrita, estava um pouco no sangue, no espírito. Porque sou de uma época em que a gente aprendia vendo filmes. Não havia livros de roteiro quando comecei. A gente precisava importar esses livros para ter acesso a uma metodologia. A minha geração aprendeu fazendo, na prática. E acho que continua aprendendo até hoje.

Você continua aprendendo?

Acho que o roteirista brasileiro está sempre aprendendo. Porque a gente teve uma formação muito empírica, pelo menos a minha geração. Hoje já existe mais material, uma formação mais fácil de se conseguir, mais acessível. Mas sou do tempo em que a gente não tinha nada para ler sobre roteiro. Por sorte, o Doc Comparato resolveu escrever um livro que foi fruto de um curso que ele deu na CAL (Casa das Artes de Laranjeiras, no Rio de Janeiro) e do qual participei com o Aguinaldo Silva e o Leopoldo Serran.

Depois de tanto tempo aprendendo e escrevendo, você chegou a alguma conclusão sobre o que é um roteiro e para que ele serve?

Olha, o roteiro é um roteiro, né? (risos) Exatamente isso: é um roteiro, um caminho. Como se fosse um mapa, um mapa mais detalhado: "Aqui você vira à direita, ali à esquerda". Hoje existe o GPS. Então o roteiro seria o GPS do filme. Mas com mais minúcias de informação. Acho que o roteiro é um instrumento que você fornece ao diretor. Eu não vejo o roteiro como uma obra em si mesma.

Você tem muita experiência em escrever roteiros para a televisão, mas também para o cinema. Qual é a diferença entre os dois meios?

Na televisão, os diretores não têm tempo para dirigir da maneira como nós, roteiristas, gostaríamos: como se fosse um filme. Com aquela dedicação e com o tempo do cinema. O Carlos Manga (diretor de televisão) tem mania de dizer que o diretor de televisão é uma espécie de guarda de trânsito, que vai controlando o movimento. Entra pela esquerda, sai pela direita... É o máximo que ele consegue fazer naquele tempo ridículo que tem para produzir. Por causa disso, eu sempre utilizei meus roteiros na televisão para suprir a falta dos diretores, dentro da minha onipotência (risos). Eu aprendi a passar muita informação subjetiva no próprio texto para os atores. Porque na televisão o texto está na mão dos atores. E é preciso ganhar a confiança deles. No cinema, faço um pouco isso também. Fico tentando excitar o diretor com as minhas ideias, mas no final o trabalho é dele. O diretor do filme pega aquele roteiro e faz dele o que quiser. Isso já aprendi há muito tempo, depois de ter sofrido muito com o primeiro filme.

O que aconteceu nesse primeiro filme?

O primeiro longa-metragem que escrevi se chama *Beijo na boca* (1982), dirigido pelo Paulo Sérgio Almeida. Um dia, depois que eu já tinha entregado a última versão do roteiro, entrei na casa do Paulinho (o diretor), e o roteiro estava todo pendurado em varais. E ele estava lá, estudando tudo, fazendo mudanças na estrutura, dissecando o meu trabalho e procurando o que ele gostava. Foi dura aquela lição (risos). Mas o contrato que a gente assina é assim. Com o roteiro, podem fazer o que quiser. Inclusive jogar fora, mudar, pintar de verde, inverter tudo. Depois de escrito, nós não temos direito nenhum sobre ele.

Como você lida com isso?

Hoje, lido bem. Trinta anos escrevendo para a televisão me ensinaram a lidar bem com o assunto (risos). Mas no começo foi difícil. Esse primeiro filme foi muito difícil. Porque eu ainda era muito garoto e tinha o filme na cabeça.

E o filme da sua cabeça era diferente do que estava na tela?

Acho que minha experiência como fotógrafo influenciou muito o meu trabalho de escritor, porque tive uma formação muito visual. Quando escrevo, quando começo um trabalho, me alimento de revistas, de livros, de revistas de arte, de ilustrações, de imagens. Tem gente que se alimenta de música, tem gente que se alimenta de literatura; eu me alimento de imagens. E acho que isso também ajudou no meu trabalho. Porque, senão, eu não consigo ver a cena. E enquanto não consigo ver a cena não consigo escrever. Consequentemente, ao "ver" a cena, eu termino ficando com ela na cabeça, do jeito que eu imaginava. E quando vou assistir à cena realizada, não é nada daquilo. O diretor fez outro movimento, outro enquadramento. No começo foi difícil. Mas me acostumei. Aprendi que o máximo que posso fazer é pedir para tirar o meu nome dos créditos.

Já pediu para tirar o seu nome dos créditos alguma vez?

Até hoje não, ainda não. Mas eu tenho essa prerrogativa.

Você sempre sabe o que quer contar quando começa a escrever uma história?

Não. Depende. Na maioria das vezes, eu sou um escritor de aluguel, então recebo encomendas. E as encomendas vêm mais ou menos definidas: "eu quero uma comédia" ou "eu quero um melodrama". O Daniel Filho (diretor de cinema e televisão), por exemplo, com quem sempre trabalho, queria fazer o *Primo Basílio* para o cinema com um toque melodramático, com pitadas de Nelson Rodrigues. Então as pessoas encomendam e a gente tenta suprir a demanda. Quando eu dirigi, não sabia o que estava fazendo. E é uma coisa muito gostosa de descobrir. Mas nesse caso acho que foi um trabalho mais autoral. Pois quando o trabalho é uma encomenda, ele já vem meio formatado e tenho que corresponder às expectativas do cliente.

E o cliente tem sempre razão?

Quase sempre (risos). Afinal de contas é ele quem paga (risos). É difícil, mas o roteirista tem que saber que o diretor vai fazer com o seu roteiro o que ele quiser. Então o melhor é tentar chegar a um acordo com o cliente, satisfazê-lo ali no papel, o máximo possível, para que ele não precise ficar criando muita coisa em cima da hora, sem reflexão. Porque eu acho que o barato do roteiro é o tempo que você tem para pensar, preparar e executar. Coisa que não se tem no *set*. No *set* as decisões são extremas. E muitas vezes, irrefletidas. Existem determinadas coisas que não funcionam e que exigem uma decisão quase instantânea. A filmagem não pode parar para resolver um problema da história. E, na fase de roteiro, você tem esse tempo de refletir, de pensar, de elaborar, pensar em outras soluções, experimentar coisas.

Fale um pouco sobre a relação ideal entre roteirista e diretor.

Olha, eu tive experiências muito boas com diretores, de grandes parcerias. E tive péssimas, de devolver o dinheiro e dizer "não dá". Já devolvi duas vezes (risos). Tem que haver uma empatia, uma comunhão, alguma coisa que faça aquele trabalho valer a pena. Eu tenho isso com o Daniel Filho, a gente trabalha junto há trinta anos. Ele foi meu primeiro diretor. Nós temos uma empatia de trabalho em que muitas vezes a gente não precisa nem se falar. É uma comunicação de observação, de comunhão, de experiência. O Daniel é incapaz de dizer um "não" sem propor alguma outra solução. Não dá para trabalhar com alguém que só diz não e você fica tentando desvendar um mistério. Isso leva quem escreve à loucura. É sinal de que o diretor também não sabe o que quer. Mas o Daniel sabe. E é bom trabalhar com diretor que sabe o que quer.

E quando o diretor aposta em um caminho no qual você não acredita? O que você faz?

Eu não faço. Não consigo escrever se não acreditar. Eu tenho esse problema. Sou profissional enquanto acredito. Se não acredito, não consigo escrever. Isso até em televisão.

Você está satisfeito com o resultado dos seus roteiros filmados?

Do *Beijo na boca* eu não gosto. Mas o Paulo Sérgio Almeida (diretor do filme) sabe disso. Aliás, fiz uma coisa horrível, da qual me arrependo profundamente. Na primeira exibição do filme, eu saí no meio. E o Paulinho, lógico, ficou uns três anos sem falar comigo. Uma grosseria que eu não faria hoje. Mas ali me senti tão aviltado com o que via na tela, era tão diferente do que tinha imaginado, que levantei e fui embora no meio da projeção. Mas com tudo na vida a gente aprende, sempre.

Mas, em geral, qual é a sua reação quando vê pela primeira vez o filme que escreveu?

Na primeira vez que assisto, eu não vejo nada. Tenho que assistir ao filme duas vezes. Com o Daniel Filho, eu participo muito. Vou na edição com ele, dou palpite, acompanho o processo. Mas, mesmo com o Daniel, quando vejo o filme, pronto! É um… não sei... dá um certo bloqueio em que eu não vejo direito, não ouço direito, fico sentindo falta de coisas. Depois eu tenho que ir a uma nova sessão e então consigo ver com calma. Considero essa segunda vez como se fosse a primeira, e dá uma emoção quase do tamanho da tela (risos). Eu estou acostumado a escrever para a tela pequena. E quando vejo aquela coisa grande – não sei se é o impacto que dá –, só sei que fico meio burro quando assisto na tela grande.

E, DURANTE O PROCESSO DE ESCRITA, VOCÊ COSTUMA MOSTRAR PARA OUTRAS PESSOAS AS DIFERENTES VERSÕES DO ROTEIRO E PEDIR OPINIÃO?

Eu não mostro para ninguém. Só trabalho com quem está ligado diretamente ao filme, como o diretor ou um corroteirista. Mas não é por nada, não, acho que é temperamento mesmo, jeito de ser. Eu sou aberto a ouvir. Quero ouvir críticas, quero participação. Tive a experiência de dirigir um roteiro meu e, inevitavelmente, comecei a mostrá-lo para algumas pessoas. Nesse processo, fui ficando doido, porque cada pessoa dizia uma coisa. Um adorava aquela cena, o outro detestava a mesma cena. É um pouco confuso mostrar para tanta gente. Até porque todo mundo tem alguma coisa a dizer, né?

E A CRÍTICA PÓS-FILME? COMO VOCÊ REAGE ÀS OPINIÕES E CRÍTICAS SOBRE O SEU ROTEIRO?

Depende da opinião, né? E depende da crítica. Não tenho muito problema com crítica, não. A única coisa que me incomoda é quando a crítica é agressiva, é pessoal. Quando é preconceituosa. Nesse filme que eu dirigi aconteceu muito isso. Eu dei a cara a tapa. Tive críticas muito boas e muito ruins. E confesso que não me afetaram, nem uma, nem outra. Porque o filme era aquilo mesmo e quem gostou, gostou, quem não gostou, não gostou. Felizmente eu não tive nenhuma crítica do tipo pessoal. Existem alguns críticos que são cruéis, que se aproveitam do poder da crítica, de ter aquele espaço no jornal, ou qualquer outro veículo.

Você considera o roteiro um objeto mais técnico ou mais artístico?

Acho que o roteiro é um híbrido entre técnica e arte. Porque ele tem regras, mas você não precisa ficar preso a elas. As regras existem exatamente para serem descumpridas. Mas o roteiro não é uma peça solta, não é uma peça literária; é instrumento de um trabalho que vai ser feito, que tem determinados objetivos, que deve emocionar, fazer pensar ou fazer rir. O filme tem sempre algum propósito e também alguma limitação. Você tem que contar uma história em 100 ou 120 páginas. Então há limitações que o obrigam a desenvolver técnicas, recursos, malabarismos, truques, coisas que já deram certo, que você sabe que funcionam, ou que você quer experimentar... Enfim, é o jeito de contar uma história naquele formato fechado. Não é um livro que você escreve, e o número de páginas é uma consequência. Até porque o roteirista escreve o primeiro roteiro; o último realmente é feito na ilha de edição. Isso é outra coisa que já aprendi há muito tempo. Não tem como não ser assim.

Do que você mais gosta e do que menos gosta no processo de escrita de um roteiro?

O que mais gosto é de escrever. De ir descobrindo a cada momento para onde a história vai e como ela vai. E o que menos gosto é de estar sempre sozinho. O trabalho do roteirista é muito solitário.

Curioso, pois a maioria dos roteiristas diz que gosta da profissão exatamente por isso, por poder trabalhar sozinho, em paz.

É uma contradição, eu sei... Mas comecei como assistente de câmera no *set*. Quando o Daniel (Filho, diretor) filmou *Se eu fosse você 2*, ele me mandava e-mail perguntando se eu não iria ao *set*. E eu respondia que não. Fico muito aflito vendo os outros trabalharem e eu ali olhando. Mas, ao mesmo tempo, eu queria estar no meio da equipe, para fazer alguma coisa, não para ficar sentado assistindo. Às vezes penso que estou escrevendo sozinho e depois um monte de gente vai se divertir, vai erguer junto um projeto. Há uma efervescência na realização do trabalho de equipe da qual eu não participo. Eu me sinto muito sozinho escrevendo. Quando trabalho com colaboradores nem tanto, mas a solidão marca muito meu trabalho.

Fale um pouco sobre sua metodologia de trabalho. Quantas horas por dia você escreve, em que momento do dia, etc.

Eu não tenho muita metodologia de trabalho, não. Eu me considero um roteirista totalmente sem estilo e sem método. A cada trabalho tenho que descobrir como realizá-lo. Cada filme ou cada novela tem um jeito de ser desenvolvido. Mas o que percebo é que cada vez mais eu preciso ter um interlocutor. Mesmo que não tenha escrito ainda nenhuma linha, preciso ter alguém para trocar ideias. E geralmente faço isso com o diretor ou com um colaborador mais próximo.

Como funciona o seu processo de composição de personagem? Existe alguma inspiração para os personagens que você cria?

Eu conheço quase todos os personagens que invento. Geralmente eles são grandes monstros, grandes Frankensteins, uma colagem. Um pouco de um amigo, um pouco de uma ex-mulher, um pouco da minha mãe. Sempre procuro os personagens perto de mim. É como se os conhecesse de alguma maneira e os reencontrasse. Sempre digo que eu não sou muito bom de invenção, sou bom em observação. Eu me considero um bom observador da vida das pessoas. Eu observo e roubo o que observo, e jogo para dentro do meu trabalho.

É perigoso ter um amigo roteirista?

Um pouco. Porque todo roteirista é um observador. Eu sou um ótimo *voyeur* (risos). Observo tudo, até os vizinhos. Houve uma época em que eu tinha binóculos e ficava olhando para a casa do vizinho, tentando descobrir o que aquelas pessoas viviam, sentiam, sonhavam. Passava o dia olhando para eles e criando histórias. Eu gosto muito disso. Até hoje é um exercício criar uma história com uma pessoa que passa na rua, que você encontra num restaurante.

Você adaptou *Primo Basílio*, de Eça de Queirós, para o cinema. Qual é o desafio de uma adaptação?

Adoro adaptação. E me considero um bom adaptador. O barato do processo de adaptação é que de certa maneira ele é similar ou análogo ao processo de tradução. Uma vez, traduzi uma peça e senti a mesma coisa. É você traduzir um autor de uma língua para outra ou de um veículo para outro, tentando perder o mínimo possível do espírito original da obra. Nesse encontro, você precisa fazer encontrar a sua alma com a daquele autor, o que acho um barato. Só consigo adaptar autores com quem tenho alguma identificação. Não consigo adaptar qualquer coisa. Por outro lado, já adaptei muito Nelson Rodrigues, que foi a minha escola básica. Durante anos, parte do meu aprendizado foi fazendo adaptações para mim mesmo. Eu tinha as obras completas do Nelson e sempre lia alguma. Pegava aleatoriamente um livro, lia umas cinco ou seis páginas e me inspirava naquilo. Todo dia antes de escrever, eu dava uma lida nos textos dele para ver se alguma coisa daquele talento entrava em mim, para ver se aprendia por osmose, com as minhas palavras (risos). Principalmente com os diálogos, que é uma coisa de que gosto muito no Nelson. Acho que por causa dele aprendi a ter um bom ouvido para o diálogo.

Fale um pouco sobre a construção do diálogo.

Eu não sei explicar muito bem sobre o meu processo de construção de diálogos. Eu ouço. Assim como vejo, eu ouço. O meu processo é muito mais louco. Eu não elaboro. A cena vem na minha cabeça e eu ouço o diálogo. Enquanto não o ouço, não consigo escrever. É uma coisa de ouvido. E sou muito ligado também aos atores. Como gosto de diálogo e são os atores que vão dizer aqueles diálogos, presto atenção neles. E falo também, falo em voz alta, falo dentro da cabeça até achar que o diálogo cabe na boca de quem vai dizer. Porque o diálogo é uma malandragem.

O diálogo é uma malandragem?

O diálogo é uma malandragem, porque você tem que fingir que as pessoas falam daquele jeito quando na verdade elas não falam. O bom diálogo é aquele que parece natural, mas não tem nada de natural. O diálogo natural é esse "blá-blá-blá", porque a fala natural é toda cheia de reticências, de falar coisas pela metade, desconexas. E eu acho que o diálogo tem que simular isso, mas sem ser isso. Na verdade ninguém fala daquele jeito, certinho, arrumadinho, pergunta e resposta, como a gente faz aqui.

Você trabalhou muito escrevendo também para a televisão, que é um veículo que exige criatividade e principalmente rapidez. Como lidar com o temido bloqueio criativo no veloz processo de escrita?

Olha, eu já tive muito branco, já tive muita dificuldade. Sofri muito para escrever quando comecei a minha carreira. Mas acho que isso é uma espécie de falta de informação ou de você descobrir os caminhos aos poucos. Porque as pessoas acham que essa ideia de branco, de bloqueio criativo, tem um pouco a ver com a ideia de inspiração. E depois eu descobri que não existe isso de estar inspirado. Não existe inspiração. Não existe uma musa inspiradora. O que existe é trabalho, é bunda na cadeira, é transpiração. O inventor Thomas Edison é quem dizia isso, né? "O trabalho do gênio é 1% inspiração e 99% transpiração." Então, hoje, não sinto mais branco, porque uma hora sai, e eu sei que vai sair. Se ficar ali trabalhando, eu consigo. Se persistir, uma hora vou ouvir, uma hora vai aparecer. Então, persista.

É... mas é difícil.

O que você tem que fazer é parar de ficar esperando aquela ideia brilhante. De vez em quando, você tem uma ideia, sim. Mas acredito que as ideias surgem do trabalho, de você estar ali com a bunda na cadeira, olhando para o teclado, olhando para o monitor. Eu sou do tempo da folha em branco. Fiquei muitos dias encarando uma folha em branco. Mas acho que isso também tem a ver com a inexperiência, com a autocensura, com a exigência de querer escrever o texto perfeito. Então, naturalmente dá uma travada na criatividade quando essa perfeição não vem. Mas também é importante saber que tem dias que você produz mais e tem dias que produz menos. Às vezes, você só produz bobagem, mas no dia seguinte você vai lá e reescreve.

Dominar os mecanismos de construção da dramaturgia, saber detectá-los e construí-los faz você perder a magia que seduz o espectador comum?

Olha, no meu caso, não. Porque se cheguei até aqui sem perder essa magia, talvez não perca mais (risos). Eu ainda sou muito o público. E isso é bom para o roteirista, porque ele vai ter sempre que lidar com o público. Então você precisa constantemente experimentar esse sentimento. Chega uma hora em que eu paro de pensar. Precisa ser um filme muito ruim para que eu fique analisando o que me desagrada nele. Se o filme for bom, esqueço do meu conhecimento e embarco como espectador. O que, aliás, é do que mais gosto. Quando fico pensando muito, acho chato.

Que conselhos você daria para alguém que optasse pela profissão de roteirista?

Acho que tem que gostar de cinema. Tem que ver cinema, tem que fazer cinema. Vou me contradizer sobre o que acabei de falar quando disse que sou muito o público (risos). Eu sou o público, sim, mas, se precisar estudar e ver o filme com outros olhos, eu vejo. Por isso, acho que você tem que estudar vendo, pensando e analisando os filmes. E lendo também. Eu acho que a literatura é uma fonte enriquecedora, assim como a dramaturgia. Ali existem fontes inesgotáveis de informação, de exemplos de coisas bem-feitas. E, para completar, é fundamental gostar da vida, gostar de observar, gostar das pessoas ao seu redor, porque no fundo o roteirista estará reproduzindo a vida.

É DIFÍCIL PARA VOCÊ FALAR SOBRE O SEU TRABALHO?

É difícil, porque eu não penso sobre ele. E, cada vez mais, com a idade, estou ficando meio bicho do mato (risos). Antigamente eu fazia um trabalho e ficava com ele 24 horas por dia dentro de mim. Qualquer coisa que escrevia, carregava para minha vida pessoal. Fosse o personagem, a cena ou a história. Eles estavam ali sempre comigo. Agora, depois desses anos todos escrevendo, o processo começa na hora em que sento e olho para o teclado. Se levanto dali, para ir comer, fazer um xixi ou se toca o telefone, eu me desligo inteiramente do que estou escrevendo. O problema é que, ao falar sobre o trabalho, as pessoas ficam sempre esperando que eu fale coisas que eu não consigo falar. Eu tenho dificuldade em formular pensamentos objetivos. Ou, pelo menos, gosto de ter essa ideia a meu respeito (risos). Por isso eu não dou aula, nem seminário, essas coisas. Porque acho que não tenho esse... esse talento.

MAS VOCÊ ACEITOU DAR ESTA ENTREVISTA E FALAR SOBRE O SEU PROCESSO CRIATIVO...

Fiquei surpreso com o convite. E às vezes gosto de ver o que acontece. Por isso é que não gosto de trabalhar com escaleta. Fico muito preso. Não tem muita surpresa.

FINALMENTE ENCONTREI UM ROTEIRISTA QUE NÃO GOSTA DE TRABALHAR COM ESCALETA. POR QUE VOCÊ NÃO A UTILIZA?

Não gosto de trabalhar com escaleta mesmo. Eu sou obrigado a fazer isso quando trabalho em equipe, porque aí é inevitável. No filme *Se eu fosse você 2*, éramos três roteiristas, então, nesse caso, a escaleta ajuda a dividir o trabalho e organizá-lo. Mas confesso que detesto. Porque o que é uma escaleta? É planejar, planificar, ordenar o filme. E eu gosto mesmo é do momento. Gosto de colocar a mão no teclado e sentir que vou indo, vou indo, vou indo. Detesto ter que planejar a ordem do processo criativo. Às vezes uma cena vem naturalmente, e depois uma segunda, uma terceira, e isso vai dar não sei exatamente onde. A escaleta me faz sentir preso, atado. E muitas vezes eu não a respeito. Quando trabalho com ela, em equipe, sempre digo: "Olha, gente, tudo bem ter escaleta, mas eu posso não respeitar". Porque se na hora em que escrevo eu sentir que a história está me levando para outro lado, eu mudo de direção também. É uma das poucas vantagens de poder trabalhar sozinho.

FILMOGRAFIA

* *Se eu fosse você 2* (2009)
* *Mulheres sexo verdades mentiras* (2008)
* *Primo Basílio* (2007)
* *Bar esperança* (1985)
* *Beijo na boca* (1982)

FERNANDO BONASSI

Fernando Bonassi

"O ROTEIRISTA TEM QUE FECHAR A BOCA, ABRIR OS OLHOS E OS OUVIDOS E, PORTANTO, OBSERVAR. MAS FAZER ISSO AFETIVAMENTE, TER POSIÇÃO DIANTE DA OBSERVAÇÃO.
NÃO ADIANTA OBSERVAR UM FENÔMENO MUITO ESQUISITO E NÃO SABER O QUE FAZER COM ELE."

Fernando Bonassi é um roteirista passional. Apesar do discurso cético, que defende uma postura racional perante uma polêmica indústria cultural cinematográfica, Bonassi necessita sempre de um motivo dramático que detone sua inspiração. Quando cursava a sexta série, o motivo foi o primeiro amor: estava apaixonado por uma menina, mas não sabia como se aproximar, então começou a lhe escrever bilhetes românticos que nunca foram entregues por medo de que ela o reconhecesse. Tamanha contradição pouco a pouco fez aquela paixão ser menos importante do que os textos que o precoce escritor e roteirista inventava para aquela menina, que se transformou em seu primeiro grande personagem.

Anos mais tarde, na juventude, o motivo foi outro: dessa vez, *Hiroshima mon amour*, o filme de Alain Resnais, escrito por Marguerite Duras, o convenceu de que o cinema era seu negócio. O passo seguinte foi estudar cinema na Universidade de São Paulo, na qual se formou e saiu para o mercado, na mesma época em que o presidente Collor fechou a Embrafilme e a produção cinematográfica nacional estancou. O que parecia um fim, para Bonassi, era apenas o começo. De lá para cá, o jovem cineasta dirigiu quatro curtas-metragens com títulos tão inspiradores como idiossincráticos: *Os circuitos do olhar*, *Faça você mesmo*, *O amor materno* e *O trabalho dos homens*. Ao mesmo tempo, passou a oferecer seu olhar e suas polêmicas opiniões aos roteiros de conhecidos e desconhecidos.

Fernando Bonassi é um entrevistado entrevistador. Começou a falar antes que lhe fizesse perguntas. Sua fala é uma metralhadora vertiginosa. Demorei pelo menos meia hora para conseguir interferir em suas perguntas/respostas e com ele aprendi que a inspiração é também fruto do momento e da química entre duas inteligências que não precisam se sobrepor, mas sim chegar a um acordo. Filho de uma família de operários metalúrgicos do ABC paulista, Bonassi precisou levar a sério suas convicções para poder provar aos demais que tinha muito a dizer. Talvez por isso confesse discutir muito e até brigar com quem trabalha, mas, segundo suas próprias palavras, "isso é resultado de uma intensidade do trabalho que às vezes consigo passar para a tela". Resultado disso são os filmes tão díspares escritos por ele, como *Os matadores* (dirigido por Beto Brant), *Carandiru* (dirigido por Hector Babenco), *Cazuza: o tempo não para* (dirigido por Sandra Werneck e Walter Carvalho), *Plastic city* (dirigido por Yu Lik-Wai), ou o recente *Lula: o filho do Brasil* (dirigido por Bruno Barreto). Motivações e conflitos, sem dúvida, não lhe faltaram. Resultados na tela também não.

O QUE É UM BOM ROTEIRO?

Um bom roteiro contém uma energia cultural e emocional muito grande. Escrever para o cinema não é apenas resolver um problema narrativo, saber administrar uma engenharia de articulações dramáticas ou demonstrar um bom conteúdo. Posso citar como exemplo um filme que me comoveu muito, chamado *O céu de Suely*, do Karim Aïnouz. Acho que esse é um filme em que o conjunto do que se fala não é necessariamente importante, mas a presença cênica daquela mulher e o que acontece com ela no filme – mesmo que a ordem narrativa seja um pouco mais lenta do que a esperada nos manuais de roteiro – contam uma história que tem uma presença na tela que poucos filmes brasileiros conseguiram. E isso não é exatamente um roteiro bom, mas eu sei que o Karim é um cara que trabalha muito com o seu roteirista, ele permanece meses debatendo as possibilidades daquela história e as vibrações emocionais do que ele quer contar. E isso, para mim, é o mais importante. Eu sou um cara muito pouco técnico no que faço e lembro que quando adaptei o livro *Carandiru* (escrito por Dráuzio Varella) para o Hector Babenco (diretor da versão cinematográfica), com ele e com o Victor Navas, a gente leu o livro e escolheu o que nos interessou. Em nenhum momento jogamos fora ou colocamos algo no roteiro em função somente de uma articulação narrativa ou por exigência dos produtores. Lembro que os produtores apenas pediram para reduzir o roteiro, mas ao mesmo tempo deram sugestões excelentes.

GERALMENTE A INTERFERÊNCIA DOS PRODUTORES NO ROTEIRO É MUITO CRITICADA PELOS ROTEIRISTAS...

Mas quando os produtores se fazem presentes no filme de maneira inteligente e com boas sugestões, por que não acatar? Eu tenho uma relação muito clara com a indústria cultural: eu faço isso por dinheiro e os caras querem ganhar dinheiro. Mas busco que, dentro desse esquema, seja possível produzir coisas com uma vibração cultural e artística importante para o espectador. Filmes como *Carandiru* ou *Cidade de Deus* fizeram pelo conhecimento da vida na cadeia e da vida no morro o que os magistrados, promotores, policiais e os próprios detentos nunca conseguiram. E isso é muito bom. Esses filmes contêm informações que tornaram as relações entre a sociedade e o crime mais claras, e até mesmo mais humanas.

Provocadora essa sua postura de fazer o roteiro como um contratado.

Eu sou chamado para desenvolver um imaginário. Mas não necessariamente esse imaginário tem problemas. Eu sou chamado como roteirista para dar sustentação a uma ideia; e acho que esse trabalho que faço com o diretor de cinema pode ser feito entre dois ou vinte escritores, seja para produzir um filme, uma peça de teatro ou um programa de televisão. São pessoas e inteligências que se encontram com o objetivo de colocar uma história em pé. Sou absolutamente permeável à discussão no trabalho. As peças de teatro que escrevo ou dirijo são produzidas em conjunto, com os atores imaginando o que pode acontecer no palco. No cinema, isso deve acontecer também. Eu sou o cara para o qual você conta uma história e pede ajuda; e eu vou lhe ajudar a contá-la com esse instrumento chamado cinema, cujas possibilidades e limitações eu e você conhecemos. Dentro disso e com características diferentes da literatura e do teatro, vamos tentar contar essa história.

E o que é fundamental para conseguir contar bem essa história?

A única coisa que posso lhe dizer sobre o que é mais importante no roteiro é ter muita clareza na descrição das ações, porque há dias em que milhares de figurantes podem ter seu roteiro nas mãos e eles têm que entender o que farão, assim como o diretor de arte tem que ter clareza no que vai conceber, e assim por diante. O roteiro tem que ser uma peça de descrição muito clara, mas se você não tiver uma imaginação muito louca e muito fértil a sua clareza na descrição não vai servir para nada. Estará vazia.

Ter loucura e clareza ao mesmo tempo?

É importante o roteirista ter uma imaginação fértil visualmente falando. Ele tem que ser capaz de imaginar o inimaginável em tradução visual para depois ter a clareza técnica de descrever e ordenar isso no papel, em função do efeito que quer conseguir. Por isso eu não acredito em manual de roteiro ou em um projeto narrativo prévio ao roteiro: cada obra engendra o seu esquema narrativo. E isso o roteirista e o diretor fazem juntos.

E como esse esquema narrativo é criado na prática?

Se você deseja escrever uma história, eu vou bombardeá-lo com perguntas. Por exemplo: você quer fazer um filme de amor. E eu pergunto: um filme de amor entre homens e mulheres? Entre mulheres? Entre homens? Entre homens e animais? Entre animais e objetos inanimados? Entre seres humanos e desenhos animados? Você escolhe uma opção e a partir daí a gente começa um projeto de questionamento em que eu acabo com você de tanto fazer perguntas. Faço isso em blocos, apresento o resultado e a gente passa por um processo que define cada vez mais a história que queremos contar.

E de onde vem essa história?

Eu parto de um desejo seu que é um desejo infantil, assim como o meu, de perceber que contar histórias torna a nossa vida menos imbecil. Isso não tem método, isso tem clareza. Eu tenho que olhar para a sua cara, você tem que olhar para a minha, e a gente tem que se perguntar para que estamos fazendo esse filme que custa 5 milhões de reais. E isso é muito difícil. Os diretores têm uma carga de trabalho muito grande. E mesmo que a gente odeie o resultado dos filmes, eles são pessoas dignas de pena por tudo o que passam ao longo de meses ou mesmo anos da vida deles enquanto preparam um filme.

Como encarar a aposta em uma ideia na qual você não acredita?

Eu não tenho essa coisa comigo de não acreditar em um projeto: tudo pode ser feito, tudo pode ser contado. Mas, às vezes, escrevo cenas que têm 220 volts e o diretor quer fazê-las a 110 volts ou a 550 volts. Aí a gente diverge sobre a forma como aquela cena é conduzida ou como ela é filmada. Mas o filme é dele. Por isso eu digo que não me sinto autor de nada do que escrevo para o cinema, no sentido de brigar com o diretor e dizer para ele colocar a câmera aqui ou ali. Eu faço uma peça anterior, uma peça de estímulo. Quando o diretor é bom, ele melhora aquilo, porque eu sei que ele, com os atores, podem mais do que eu.

Isso já aconteceu com você? Já melhoraram um roteiro seu?

Claro. O melhor roteiro que escrevi, com o Victor Navas, o Marçal Aquino e o Beto Brant, chama-se *Os matadores*. É o primeiro filme dirigido pelo Beto, e acho que hoje a gente faria diferente, talvez mais louco. É um filme que tem uma condução um pouco careta, mas muito bacana, eu gosto muito da vibração dele. Existe uma cena em que um matador estreante chamado Múcio, interpretado pelo Chico Díaz, vai matar sua primeira vítima. E a cena foi escrita assim: Múcio senta-se no ponto de ônibus e espera. Ponto. Esse "espera" era para dizer que a cena necessitava de um tempo. Ela tinha que se estender um pouco para dar conta dessa espera. Só que quando você tem um diretor focado no trabalho, um cara que deixa o ator fluir, ele melhora o que está escrito. E o melhor momento de *Os matadores* é o dessa espera, quando o ator e o diretor pegaram esse verbo e construíram uma espera que não é temporal, como a do montador, mas uma espera dramática, a do ator. O Múcio levanta, vai de um lado para o outro, começa a limpar as unhas com um crucifixo – que é uma coisa nojenta, mas é aflitiva naquele momento, porque é a primeira morte do cara e ele está muito excitado e ao mesmo tempo atemorizado por aquilo. E o ator construiu isso em cima de um verbo que coloquei no roteiro. Esse roteiro não é meu, eu não tenho o direito de achar que esse filme é meu: essa cena é do Chico Díaz. Então não tem autor nisso. Eu não acho nem que os diretores que se dizem autores sejam autores propriamente ditos. Porque eles dependem da qualidade desses atores que você coloca na frente da câmera e de muitas outras pessoas. O diretor tem muita importância, sim, mas também o ator, o fotógrafo, o montador e toda a equipe.

Então você é a favor da improvisação sobre o roteiro?

O processo de improvisação é algo muito importante para a arte no século XX. O fazer artístico pede essa liberdade, ainda que eu ache que no caso do cinema tudo seja muito caro para se fazer como se fazia nos anos 1960, quando se saía para filmar sem roteiro. Mas defendo que um certo grau de vibração do improviso tem que haver, mesmo numa produção de ferro paga por Hollywood. O melhor do improviso é fruto de um processo de estudo. Quando você conhece muito bem seu tema e seus personagens, as improvisações são sempre proveitosas. Ninguém deve entrar num *set* sem ter lido o roteiro, sem ter trabalhado internamente a proposta do projeto, sem estar afinado com ele. Você constrói uma inteligência por meio da pesquisa e da leitura.

Como funciona sua metodologia de trabalho?

Eu trabalho sozinho ou com outros roteiristas que escrevem comigo. Passo um tempo questionando a história que vou fazer e em seguida produzo uma escaleta com as frases e os passos fundamentais da trama. O diretor aprova e, depois de mais um processo de questionamento, isso se transforma num primeiro tratamento em que essas frases sobre as sequências formam pequenos contos sobre cada uma delas e então se tem uma visão ainda literária do filme. Uma espécie de conto grande e mal escrito, porque a literatura pode mais nessa hora, tem menos barreiras. Daí o diretor aprova esse tratamento e eu passo a escrever detalhadamente o roteiro. A partir disso, novos questionamentos aparecem, e assim por diante, até chegar numa versão razoável.

A partir da perspectiva de colaborador, como colocar suas ideias dentro da ideia do diretor?

O que deve ser feito diante da história do outro é dar a sua vibração pessoal. Eu trabalho em parceria, e o que você me traz eu elaboro. A vibração interna de uma cena de amor que escrevo guarda todas as minhas cenas de amor pessoais também. Por isso, vamos escrever a nossa melhor cena de amor, ainda que o impulso para escrevê-la seja o salário que você me paga. Naturalmente, na hora em que a gente estiver escrevendo, vamos divergir e chegar a um consenso, porque eu tenho esse discurso de fazer o que você quer, mas vou tentar convencê-lo de que a minha ideia é melhor do que a sua ou você vai me convencer de que a sua é melhor do que a minha, e prevalecerá a melhor. Porque quando predominar um desejo inexplicável do diretor, eu estou fora. Quando não pudermos conversar com a substância emotiva do que estamos fazendo e filmá-la da forma mais vibrante possível, eu estou fora.

Nesse sentido, quanto do roteirista existe em uma história?

Eu me sinto coautor de tudo apesar do que disse anteriormente. Eu me vejo no filme em três ou quatro momentos e acho que deve ser assim. Não acho que dê para me sentir no filme o tempo todo. Fazer um filme é um processo democrático, de consenso. E às vezes o roteirista tem que deixar coisas de fora, colocar outras, negociar. O trabalho do roteirista com o cara que o contrata é esse. Eu me coloco à disposição da sua ideia e não estou preocupado com o que penso, mas em dar vibração ao que você quer contar.

Qual é a sua reação diante do resultado dos roteiros que escreveu?

Acho todos os filmes que fiz reprováveis com relação a diversos aspectos. Ou porque não concordava com o modelo da atuação, ou porque não concordava com o elenco, ou porque não concordava com a iluminação, ou porque achei que a montagem tolheu uma vibração que a cena tinha. Mas isso é normal. Eu sou um cara que escreve muito, que faz muitas coisas e que adora errar, seja no palco, no *set* ou no texto. Mas também acho o cinema brasileiro conservador. Acho que a gente pode mais. Há um filme ou outro que se destaca, mas a média da produção nacional é conservadora e serve à indústria cultural. Aqui é um país onde uma pequena porcentagem da elite domina não só as grandes finanças, mas as telecomunicações em geral. O Brasil se encaminha para o fundamentalismo evangélico, não tenho a menor dúvida. Então, diante de uma realidade tão complexa e com particularidades culturais e políticas muito sérias, acho que o cinema brasileiro não reflete isso. O teatro, sim, a literatura também responde à sua maneira e até a televisão. Costumo ver mais ousadia às vezes no *Jornal Nacional* do que em certos filmes políticos brasileiros. Mas, tudo bem, o tempo passa e a gente vai se aperfeiçoando. Há uma molecada sempre chegando, felizmente.

SUA VELOCIDADE DE ESCRITA É TÃO RÁPIDA QUANTO A ARTICULAÇÃO ENTRE SEU PENSAMENTO E SUA FALA?

Ainda que seja, não deveria. Posso ser capaz de produzir muitas versões em pouco tempo, mas isso não é uma qualidade. Escrever um roteiro é um processo de decantação. Nunca escrevi um bom roteiro em menos de um ano, até hoje. Independentemente de gostar ou não do resultado, nada que deu certo com a crítica ou com o público, ou comigo mesmo, demorou menos de um ano de trabalho. Então não importa o fato de você produzir muitas versões, isso é secundário. O importante é a capacidade que você tem de, a cada versão, consolidar o texto e jogar fora o excesso.

MAS ESSE TEMPO DE GESTAÇÃO DO ROTEIRO NÃO VARIA DE ACORDO COM O PROJETO? O ROTEIRISTA NÃO DEVE SER FLEXÍVEL QUANTO A ISSO TAMBÉM?

Cada trabalho é um trabalho, cada diretor é um diretor e é por isso que o manual não vale. Um diretor chinês olha para uma cena de amor diferentemente de um diretor brasileiro, ou argentino, ou cubano. Eu preciso compreender a vibração do cara com quem estou trabalhando e isso não tem tempo definido. Por isso, prefiro levantar um roteiro do chão do que adaptar um livro. Pois, quando se adapta um livro, você tem que saber por que um cara escreveu aquele livro e por que um outro comprou os direitos para adaptá-lo.

Mas você já adaptou e foi adaptado...

Eu nunca entendo exatamente o motivo pelo qual alguém se interessa pelo que escrevo. A Tata Amaral, por exemplo, comprou os direitos de um livro meu chamado *Um céu de estrelas* e eu caí na besteira de fazer a adaptação. A primeira e única que fiz, em parceria com Victor Navas. E ficou igual ao livro. No livro, o personagem feminino era quase um objeto de cena. Aí a Tata leu o roteiro e me perguntou onde estava a mulher. Ela queria fazer um filme sobre a mulher, sobre o personagem feminino. E eu não entendia como ela tinha me pagado para tirar do livro um personagem que, em princípio, era insignificante. Então a Tata chamou o Jean-Claude Bernardet, que fez um roteiro lindo sobre um personagem que quase não existe no livro. E hoje eu acho o filme melhor do que o livro. Por isso creio que adaptar é mais difícil para mim, porque eu sei que tenho que entender duas cabeças, a do escritor e a do diretor ou produtor que comprou os direitos, buscando talvez coisas diferentes do que as que estão escritas. Porque as pessoas leem um mesmo romance de formas diferentes.

Este seria então o desafio da adaptação: entender o ponto de tangência entre diferentes visões sobre uma obra e construir uma terceira?

No meu caso específico eu preciso entender o que o cara que comprou aqueles direitos quer. Tanto como autor adaptado como na função de roteirista adaptador. Quando quis me meter a ser o roteirista de um romance escrito por mim, percebi que não era bom. Abandonei a empreitada e preferi me comportar como um autor que deixa o seu texto ser adaptado. Porque, como roteirista, tenho que desempenhar o papel para o qual fui contratado. Então, se o produtor quer um certo filme cortando uma certa porção do livro, eu vou atendê-lo. Operações de corte na literatura vão acontecer na adaptação para o cinema e alguém tem que responder por elas. É claro que faço propostas, mas elas são em torno do que eu tiver percebido antes: o porquê daquele livro estar sendo adaptado, para quem, por quem, como vai ser filmado, quando, com quanto dinheiro, etc. Isso é uma qualidade dos roteiristas brasileiros: a gente tem um olho no orçamento.

E QUANTO O ORÇAMENTO PODE INFLUENCIAR NO TRABALHO DO ROTEIRISTA?

No Brasil, você não sai escrevendo sem saber quanto tem para gastar. Caso contrário, não se consegue fazer o filme. Não adianta você saber muito sobre narrativa, porque se o produtor tem pouco dinheiro e não consegue plasmar com credibilidade na tela aquilo que você escreveu, toda a sua história estará perdida. O roteirista precisa se adaptar, ser flexível tanto com relação à história quanto ao orçamento.

VOCÊ ACHA DIFÍCIL ESCREVER ROTEIRO?

Se eu acho difícil? Muito difícil! É um processo desgastante e cansativo. Eu acordo todos os dias muito cedo, chego na casa da pessoa com quem trabalho, quando ela não está na minha casa já às nove da manhã. Debatemos até às quatro da tarde, tomamos muito café, fumamos muito cigarro, lemos muito, vemos muitos filmes, debatemos arduamente tudo o que é dito, se o personagem vai para cá ou para lá, se algo é importante para estar ou não no roteiro, que atores teremos; enfim, tudo está em debate. E isso leva um ano, de oito horas de trabalho por dia. Ao mesmo tempo a vida gira ao seu redor com banco, filhos, contas, mulher, família, amigos... Mas você tem que estar focado em uma substância que é de duas horas na tela, de uma vida que você vai criar junto do diretor e de seus colaboradores.

DE ONDE VEM A MATÉRIA-PRIMA QUE MOVE O TRABALHO DE QUEM ESCREVE O TEXTO?

Quando entro em uma história, eu a meço com meus parâmetros. Eu dedico uma coisa que é minha a cada uma delas. E isso não é técnico. Existe uma coisa importante que é o que eu sou e o que o meu parceiro de trabalho é, o quanto isso influencia a história que vamos contar e o quanto ela influencia a gente. Essa é a delícia do trabalho do roteirista. Em *Carandiru* (dirigido por Hector Babenco), passei dois anos dando aula no presídio. Virei amigo de malandro, descobri cada um deles, perdi uns medos, ganhei outros. Você vê a história acontecendo e isso é maravilhoso. Isso o Babenco e o Dráuzio me propiciaram, e jamais vou parar de agradecer esses caras por terem me colocado ali. Com *Cazuza: o tempo não para*, o Daniel Filho (produtor), a Sandra Werneck (diretora) e o Walter Carvalho (codiretor e diretor de fotografia) me botaram de novo no meio dos anos 1980. São trabalhos que me permitem entrar verticalmente em coisas que eu jamais imaginei. A parte bacana do que faço, apesar do discurso de fazer por dinheiro, é que a cada trabalho eu tenho o prazer de conhecer profundamente alguma coisa nova. Quando estou trabalhando num filme, minha vida inteira vira aquele filme, porque tudo vibra a história que eu tenho que contar. É uma dedicação muito intensa, por isso tem que ser bem pago e tem que durar um certo tempo.

Como você lida com a crítica, tanto durante o processo de escrita quanto depois de o filme estar pronto?

Isso jamais me causou qualquer espécie de problema. Eu concordo com a crítica na maior parte das vezes a respeito da apreciação que fazem dos filmes que escrevo. Não discordo dela, e por isso prefiro não fazer o papel de representar o filme publicamente, porque eu vou ser o primeiro e mais crítico com relação ao que fiz, o que pode desagradar a algumas pessoas.

Durante o processo de escrita, você mostra o roteiro para muita gente e pede opiniões?

Não. Eu mostro e debato o roteiro com quem está direcionado para o trabalho, ou a quem o produtor me designa para mostrar. Mas o roteiro é um processo meu com o diretor ou o colaborador. É sigilo absoluto. Às vezes assino contratos em que se pede sigilo e acho isso quase um pleonasmo: é óbvio que é sigiloso, intenso e privado.

O diálogo é sempre criticado como o calcanhar de Aquiles do cinema brasileiro. Por que é tão difícil escrevê-lo?

Tudo o que é visto é melhor do que aquilo que pode ser ouvido. Meu critério é esse. Palavras têm pouco a ver com os filmes e por isso elas precisam ser cuidadosamente escolhidas. Eu abandono um filme imediatamente se um personagem diz "bom dia" sem um motivo dramático para isso. Não se apresenta um personagem assim. Nada deve ser passível de corte num filme. E por essa razão sou muito crítico em relação ao que faço e ao que meus amigos fazem. Porque acho que frequentemente colocam texto demais no cinema. Acredito que o procedimento que se deve ter diante de um problema narrativo é saber traduzi-lo apenas visualmente, de um modo satisfatório e vibrante, sem a necessidade do diálogo. Acho a presença de um ator diante da câmera muito mais impactante do que o que ele fala. Mas a verdade é que eu também não tenho um método narrativo para ensinar. Eu li todos os manuais e desprezo 95% deles, porque não funcionam no meu cotidiano de trabalho como roteirista sul-americano.

O que funciona nesse contexto de roteirista sul-americano?

Funciona a profunda dedicação dos envolvidos no projeto, o desejo e a necessidade pessoal de contar aquela história, seja para ganhar dinheiro, seja para provar para a mulher que você não é mais impotente, ou o que quer que seja, e que sirva como sua razão primitiva. O fato é que só funciona quando você tem certeza de que precisa contar aquela história. E eu procuro construir isso com meu parceiro de trabalho de acordo com certos parâmetros que vão de um orçamento limitado aos desejos malucos da gente. No meio do caminho estão alguns procedimentos narrativos adquiridos em qualquer manual de roteiro, mas que são irrelevantes na hora de resolver um problema na especificidade da sua história. Se você não a tiver estudado muito bem, não tiver conhecimento sobre ela, não souber exatamente onde os personagens gravitam, não adianta ter lido manual nenhum.

Você é um cara observador?

Não sei, mas eu me comovo muito facilmente. Talvez eu não precise observar algo estranho por muito tempo para achar que aquilo valha a pena ser contado. Depende do que você vê, de como você está, do que aquilo traz em relação à sua própria história e se aquilo ganha uma vibração no momento da observação.

Quando a história não vem, como é possível conviver com o bloqueio criativo?

Quando fico vazio, volto a ler Henry Miller, volto a ler Albert Camus, volto a ouvir Lou Reed, Renato Russo, e acho que esse monte de inteligência junto, batendo na minha cabeça, uma hora solta esse bloqueio. Eu nunca tive uma paralisia criativa que fosse incontornável. Nada que os caras que eu ame ouvir ou ler de novo não me trouxessem a uma trilha que é a da criação decente, do que acho bom.

Você costuma seguir procedimentos padrão durante seu processo de escrita? *Storyline*, sinopse, tratamento, escaleta...

Acho que essas fases todas ajudam a construir essa irmandade, essa relação com a história, e por isso são fundamentais. Além disso, o trabalho do roteirista não pode deixar nada implícito no texto. O roteiro tem que ser mais claro do que se fosse escrito só para mim ou só para você. Ele é um pacto de várias cabeças, então precisa ter a clareza de todas elas. E essas etapas ajudam a cabeça da gente a se preparar para o todo.

Você escreve teatro, literatura e roteiro. No teatro – corrija-me se eu estiver errado –, tenho a impressão de que o motor é a palavra; já no cinema, o motor é a ação. Como lidar com essa diferença no momento de criar esses textos?

São naturezas diferentes da criação artística. No cinema, quando se apaga a luz, você é totalmente envolvido pela impressão de realidade, por mais louco que seja o filme ou por mais imageticamente insana que seja a proposta. E você fica numa situação vendida, com pouca distância. No caso do teatro, não. Ali o autor sabe que está fazendo uma mentira e você sabe que está assistindo a uma mentira, e, no entanto, a clareza é essa. Em uma peça de teatro, uma lata de óleo pode ser um trono. Só depende do ator e da palavra que ele disser. No cinema isso é mais difícil, porque ele imprime uma realidade que forma um anteparo entre o espectador e essa realidade que está sendo criada. No teatro, não. Um espetáculo de teatro pode não acontecer. Cacilda Becker morreu em cena, e no cinema isso não acontece. No cinema tudo é absolutamente controlado. No teatro, em cada apresentação, você fica com a sensação de que aquilo pode não acontecer como você quer, e frequentemente não acontece: às vezes o ator vai para o lugar errado, troca o texto e se apropria do espetáculo, pois quem está no palco é ele. Eu não vou entrar em cena correndo e falar "não faça assim, não faça assado". No cinema você para e recomeça. E isso influi na escrita também.

Você tem vontade de dirigir um filme?

Não tenho vontade de dirigir filme, nem de sair na batalha de passar anos atrás de dinheiro para produzi-lo. Para dirigir, no meu caso, tem que ser simples. Estou pensando na hipótese de fazer um roteiro para eu mesmo dirigir, num esquema de baixo orçamento, mas é mais para brincar, principalmente porque estudei cinema e tenho diploma de cineasta.

Que qualidades um aspirante a roteirista precisa ter?

O cara tem que fechar a boca, abrir os olhos e os ouvidos e, portanto, observar. Mas fazer isso afetivamente, ter posição diante da observação. Não adianta observar um fenômeno muito esquisito e não saber o que fazer com ele.

Falemos um pouco sobre o papel do roteirista no panorama do cinema brasileiro. Onde vamos parar?

Primeiro eu acho que a gente é fruto de um produto histórico, de uma lei governamental. Minha profissão é fruto de um processo que começou nos anos 1960, quando a palavra "organização" foi abominada na arte. O cinema sem roteiro passou a ser o modelo. Há esse dado cultural que demonizou o roteirista até o final dos anos 1970 no Brasil. Não se contratavam roteiristas, não havia o hábito saudável de ter um parceiro para debater uma ideia, e os filmes se ressentem disso. Mas o roteiro não é mais o problema do cinema brasileiro. Já fomos incorporados. À medida que o cinema se tornou uma atividade comercialmente mais interessante, ela também precisou ser mais organizada. E o meu trabalho é parte da organização dessa massa que vai custar dinheiro, fruto desse momento histórico recente. A Lei do Audiovisual obriga agora o produtor a ter um roteiro escrito para ir pedir dinheiro, porque essa era a excrescência da Embrafilme. Tinha gente que ia lá com duas folhas datilografadas e tirava meio milhão de dólares para fazer um filme com dinheiro público. Mas hoje é mais sério, porque você precisa ter um plano de produção, um roteiro feito, o que acabou criando um mercado de trabalho.

Para terminar, do que você mais gosta e do que menos gosta no processo de escrever um roteiro?

O que mais gosto é quando conseguimos a tal cena que queríamos tanto e quando sentimos que ela ficou fechada, que chegamos a uma versão em que nada falta. Há um prazer muito grande em obter conjuntos de cenas desse tipo. Em muitos filmes que escrevi, vejo certos trechos que me dão muito prazer pela inteligência com que foram escritos, resolvidos, atuados, iluminados, montados e tudo mais. Esta é a melhor parte: quando se obtém um resultado que possui a força visual do drama humano e ao mesmo tempo uma vibração artística. E a coisa mais difícil é abrir concessão, seja como for. Conceder no que você quer contar, na escolha do elenco, no tamanho do filme, na hora de distribuir, conceder ao *merchandising*, etc. Eu tento sempre tomar muito cuidado com isso. Conceder em obra de arte é o pior momento do artista.

FILMOGRAFIA

* *Lula: o filho do Brasil* (2009)
* *Plastic city: cidade de plástico* (2008)
* *Cazuza: o tempo não para* (2004)
* *Garotas do ABC* (2003)
* *Carandiru* (2003)
* *Desmundo* (2002)
* *Sonhos tropicais* (2001)
* *Através da janela* (2000)
* *Os matadores* (1997)

GEORGE MOURA

> "O ROTEIRISTA PRECISA ACREDITAR QUE AQUILO QUE ELE
> ESTÁ ESCREVENDO VAI PREENCHÊ-LO EXISTENCIALMENTE."

Não lembro ao certo a primeira vez que vi George Moura. Há algo na minha memória que se recorda mais de seu pronunciado sotaque pernambucano do que de sua figura, não sei exatamente por quê. O certo é que, desde que o conheci, George sempre chamou minha atenção. Seja pela maneira de contar suas histórias ou pela capacidade de atrair seus ouvintes, ele é hábil em provocar diferentes pontos de vista a temas aparentemente esgotados. Tanto no trabalho como em conversas pessoais, George Moura não passa em branco, ele deixa marcas. Nos amigos, nos parceiros e, sem dúvida, nos espectadores.

Nascido e criado no Recife, George é filho de uma família de classe média que depositou no trabalho o valor da sobrevivência. Uma de suas memórias mais antigas – e recorrentes – é de quando, aos 6 anos, saiu sozinho para andar de bicicleta e se perdeu. Quando percebeu que não sabia o caminho de volta, começou a chorar até ser resgatado por um vizinho que o levou para casa. A empregada que o recebeu, pronta para lhe dar uma lição, disse que se o garoto se perdesse novamente ficaria nas ruas puxando carroça, seria um carroceiro, um burro sem rabo para sempre. Aquela imagem, como um pequeno trauma, nunca mais saiu de sua cabeça. Até hoje, George costuma brincar dizendo que acorda todos os dias preocupado em trabalhar para que a dita "profecia" não se cumpra.

Mas daquele dia até hoje, muita coisa mudou. Desde a primeira faculdade de engenharia química – focado no tal instinto de sobrevivência que herdou da família –, passando pelo curso de jornalismo, a pós-graduação em artes cênicas em São Paulo e o trabalho como editor de texto no jornalismo da TV Globo de Recife, de uma coisa George sempre esteve seguro: iria trabalhar com arte, direta ou indiretamente. Para ele, a arte trata do indizível, de algo que a vida muitas vezes não consegue traduzir. E quando a vida não dá conta, a arte precisa dar. Essa é uma de suas obsessões e um tema, como ele mesmo diz, "muito caro" e que o persegue em seus trabalhos, seja no cinema, seja na televisão.

A oportunidade de transformar arte em ofício se materializou há vinte anos quando ele ainda trabalhava em Recife. Nessa época, o diretor Luiz Fernando Carvalho foi até a cidade para encontrar com Ariano Suassuna e Antônio Nóbrega, ambos conhecidos de George, que acabou fazendo a ponte entre o diretor carioca e seus conterrâneos nordestinos. A assistência improvisada nesse trabalho (quatro especiais da TV Globo sobre o carnaval pernambucano chamados *Folia Geral*) acabou resultando no convite para que George fosse ao Rio trabalhar com Luiz. Depois de dois convites negados (como todo bom "herói", ele recusou os primeiros chamados), veio o derradeiro: o diretor carioca deixou claro que o terceiro seria o último. Aquela oportunidade não se repetiria. E George finalmente aceitou. Embarcou para o Rio de Janeiro e foi recebido no aeroporto por Luiz Fernando com um presente: o livro *A linguagem secreta do cinema*, do roteirista francês Jean-Claude Carrière. Começava assim seu primeiro contato com a dramaturgia televisiva na novela *O rei do gado*, de Benedito Ruy Barbosa.

O tempo foi passando e com ele veio a experiência. Ao longo dos anos, principalmente na TV Globo, George traçou uma trajetória significativa. *Por toda a minha vida*, um docudrama que misturava gêneros para contar biografias de músicos populares brasileiros, foi um de seus trabalhos mais importantes. Deu a ele seis indicações ao Emmy Internacional. Lentamente, Moura transformava o drama do factual para o universo ficcional e também para o cinema. *Linha de passe*, dirigido por Walter Salles, foi um dos primeiros longas-metragens escritos por George e estreou no Festival de Cinema de Cannes, na França.

O que George não esperava era encontrar nos bastidores da TV um novo e futuro parceiro que, assim como ele, solidificava-se profissionalmente: o diretor José Luiz Villamarim. Com o Zé Luiz, George estabeleceu uma dobradinha profissional que começou na TV com *O canto da sereia*, *Amores roubados* e o remake de *O Rebu* (todos coescritos com outro importante parceiro, Sérgio Goldenberg), e recentemente se estendeu ao cinema com o longa-metragem *Redemoinho*, baseado no livro *O mundo inimigo*, de Luiz Ruffato. Soma-se ao grupo outro artista importante, o diretor de fotografia Walter Carvalho, que também assina todos os projetos.

Ao contrário dos outros entrevistados deste livro, George Moura foi o único roteirista que eu já conhecia antes de conversar. Trabalhei com ele no remake de *O Rebu*. Por causa disso, pude comprovar na teoria o que a prática já havia me mostrado: George é um roteirista da perseverança, do rigor e da troca. É um chefe de equipe que sabe tirar de seus colaboradores o melhor de cada um. E por mais que isso pareça óbvio, não é algo tão comum. Ser autor e ao mesmo tempo dividir a criação com outros roteiristas poderia ferir o ego de muitos escritores. Mas, no caso de George, como ele mesmo diz, não há ego que seja capaz de aplacar a confiança que se estabelece entre parceiros que buscam o mesmo objetivo: tentar decifrar e ressignificar a vida por meio da arte.

Para você, que já transitou pelo cinema e pela televisão, o que é um roteiro?

Eu acho que um roteiro é um amontoado de palavras que precisam apontar em alguma direção. Tenho a crença de que o roteiro não é uma obra em si mesma, mas uma passagem. E esse amontoado de palavras, ordenadas por meio de cenas, precisa fazer um sentido. É como se você fizesse o recorte de um pedaço da vida e compactasse dramaticamente seus conflitos em um ordenamento lógico e emocional. A diferença da vida para o roteiro é que ela não precisa fazer sentido, mas o roteiro sim.

De onde nascem as ideias que te estimulam a contar uma história?

Acho que as ideias surgem da incompletude do ser humano. Da angústia e da agonia que se sente e do desejo de expressar isso. Tem uma frase que ouvi e ecoa sempre na minha cabeça: "Veja o que os homens *são*, veja o que eles *querem ser* e escreva sobre essa diferença". Para mim, é dessa natureza que nascem as ideias. A gente tenta o tempo todo ser uma coisa mesmo sem conseguir. O ser humano é absolutamente vulnerável e, ao mesmo tempo, quer ter o controle das coisas. Isso é fonte de angústia, mas também é fonte de vida. Ferreira Gullar fala que o poema dele nasce do espanto. Da capacidade de se espantar e de se apaixonar pelas coisas. Eu concordo.

Nesse espanto pelas coisas, o que mais chama a sua atenção?

A inocência do ser humano é algo que me toca, que me comove muito. A arte em si também e o desejo de querer expressá-la em palavras. Eu não gosto de escrever sobre qualquer coisa. Acho que, nesse sentido, o roteirista tem que ser um perito e deve saber dimensionar a grandeza de suas histórias. Isso não tem nada a ver com megalomania e sim com o sentido que o ser humano é capaz de dar às suas ações. Mesmo nos atos mais simples somos capazes de fazer coisas grandiosas. Vejo que a agonia humana da incompletude e o desejo de tentar dar conta desse indizível são excelentes componentes de uma boa história.

Quanto de arte e quanto de técnica um roteiro precisa ter?

Não tenho a menor dúvida de que existe uma equação importante entre arte e técnica na escrita do roteiro. A abstração artística funciona como motor do desejo de se contar uma história. Mas o roteirista precisa conhecer a gramática da televisão e do cinema para poder expressar os seus desejos. Não dá para ser um analfabeto da gramática das linguagens audiovisuais. Hoje em dia, sobretudo, há cada vez menos espaço para esse artista *näif*, espontâneo e apenas intuitivo, principalmente diante do bombardeio de informações a que estamos submetidos no dia a dia. A sensação de que tudo já foi dito impera. Precisamos estar muito bem preparados para esse ofício. E para isso é necessário gastar horas lendo, assistindo, estudando, escrevendo e reescrevendo. Só assim o roteiro chega a algum lugar e ganha significado. Não adianta o roteirista achar que vai escrever em uma tarde e ficar outras três dando entrevistas e aparecendo em revista de celebridades dizendo que fez uma coisa incrível. O lugar de quem escreve é na caverna. A vida mundana é muito boa, divertida e deliciosa. Mas muitas vezes ela é incompatível com o ofício do roteirista, que é o ofício da serenidade e da loucura reclusa.

Mas dá para conseguir serenidade escrevendo uma história exibida diariamente na televisão?

Até agora eu só passei por isso uma vez, quando escrevi o remake de *O Rebu*. A televisão é como um canhão. Há uma repercussão louca quando um produto vai ao ar e você ainda está escrevendo. Do dia para a noite, aparecem milhões de demandas por causa dessa visibilidade. É um efeito dispersivo tão profundo que gera uma grande dificuldade até para trabalhar. E se o roteirista se preocupa demais com elas e quiser responder a todas, pode acabar se perdendo. Durante a jornada de trabalho, fico totalmente focado no trabalho e deixo as redes sociais para os especialistas ou os narcisos de plantão.

Qual é a importância da pesquisa no seu trabalho como roteirista?

Eu acho a pesquisa fundamental. Mas não apenas a pesquisa teórica. Para escrever *Amores roubados* (inspirada na obra de Carneiro Vilela *A emparedada da rua nova*), por exemplo, eu precisei voltar ao sertão, visitar aquelas locações, respirar aqueles ambientes. Para escrever *O canto da sereia* (baseada no livro homônimo de Nelson Motta), fui a Salvador, frequentei terreiros, vi de perto o carnaval de lá e até entrei em um trio elétrico – cenário fundamental da história. Como minha formação é jornalística, há um repórter dentro de mim que me alimenta para a escrita da dramaturgia. Há um caráter documental que precede a escrita e que às vezes se mistura com ela. Isso não significa que precisa ser assim sempre, ou que tenho que apurar tudo o que posso para escrever sobre aquilo. Na prática, vou escrevendo e pesquisando ao mesmo tempo. Mas considero a vivência, a experiência *in loco*, muito importante.

Quão importante é defender premissas e pontos de vista nas histórias que você escreve?

Há um crítico de teatro americano que dizia: "A mensagem eu deixo a cargo dos correios e telégrafos" (risos). Para mim, o mais interessante é o tema e sua abordagem. Quando o diretor João Jardim me convidou para escrever um filme sobre o presidente Getúlio Vargas, por exemplo, ele queria contar a história de um homem absolutamente fascinante, mesmo tendo sido um ditador. E quando eu mergulhei em dezenas de livros e em todas as idas àquele palácio do Catete, pude ver onde aquele homem viveu e de onde ele veio, e constatei que o poder é muito parecido ao longo dos tempos, da Grécia até os dias de hoje. Para escrever uma história, você faz um mergulho vertical e tenta encontrar a melhor forma de tratar seu universo. No caso de Getúlio, especificamente, queríamos falar da solidão do poder. Existia uma proposta de contar não a vida inteira dele e sim seus últimos dias. Com isso, surgiu uma questão dramática: o grande inimigo de Getúlio, o jornalista Carlos Lacerda, não se encontrava com ele durante todo o filme. Ou seja, protagonista e antagonista não tinham um único diálogo. Por isso, optamos por dar à história mais uma camada: tratar o próprio Getúlio, suas dúvidas e angústias, como seu maior inimigo. E dar a ele a possibilidade de escolher entre a vida e a morte.

Mas isso não é uma premissa forte e determinante?

Sim, mas não é necessariamente uma mensagem. E essa premissa a gente descobre na prática. Te dou outro exemplo: atualmente estou trabalhando em um roteiro que se chama *O nome da morte*, baseado no livro do jornalista Klester Cavalcanti. Topei fazê-lo porque uma das coisas que mais me impressionaram nessa história – também baseada em um fato real – foi o tema: a vida de um matador de aluguel. Mas o protagonista não é um matador convencional, ele é um jovem que entra na vida da pistolagem por gesto de proteção e afeto ao seu tio. Quando ele mata pela primeira vez, entra em parafuso, passa a ser um assassino que se culpa. E ao ser convocado novamente, primeiro ele renega, mas depois volta a matar e transforma isso em um meio de vida. Gradualmente ele vira um matador, até decidir parar de ser um assassino de aluguel por uma escolha afetiva. Uma coisa que me interessa muito nessa história e nesse tipo de personagem é como uma pessoa boa pode se transformar em uma pessoa má. O que somos capazes de fazer por conta do dinheiro? Como as circunstâncias podem ser determinantes e obrigar um jovem a fazer algo que ele jamais imaginaria? É muito curioso assistir a um cara normal, que tem mulher e filho, ama sua família, trata bem o vizinho, mas ainda assim é capaz de matar para ganhar dinheiro. Que ser humano é esse? Isso é o que me interessa. O mergulho nessa alma humana, a investigação subjetiva sobre a gênese do mal.

Como funciona sua metodologia de trabalho e como ela se diferencia no cinema e na televisão?

Em geral, para o cinema, escrevo sozinho, e para a televisão, escrevo com uma equipe. Na televisão você precisa de uma equipe, pois o volume de trabalho é muito maior e o prazo é muito menor: você cria, escreve e gerencia outros roteiristas. Assim como o diretor, você precisa montar um grupo e tirar o melhor de cada um deles. Quando você escolhe uma equipe de roteiristas, você está montando um elenco de intérpretes para dar forma àquela escrita. O que há em comum, tanto no cinema como na TV, é a rotina. Eu acordo cedo e trabalho umas quatorze horas por dia. Acho fundamental trabalhar com afinco em tudo o que escrevo. Na minha opinião, uma das grandes fragilidades das obras audiovisuais brasileiras é uma certa lassidão, um certo afrouxamento na escrita. Falta rigor. Já vi casos em que o orçamento para desenvolver um roteiro acaba ou o prazo é muito apertado e o roteiro não é terminado como deveria, e as falhas têm que ser resolvidas no *set*. Eu não acredito em soluções assim. Não existe isso de resolver um problema do roteiro no *set*. A gente resolve na escrita. Porque se algo está problemático no papel, no *set* esse problema só tende a crescer.

E QUAL É A MELHOR MANEIRA DE RESOLVER UM PROBLEMA DRAMATÚRGICO NO PAPEL PARA QUE ELE NÃO CHEGUE AO *SET*?

Reescrever! Reescrever é fundamental. Quando começamos o remake de *O Rebu* com o Sérgio Goldenberg, fizemos juntos uma pré-escaleta de tudo o que ia acontecer naqueles 36 capítulos. De posse disso, começamos a escaleta de cada um deles. Nesse momento, redistribuímos as cenas entre a equipe e decidimos quem ia escrever cada uma. Essa escolha se deve pela habilidade específica de cada roteirista que escrevia a história com a gente. O capítulo nasce dessa forma, subdividido pelos colaboradores e depois volta para nós, que passamos um pente fino, algumas vezes reescrevemos por conta do equilíbrio do capítulo como um todo e, depois disso, ainda devolvemos aos colaboradores para que eles comentem o capítulo completo.

QUAL É A VANTAGEM DE TER TANTAS OPINIÕES SOBRE A MESMA HISTÓRIA?

É curiosíssimo, porque nesse método cada roteirista comenta o que foi escrito pelo outro. E isso às vezes modifica de forma radical um capítulo, que acaba sendo reescrito por inteiro para chegar em sua forma final. Eu acho que quanto mais se lê e mais se reescreve, mais o resultado se aproxima do que deve ser. Acredito mais na reescrita do que na escrita.

NESSE SENTIDO, O QUÃO COLETIVA É A AUTORIA DE UMA OBRA NA TELEVISÃO?

Na televisão, a criação termina por ser coletiva sim. É claro que em alguns momentos é necessário que o autor faça escolhas e descarte muitos comentários dos próprios colaboradores. É a hora de chamar para si a responsabilidade. O autor deve ter não apenas a perspectiva sobre todo aquele capítulo, mas do conjunto daquela semana e de todos os meses em que uma obra fica no ar. Não podemos perder o ponto de vista. Mas também não podemos deixar de escutar quem você escolheu para dividir aquele trabalho e que está implicado na evolução da história tanto quanto você. E eu estou falando em escutar de verdade, de levar em consideração a opinião de seus parceiros, incorporando ao máximo o que funciona e ir criando novos caminhos. Para mim, é sempre muito bom ouvir, porque ter muitas certezas é perigoso. Agora, se o resultado não funcionar – e nós desejamos sempre que funcione, claro –, a cobrança vem em cima do autor principal. Por isso, quando estou chefiando uma equipe, sou a favor do seguinte lema: o sucesso é de todos nós, o fracasso é só meu. Afinal, não se trata de um ato de heroísmo, mas de uma consequência do fato de que fui eu que fiz ou acatei as principais escolhas.

E NO CINEMA, COMO FUNCIONA ESSA QUESTÃO DA AUTORIA?

No cinema acontece diferente. Temos uma tradição muito comum no Brasil – pelo menos na minha experiência – na qual, em 90% dos casos, o roteirista é convidado por um diretor para escrever uma história por encomenda. Então você está sendo pago por alguém para escrever um roteiro e precisa entregar algo que o deixe satisfeito. É claro que você não necessariamente tem as mesmas opiniões que o diretor, mas o bom roteiro é aquele em que o diretor acredita, do contrário, ele não vai filmar bem. Esse roteiro não deve ser escrito para o roteirista, ele deve ser escrito para o filme. O roteiro é uma obra de passagem. O problema é que no cinema convencionou-se chamar "o filme do diretor tal" e às vezes as pessoas esquecem que um bom filme precisa ser feito a partir de um bom roteiro. Claro que é possível fazer um filme ruim com um bom roteiro, mas eu não conheço um bom filme feito a partir de um roteiro que não funcione. Tem uma piada ótima de dois ratinhos da cinemateca francesa que estão roendo o negativo de um filme durante a madrugada e um pergunta: "Tá gostando desse filme?" Aí o outro rato para de roer e responde: "Eu preferia o roteiro" (risos). Óbvio que no fundo, para o público, não adianta preferir o roteiro, porque o que existe é o filme. Por isso eu não tenho nenhum problema em estar exclusivamente na posição apenas de quem escreve a história.

Mas e quando há divergências entre as visões do diretor e do roteirista durante a escrita do roteiro, o que acontece?

Tem sempre uma hora em que os embates com os diretores vão acontecer. Isso é importante. Graças a Deus, até hoje, em todos os trabalhos que fiz, nunca precisei escrever uma cena sem acreditar nela. Sempre consegui, de uma forma ou de outra, ser persuasivo e convencer o diretor, ou, muitas vezes, ser convencido por ele. Nós precisamos, os dois, acreditar no melhor caminho para o filme.

Aproveitando esse tema da relação entre diretor e roteirista, como as histórias se constituem dentro dessa colaboração?

Minhas experiências com os diretores são de muito aprendizado e de muita escuta. Seja com o Walter Salles (no filme *Linha de passe*), com o Cacá Diegues (em *O grande circo místico*) ou com o José Luiz Villamarim, meu parceiro mais frequente. Para você ter uma ideia, na novela *O Rebu*, o personagem central da trama original se chamava Conrad Mahler, um rico solitário interpretado pelo Ziembinski, que adotava um jovem carente, Cauê, interpretado pelo Buza Ferraz. Ao longo da história, o Conrad começava a desenvolver uma relação possessiva pelo Cauê e havia ali uma insinuação de homoafetividade que na época não poderia ir ao ar na televisão aberta como pode hoje. Quando li o texto original com o Sérgio Goldenberg, começamos a pensar na adaptação e em quem poderia interpretar o protagonista. Em uma conversa por telefone com o Villamarim, nós não achávamos o ator para interpretar aquele papel e ele disse: "E se Conrad fosse uma mulher?". Primeiramente tomei um susto, "uma mulher?". Mas pouco a pouco aquela ideia ecoou e comecei a pensar que aquilo tinha muito a ver com os dias de hoje, em que as mulheres estão no poder. Imediatamente liguei para o Sérgio Goldenberg e ele tomou um susto ainda maior do que o meu. Ele ficou paralisado com aquela ideia e a gente começou a ver que tipo de impacto essa mudança acarretaria na história. Nós já tínhamos uma sinopse com o personagem sendo homem. Aquilo botava abaixo meio mundo do que a gente já tinha trabalhado. Mas, em compensação, abria-se uma perspectiva muito mais fascinante. A gente começou a trabalhar em cima dessa nova ideia, dando forma a ela, e, por consequência, diversos pontos modificaram a novela original inteira. Foi um grande achado. E foi um achado do diretor, uma sugestão dele. Não é porque a ideia é minha que ela vai ser melhor do que a ideia do colaborador, do diretor ou de quem quer que seja. Uma boa ideia é uma boa ideia. Eu reconheço uma a quilômetros de distância e luto sempre por elas.

Quando outros colaboradores, sejam eles o ator, o fotógrafo ou o montador, improvisam ou alteram o texto que você escreveu, como você reage?

Costumo acompanhar muito de perto, sobretudo na televisão, a pré-produção, a filmagem e a montagem. Tenho conversas com o diretor, participo de provas de figurino, de leituras e algumas vezes visito o *set*. Eu acho que quando o diretor escala um ator, quando aquele ator veste o figurino, quando o fotógrafo monta a luz, tudo isso dá uma carnalidade que ainda falta ao roteiro. Quando o roteiro chega ao *set*, ele já não é apenas um pedaço de papel. Ele ganha vida. E se, para isso, um texto precisa ser improvisado, ganhar uma fala ou outra, mudar uma locação ou um corte na edição, isso só acrescenta. É claro que algumas informações, falas e ações são essenciais e precisam ser mantidas. Mas, em um diálogo aberto com o diretor, isso fica claro e a equipe chega a essa conclusão naturalmente. Faz parte do processo.

Mas se o diálogo pode sofrer esse tipo de alteração, qual seria o "segredo" para escrevê-lo?

O Walter Salles diz que o diálogo é uma ciência exata – no sentido de que é necessário ter a precisão das palavras, os tempos certos. Mas é uma ciência exata de uma natureza subjetiva, porque chega uma hora em que o roteirista escreve e o personagem vai falando por si só. Parece que ele fala sozinho mesmo. Às vezes é difícil encontrar a embocadura de como um personagem fala, mas quando isso acontece é um alívio. Acho que o maior desafio, sobretudo na televisão aberta, é tentar construir diálogos não expositivos e conseguir comunicar ao telespectador o que você quer dizer por meio do subtexto. Muitas vezes o "não dito" é mais importante do que o "dito". Às vezes, as pessoas dizem algumas coisas para esconder outras. Infelizmente, é muito comum na dramaturgia televisiva a exposição das informações com medo de que o telespectador não entenda ou ignore um elemento da história. Este acaba sendo o pior registro da dramaturgia: a crença na ignorância do público.

Você é um roteirista que usa muito a literatura como fonte de inspiração. A maioria de seus trabalhos nasceu de livros, de contos ou mesmo de novelas antigas e histórias reais. Qual é a diferença entre escrever um roteiro adaptado e um original?

No roteiro adaptado, é preciso pensar a melhor forma de contar aquela história e depois esquecer tudo o que você leu e ser absolutamente "desrespeitoso" com as palavras para respeitar o espírito da obra. Esse filme que comentei, *O nome da morte*, é baseado em uma história real, mas o protagonista está totalmente descolado do personagem real. Tem uma frase ótima do Walter Carvalho (diretor de fotografia) sobre a câmera na mão, que eu relaciono com o roteiro adaptado: "Você precisa segurar a câmera na mão como segura um pássaro, tem que ter firmeza para segurar, senão o pássaro voa, mas não pode apertar demais, senão o pássaro morre". Esse é o diálogo entre a realidade e a imaginação quando você faz uma obra adaptada. Na ficção completa, com uma ideia original, não é tão diferente. Quando escrevi o *Linha de passe*, o diretor Walter Salles chegou com quinze linhas escritas e me entregou. Ele queria fazer um filme sobre irmãos. A partir daí, a Daniela Thomas (corroteirista e codiretora do filme) e eu inventamos uma história. A fonte era o desejo do Walter e não um livro. Mas o processo passa por um método igual: sentar diante do computador escrever, escrever e escrever. Mesmo que você não consiga escrever algo que goste no primeiro momento, tem que ficar ali e persistir. Se você sai para dar uma caminhada ou fazer um exercício – o que às vezes é ótimo –, mesmo assim a cabeça não para. Você fica vivendo aquela história como se estivesse dentro da própria imaginação, atormentado pelos personagens que estão no papel.

VOCÊ ESTÁ SATISFEITO COM O RESULTADO DOS SEUS ROTEIROS NAS TELAS?

Eu diria que, por enquanto, estou na situação inversa do ratinho da cinemateca. Eu sempre prefiro o filme (risos). Até então, os resultados que assisti me agradaram e jogaram luz sobre o que escrevi.

SE VOCÊ PUDESSE, REESCREVERIA ALGUNS DE SEUS ROTEIROS?

Ah, sim, sempre. A sensação que eu tenho quando revejo meus filmes é de felicidade. Mas não gosto de rever, porque acompanho tanto o processo de montagem, vejo e revejo aquilo milhares de vezes, que acabo ficando com cada corte e cada plano na minha cabeça. Mas se, eventualmente, eu tiver que rever, eu me emociono, me sinto tocado e é muito gratificante. Mas tem coisas que eu acho que poderia ter mudado. Sempre vai ter.

E ACOMPANHANDO TÃO DE PERTO TODO O PROCESSO CRIATIVO DE SEUS FILMES, DO ROTEIRO À MONTAGEM, VOCÊ NUNCA TEVE VONTADE DE SER DIRETOR?

Não, não. Quando fiz *O rei do gado* com o Luiz Fernando Carvalho, como assistente de direção, cheguei a dirigir algumas cenas. Eu gostei e acho que até tenho algum talento para isso, mas, sendo sincero, o meu processo mesmo é o da escrita.

Escrever já é tão difícil, né?

Muito, muito difícil. Mas quando digo que o meu processo é o da escrita é porque eu gosto dessa solidão do autor. É claro que às vezes é muito sofrido, mas não posso negar que combina mais com a minha natureza.

Além da experiência como roteirista de ficção, você também escreveu alguns documentários e docudramas para a TV, como os programas *Linha direta* e *Por toda a minha vida*, na Rede Globo. Como funciona o uso das ferramentas narrativas na escrita de um roteiro de documentário?

Em um documentário não existe uma escrita *a priori*, existe a escrita posterior. Essa é a grande diferença da dramaturgia e do documentário. Nele você se prepara e vai atrás do personagem. O que o personagem vai te dizer é que vai determinar como você vai contar a história. É quase como se o personagem fosse o roteirista e você reordenasse isso depois com os recursos dramatúrgicos que precisar. Mas o norte é dado pelos personagens que você escolheu. Esse é o primeiro e definitivo passo para escrever um roteiro para documentário.

Qual é a importância, para o roteirista, de conhecer os mecanismos de produção e realização de uma obra audiovisual para além do roteiro?

Toda. E isso tem se mostrado muito forte, por exemplo, na criação e execução dos seriados americanos. É o que eles chamam de *showrunner*. Até já fui xingado disso por aqui (risos). Quanto mais o roteirista conhece sobre o maquinário que coloca em prática o que ele escreve, mais chances terá de ter um bom resultado na tela. E isso vale também para o diretor, que precisa entender de dramaturgia. Um diretor que é parceiro, entende a necessidade de o roteirista estar algumas vezes presente no *set*, na ilha de edição, na sonorização. Não é uma invasão de campos. É uma dobradinha e eu considero essencial. Eu acho que autor de roteiros não é autor de literatura. A dramaturgia do cinema e da televisão é um ofício muito específico e precisa que o roteirista tenha noção da engrenagem completa. É fundamental que ele conheça todas as instâncias. Inclusive as instâncias de produção.

VOCÊ JÁ SOFREU DO MAL DO BLOQUEIO CRIATIVO?

É claro que o bloqueio criativo existe. Mas ele é vencido quando o roteirista aprende a controlar e diminuir sua ansiedade. Na minha opinião, esse bloqueio está muito ligado aos prazos e às expectativas. Ou seja, você tem um prazo para entregar, tem a ansiedade de fazer e não está encontrando o melhor caminho. Agora, se você tem tempo e consegue administrar e baixar sua ansiedade, uma hora ou outra você quebra esse bloqueio. Pode até acontecer de o roteirista precisar sair da mesa de trabalho e dar uma volta. Se for necessário, faça isso. Mas retorne sempre e trabalhe reescrevendo.

E A CRÍTICA – ESPECIALIZADA OU NÃO –, COMO VOCÊ A ENCARA?

Eu já trabalhei como crítico e a minha tese de mestrado na USP é sobre crítica teatral. Tenho um carinho muito especial pela crítica, porque ela pode ajudar a iluminar uma obra. O grande crítico é aquele que lança luz sobre a obra, identificando elementos que às vezes o próprio artista não viu. O problema que acontece hoje em dia, sobretudo nas redes sociais, é o volume de pessoas que não conhecem quase nada sobre a natureza e o ofício daquela arte, dando opiniões pessoais e ignorantes. A quantidade de impropriedades e não compreensões é muito elevada. Eu não tenho nenhum problema com a crítica negativa. É claro que nós todos queremos ser amados e a crítica elogiosa é uma forma de afago e afeto. Mas não tenho nenhum problema se a crítica for bem escrita e apontar questões contundentes sobre o meu trabalho. Mas a crítica desinformada, que mistura coisas, que cita referências erradas, essa merece não só meu repúdio, mas o de todos que fazem crítica e dos leitores também. Essa é a morte da crítica. A crítica tem uma função importante, mas não pode ser confundida com guia de consumo e muito menos com notinhas em colunas de fofoca. A crítica precisa ser levada a sério por quem a faz.

Para terminar, o que é preciso ter e saber para ser um bom roteirista?

Eu acho que a primeira coisa para ser roteirista é saber que o caminho da escrita é um caminho de muito sofrimento. Como disse um poeta russo, "as boas palavras já estão pálidas de significados". Então você precisa buscar essas palavras que não estão pálidas de significado, essas ideias, e isso é muito difícil. É preciso ter um grande prazer pela escrita, ter lido muito, ter assistido a muita coisa e, claro, você precisa ter talento. Tecnicamente você pode aprender a escrever, mas se não tiver talento, vai acabar fazendo isso de maneira mecânica, obedecendo apenas a um formato, engessando uma ideia. Se não houver talento, não haverá transcendência no texto. O roteirista precisa acreditar que aquilo que ele está escrevendo vai preenchê-lo existencialmente.

FILMOGRAFIA

* *Redemoinho* (2015)
* *O grande circo místico* (2015)
* *Getúlio* (2014)
* *Gonzaga: de pai para filho* (2012)
* *Corda bamba: história de uma menina equilibrista* (2012)
* *Linha de passe* (2008)
* *Moro no Brasil* (2002)

GUSTAVO STEINBERG

Gustavo Steinberg

"A posição mais confortável é a do roteirista."

No início das entrevistas com os roteiristas, pedia para que cada um se apresentasse da maneira que achasse melhor. Gustavo Steinberg demorou mais tempo do que a maioria deles. Por um momento achei que ele estivesse pensando em uma maneira possível de resumir quem era em algumas frases, mas logo cheguei à conclusão de que Gustavo é tímido. Mais do que parece. Não por acaso, se sente protegido pela profissão de roteirista, ao contrário da maioria dos seus colegas.

Gustavo Steinberg fala baixo. E gosta de dizer que faz um cinema bastante paulistano. Depois dos 40 anos de idade, pensa que chegou o momento de ser mais sutil com seu trabalho. Porque, apesar de tímido, Gustavo faz um cinema que grita e expõe uma realidade que pouca gente quer ver. Mas também admite: "Existem muitas situações que você vê na rua e pensa que seria incrível retratar em um filme. Mas é impossível, porque na maioria das vezes são imagens e situações tão absurdas que as pessoas não vão acreditar nelas. Vão dizer que estamos forçando a barra". Talvez essa visão seja eco de sua formação em ciências sociais e políticas, já que o roteirista, além de produtor, experimentou o posto de diretor no longa-metragem *Fim da linha*, estreado em 2008. Para Gustavo, o cinema em que acredita é o único possível. Afinal de contas, "fazer um filme é um processo tão exaustivo que é preciso estar apaixonado pelo que você faz para chegar até o fim". Resultado disso são alguns dos roteiros que escreveu em parceria com Marcelo Masagão e Sérgio Bianchi, dois diretores considerados, no mínimo, provocadores.

Gustavo nunca estudou cinema. Nunca havia lido roteiros na vida antes de escrever um. Seu único contato com a escrita havia sido pela literatura, com o romance *Prazeres da solidão*. Por isso considera atípico seu salto ao mundo da dramaturgia cinematográfica, que começou por acaso, quando trabalhava como assistente de produção de Sérgio Bianchi carregando caixas, comprando jornal e enviando fax, até se candidatar para ler um roteiro com o qual o diretor não estava satisfeito na época. "Eu peguei um roteiro que estava razoavelmente desenvolvido, comecei a mexer e o Sérgio começou a gostar, a se interessar de novo pela história, e a gente acabou escrevendo o roteiro juntos." O resultado foi o longa-metragem *Cronicamente inviável*, do qual também foi produtor executivo. Gustavo é o exemplo de quem aprendeu na prática. Quando começou a escrever, não sabia nada de estilo nem de formatação. Por causa disso, começou a se informar para saber o que podia fazer ou não, até aprender, "assim como todas as funções que bem ou mal desenvolvo na área de cinema". Porque, mesmo falando baixo e sendo tímido, Gustavo Steinberg tem muito a dizer. E mesmo que demore um pouco para responder, vai dizer o que pensa.

O QUE É UM ROTEIRO NA SUA OPINIÃO E PARA QUE ELE SERVE?

Acho que a melhor forma de começar a responder essa pergunta é dizer o que o roteiro não é. Ele não é uma obra acabada. E isso é uma coisa muito interessante para qualquer um que escreve. Eu já escrevi um livro também e um livro, sim, é uma obra acabada. É muito mais fácil mostrar um livro para as pessoas. Nele, você já fez o melhor que podia e ele está ali, pronto, e as pessoas vão gostar ou não. O roteiro, em um certo sentido, é mais fácil de fazer do que um livro. Só que ele é muito mais difícil de ser lido, exatamente porque ele é uma obra inacabada, é um ponto de partida para uma ideia que vai ser realizada plenamente quando estiver nas telas. É sempre muito complicado mostrar o roteiro para alguém depois de finalizado. Por isso acho difícil definir o que é um roteiro. Ele é, obviamente, uma estrutura narrativa sem a qual é praticamente impossível fazer um filme. É lógico que existem alguns filmes sem roteiro, mas o roteiro contém a estrutura mínima para você realizar um projeto cinematográfico. Ele não só é a condensação das ideias e das palavras que têm que estar na tela, mas também uma forma de financiar o filme. Esse é um aspecto de que poucos roteiristas falam. Mas, como eu tenho um pé na produção também, sei que sem um roteiro você não faz nada.

POR QUE É TÃO DIFÍCIL MOSTRAR O ROTEIRO DEPOIS DE PRONTO? AS PESSOAS NÃO SABEM LER ROTEIROS?

Porque o roteiro é sempre cheio de furos que só podem ser completados quando ele é filmado. O resultado depende muito do diretor que vai contar a história. Se o roteirista não é o diretor do filme, tem sempre aquela tensão de como esta ou aquela cena será resolvida. E esse eu acho o exercício mais difícil para o roteirista: entender que, por mais que queira pôr suas ideias no papel, você tem que fazer com que elas sejam concretas, para que o diretor consiga filmá-las. Senão, não dá certo.

O QUE É FUNDAMENTAL EM UM ROTEIRO?

Pelo menos uma boa ideia e um aproveitamento adequado dela. Mas o roteiro é sempre baseado em ritmo também, então, às vezes, ele pode ser mais diluído, menos preciso, com ideias-base encadeadas em situações que façam de um filme um meio para transmitir um ponto de vista.

E DE ONDE VÊM ESSAS IDEIAS?

Há diferentes tipos de fonte. A principal, acredito eu, é a realidade. O que é complicado se for a fonte exclusiva, principalmente no Brasil. O roteirista sempre anda em busca de ideias, não para traduzi-las, mas, geralmente, como fonte de inspiração. Uma pequena coisa aqui, outra ali, você vai recheando expressões e de repente tem um ponto de partida. Mas, ao mesmo tempo, existem muitas situações que você gostaria de retratar e não pode.

POR QUÊ?

Porque é cada vez mais complicado fazer cinema engajado, pelo menos aqui no Brasil. Mas acho que no mundo em geral também. Existem muitas situações que você vê na rua e pensa que seria incrível retratar em um filme. Mas é impossível, porque na maioria das vezes são imagens e situações tão absurdas que as pessoas não vão acreditar. Vão dizer que estamos forçando a barra.

QUANTO DO AUTOR TEM UMA HISTÓRIA?

Tudo é autobiográfico e nada é autobiográfico. Essa é uma frase bastante usada, eu sei. Mas, de uma forma ou de outra, mesmo que não seja uma coisa originalmente sua, a partir do momento em que você transpõe aquelas ideias para o papel, você colocou a mão ali e então ela é sua. É aquela velha discussão sobre o papel do filme-documentário. O documentário aponta a realidade? A partir do momento em que você aponta a câmera para um lado e tem a possibilidade de editar um filme, de alguma forma você tem uma intermediação dessa realidade. Essa intermediação é sempre subjetiva e, portanto, autoral.

É POSSÍVEL SER AUTORAL SENDO APENAS O ROTEIRISTA DO FILME?

Depende do diretor. É sempre muito complicado. O passo mais decisivo do roteirista é o momento em que ele começa a entender efetivamente que, se não é o diretor daquele filme, é preciso escrevê-lo de uma maneira que o diretor consiga filmar. Eu briguei muito pelos meus roteiros. Mas, depois de ver o resultado na tela, você chega à conclusão de que a briga não vale a pena. Porque às vezes a ideia é boa, e você a defende muito bem, aí você ganha. Mas, como no Brasil a maioria dos filmes é coescrita com o diretor, você, como roteirista, tem uma função quase terapêutica, de tirar as ideias do diretor para utilizá-las e organizá-las de uma forma que funcione. Como o cinema é tão autoral e a relação se torna tão próxima, tem um quê de relação terapêutica mesmo, e às vezes chega-se a um limite que parece briga de marido e mulher. Mas acho que todas as relações muito próximas de criação acabam tendo um pouco disso.

E QUEM GANHA?

Quem ganha? Quando os dois chegam a um acordo, os dois ganham. Se virar briga de foice, ninguém ganha, não tem como ganhar, porque aí a obra perde.

QUAL É O SEU PONTO DE PARTIDA QUANDO VOCÊ ESCREVE UM ROTEIRO? EXISTE UM MÉTODO DE TRABALHO?

Depende muito do roteiro. O roteiro do filme *1,99*, que fiz com o Marcelo Masagão (diretor), é tão peculiar que a gente começou com discussões filosóficas que duraram cinco meses. Ficamos discutindo, discutindo, discutindo e era teoria, teoria, teoria. Depois começamos a juntar algumas ideias. No começo, o filme era para ser um documentário, mas a gente começou a organizar uns conceitos e veio a ideia do supermercado. E aí o filme começou a tomar uma forma definitiva.

No *Cronicamente inviável*, do diretor Sérgio Bianchi, já havia um roteiro antigo, do qual sobraram alguns personagens e alguns lugares. Depois pensamos que eles se encontrariam em um restaurante e essa ideia ficou, assim como a ideia de que os personagens viessem de todos os estados do Brasil. Mas os personagens mudaram completamente da primeira para a última versão.

VOCÊ COSTUMA ESCREVER *STORYLINE*, SINOPSE, ARGUMENTO, ESCALETA, ETC.?

Eu não uso nem sinopse nem *storyline*. Às vezes, há a necessidade desses métodos, porque existe uma influência muito grande no modelo de financiamento que determina a forma como você escreve. Então você acaba tendo que escrever sinopse e argumento, porque vai colocar o projeto em um concurso ou em um edital para levantar dinheiro para o filme. Mas aí é aquela sinopse totalmente falsa. Você escreve um pouco para ficar com uma cara boa e acaba virando uma obra diferente, uma obra que até seria interessante, mas que acaba sendo outro roteiro. Já a escaleta, eu uso e acho muito útil. Mas depende também do tipo de roteiro e de diretor. Eu a vejo como um mapa da estrutura do roteiro. Sem ela é difícil determinar o tamanho do filme e administrá-lo. A escaleta é extremamente útil para você sentir se deve ir por aqui ou por ali, se algo funciona ou não. Depois você começa a desenvolver o roteiro de fato e a recheá-la.

E A METODOLOGIA DIÁRIA? QUANTAS HORAS POR DIA VOCÊ DEDICA À ESCRITA DE ROTEIROS?

Eu escrevo quando posso. Não consigo viver de escrever roteiro apenas. Quando não tenho nenhum outro trabalho para fazer, escrevo o tempo inteiro. Mas sempre gosto de escrever, de chegar a uma versão legal e deixar na gaveta, deixar lá no "forninho" durante um tempo e voltar e ler de novo. Esse processo inteiro normalmente demora de um ano a um ano e meio.

Você está satisfeito com o resultado dos seus roteiros nas telas?

Essa é uma pergunta difícil, porque a satisfação com o resultado passa por tantas coisas... Uma delas é sua satisfação pessoal com a obra. Nesse sentido, existe uma clareza maior, pois você está ali sozinho assistindo ao filme e percebendo se conseguiu ou não fazer o que queria, se deu certo uma determinada coisa ou outra, e assim por diante. O segundo aspecto é quando o filme vai para o público, porque aí ele não é mais seu. Depois vem a crítica, o público, e tudo tem uma influência enorme na sua capacidade de perceber o filme. Se você foi bem recebido ou não, isso inevitavelmente influencia na sua percepção.

E como você lida com a crítica ao seu trabalho?

Quando estou escrevendo, eu procuro mostrar o roteiro para o máximo de pessoas possível. Não gosto quando dizem que fulano não pode ler um roteiro, porque não entende nada de cinema. Todo mundo vai ao cinema. Todo mundo assiste a um filme, todo mundo vê televisão. Então, como assim as pessoas não entendem nada de cinema? Adoro saber a opinião de todo mundo até chegar à conclusão de que é isso mesmo que quero fazer. Mostrar para os outros serve também para não levar em consideração a opinião de quem não gostou de determinada coisa, até para fortalecer a minha posição.

Mas nem todo mundo sabe ler roteiro...

É muito difícil ler roteiro, porque, como eu disse, ele é praticamente um esboço. O roteiro é uma obra que pode ser levada para um lado ou para outro, que vai sofrer um monte de reveses durante a produção e você não sabe o que vai sobrar dele. Tem ator que não funciona, ou produção que não funciona, existe uma série de circunstâncias além da interpretação daquela história pelo leitor. É difícil, em todos os aspectos, ler roteiro. Ele não precisa ser um produto extremamente acabado, você não precisa estar com um texto 100% redondo para filmar, mas ter um texto indicativo e sólido para as pessoas entenderem do que se trata aquela história.

Mas uma pessoa que sabe ler um roteiro pode dar uma opinião melhor sobre o seu trabalho...

Eu não sei se acredito muito nisso. As pessoas leem como podem e elas têm opiniões diferentes. Acho que com o futebol é um pouco assim também. Todo mundo se sente um pouco como o diretor. Se você dá a oportunidade para as pessoas darem opinião, elas dão mesmo. E, quando você oferece essa abertura, todo mundo tem uma opinião a respeito de um filme. Talvez nem todo mundo entenda perfeitamente como são o processo e os detalhes, mas basicamente a estrutura está ali e é uma forma de comunicação. O meio está ali, para as pessoas lerem, verem e aprenderem.

Como você lida com essas críticas, então?

Depende do dia. O roteirista tem que escolher também o momento certo de começar a mostrar o trabalho. Por isso é sempre legal escrever com mais gente. Eu acho melhor, porque dá mais segurança. Pelo menos você sabe por qual caminho ir com a opinião de outra pessoa. Porque sempre tem um quê de "*egotrip*" ao se fazer um filme ou escrever um roteiro. Quando existe um cúmplice que escreve junto, você consegue compartilhar, você não está sendo louco sozinho (risos). Se você é louco, pelo menos está sendo louco com alguém ao lado. Mas, resumindo, eu lido bem quando estou de bom humor e lido mal quando estou de mau humor (risos).

E a crítica após o lançamento do filme?

Essa é bem mais complicada. Estou cada vez mais me questionando se não devo parar de ler crítica. É um pouco absurdo, já que você precisa ter um *feedback* também. Você tem que saber qual é a resposta da crítica até para se alinhar, porque existe esse lado profissional da história. Saber o que encontra eco e o que não encontra eco na crítica. A relação dela com o cinema autoral é tão forte que um depende do outro. É uma relação bastante incestuosa. Mas é sempre uma relação um pouco desigual. Com a obra pronta, o crítico tem um poder muito maior do que você. Quando você é um pequeno produtor ou o filme é pequeno, a crítica pode determinar com muita facilidade a quantidade de pessoas que vai ter a oportunidade de assistir ao filme. É uma posição desigual, mas faz parte do jogo.

UMA DAS PRINCIPAIS QUEIXAS DOS ROTEIRISTAS É ESTAR À SOMBRA DO DIRETOR E TER SEU TRABALHO POUCO RECONHECIDO. PROVA DISSO SÃO AS ASSOCIAÇÕES DE ROTEIRISTAS QUE PROMOVEM E DEFENDEM A PROFISSÃO. VOCÊ SE SENTE POUCO RECONHECIDO COMO ROTEIRISTA?

Eu acho que existem momentos históricos diferentes. Certamente houve momentos também em que o roteirista era mais reconhecido até do que o diretor. Mesmo na estrutura hollywoodiana de cinema, por exemplo, se você for ver, até pouco tempo atrás quem tinha o poder era o roteirista. Hoje ainda existe um pouco disso na televisão. Nela, o roteirista tem uma força maior do que outros profissionais. Assim como o produtor. Na TV, o diretor é mais um técnico que resolve uma situação proposta pelo roteirista. Mas eu particularmente não me sinto desprestigiado. Até porque já ocupei a posição de diretor e até de ator, e fico pensando: quem é prestigiado no cinema aqui? Obviamente você tem momentos de destaque, quando lança um filme, mas é tudo tão rápido, passageiro e limitado, que na verdade cheguei à conclusão de que a posição mais confortável é a do roteirista. Porque ele consegue testar um monte de ideias e expor sua criatividade com um certo anteparo, com uma linha de frente que o protege de certa forma. E para mim é uma posição mais interessante. No cinema autoral, quando você está na linha de frente, tudo se torna muito pessoal e perigoso. Afinal de contas, você dedica anos para fazer um filme e aí vem um crítico qualquer e fala algum absurdo sobre o seu projeto, e é difícil entender que ele está fazendo o trabalho dele. Racionalmente, dá até para separar esses conceitos. Só que depois você chega à conclusão de que ele trabalha em um jornal que vende 800 mil exemplares, enquanto você está tentando brigar para existir em um gueto, no qual os cinemas só disponibilizam três salas para exibir o seu filme, mas que, por causa da crítica, ninguém vai aparecer para assistir. Nesse sentido é que digo que existe um conforto maior em ser roteirista.

Como se trabalha exercendo a função de corroteirista?

Eu costumo utilizar o famoso método pingue-pongue. Não dá para escrever a quatro mãos sempre. Você se reúne, discute ideias, muitas vezes divide trechos para escrever. O meu filme *Fim da linha* foi escrito com o Guilherme Werneck e a gente realmente utilizou esse método: eu escrevia um pedaço, ele escrevia outro, a gente se juntava de novo, eu reescrevia tudo o que ele havia escrito, ele reescrevia tudo o que eu havia escrito, e assim fomos afinando.

Falemos sobre personagens. Muitos roteiristas se inspiram em pessoas reais, já outros não utilizam essa metodologia. No seu caso, como funciona a construção dos personagens?

Depende muito do filme. Costumo dizer que normalmente faço personagens com pouca profundidade psicológica. Mas acho que isso tem a ver com o tipo de cinema que quero fazer, que é quase sociológico mesmo. Por isso uso muitos personagens caricaturais. Eu gosto de brincar com a caricatura. E, nesse sentido, a construção do personagem é muito menos uma questão de biografia do que uma questão de mapear ideias e chegar a um conjunto de conceitos com os quais você quer trabalhar. Mas no roteiro que escrevo agora tento criar personagens com mais profundidade psicológica. E para isso existe uma infinidade de métodos que podem funcionar. Descobri um recurso ótimo para a construção de personagens: eu me baseio em uma espécie de bíblia da homeopatia. É sensacional. Há vários personagens ali, várias tipologias de pessoas. Detalhes como esses, quando bem trabalhados, dão profundidade ao personagem. É lógico que você não vai usar só isso, mas eu achei um elemento bem legal, uma mistura de várias características que resultam em um sistema de exposição do personagem. Mas sei que alguns acham isso óbvio e preferem fazer pesquisa. A pesquisa é legal também para compor um personagem. Eu já fiz muitas. No filme *1,99* (dirigido por Marcelo Masagão), a gente fez muita pesquisa. Desde entrevistas com uma série de pessoas, para ir juntando ideias que no filme eram difíceis de plasmar, para entender como aquele determinado tipo de pessoa fala, se comporta, se move, atua. Porém dificilmente faço a construção de grandes biografias. Porque os filmes que eu fiz até agora não precisaram disso. Mas isso vai mudar (risos).

O ROTEIRISTA DEVE IR À SALA DE MONTAGEM?

Eu acho que sim, porque sempre tem alguma coisa para refazer. Ou refilmagem ou voz *over*. Como geralmente também sou produtor dos filmes que escrevo, meu envolvimento é bastante direto com a produção e por isso participo ativamente da montagem. Vejo também que o papel do roteirista é desfazer nós que surgem na hora de montar o filme. Às vezes uma cena não deu certo, e o roteirista que ajudou a criá-la tem a cabeça mais fresca, porque ele não acompanhou o processo inteiro de filmagem, está menos contaminado e pode dar boas dicas. Todo diretor deveria chamar o roteirista para participar da montagem. Faz muito bem para o filme.

QUAL É A SUA OPINIÃO SOBRE OS MANUAIS DE ROTEIRO?

Eu comecei a escrever roteiro por acaso, sem saber nada. Por isso corri atrás, por me sentir um pouco culpado por nunca ter estudado isso. Tem tanta gente que estuda querendo ser roteirista, né? Então li muitos manuais. Porém não sei dizer até que ponto um livro influencia o seu processo criativo. É lógico que o roteiro é um conjunto de coisas que você aprende na teoria. Mas é também muito do que você absorveu e viveu. E também concordo que um manual pode ajudar a resolver algum probleminha concreto da história, da trama ou do personagem, da mesma forma que um recurso técnico pode ajudar na montagem.

VOCÊ FALOU DA VOZ *OVER*, UMA DAS GRANDES POLÊMICAS DO CINEMA. QUAL É A SUA POSIÇÃO DIANTE DESSE RECURSO NARRATIVO?

Sempre que falo sobre voz *over*, lembro daquela cena do filme *Adaptação*, do americano Spike Jonze (escrito por Charlie Kaufman), em que o protagonista é um roteirista que está fazendo o filme inteiro com esse recurso até ir a uma palestra do Robert Mckee (autor do manual *Story: substância, estrutura, estilo e os princípios da escrita de roteiro*) em que ele diz "*For god sake, no voice over!*" (Pelo amor de Deus, nada de voz *over*!), e aí acaba a narração naquele momento. Eu não tenho tantos preconceitos assim com a voz *over*. Depende muito do filme. O que você não pode fazer é abusar, né? Se bem que eu já abusei (risos). Já abusei bem. O roteirista deve tomar cuidado para não repetir o que está sendo mostrado na tela, a não ser que esteja utilizando um recurso metalinguístico, mas nesse caso é difícil fazer funcionar também. Acho importante reconhecer que, às vezes, a voz *over* salva muitos filmes. Os americanos sabem utilizá-la muito bem. O importante é saber que ela é um elemento à sua disposição. Você utiliza quando precisa ou quando faz sentido naquela história.

MUITA GENTE RECLAMA DE QUE OS ROTEIRISTAS VÃO AO CINEMA E "ADIVINHAM" A ESTRUTURA DO FILME E SUA CONDUÇÃO; PORTANTO, O FILME PERDE UM POUCO DO ENCANTO, DA MAGIA DO CINEMA. VOCÊ CONCORDA COM ESSA IDEIA?

- Eu acho que não. Existem duas formas de você assistir a um filme. Uma é prestando atenção, de fato, na estrutura dele. E a outra é se jogar dentro do filme, mergulhar na história. Mas quando o filme não funciona, fica mais difícil embarcar na trama que ele oferece. Ou quando não há empatia entre espectador e história, é natural você prestar mais atenção no processo do que no resultado. Não tenho nenhuma dificuldade de me jogar em um filme. E, quando ele é bom, o encanto continua lá. É claro que um detalhe ou outro vou perceber com mais facilidade que um leigo. Mas o que realmente acho que contamina é o fato de conhecer melhor o *set* de filmagem. Aí, sim, perde um pouquinho o encanto. Porque como você está acostumado a procurar erros nos próprios filmes, faz o mesmo com o filme dos outros. Você não olha só para o foco da cena, ao contrário, tende a olhar o quadro inteiro e como aquilo foi filmado. E aí em qualquer filme sempre tem um momento em que a atenção vai ser desviada da narrativa em si. Mas no fundo acho que é uma questão de entrega. Se o filme o captura efetivamente, você se entrega e vai com ele.

Quais são, na sua opinião, os requisitos fundamentais para ser roteirista?

Muita vontade. E, é lógico, um mínimo de competência linguística. Tem que ter paciência e perseverança também. Aliás, isso em primeiro lugar. Depois precisa de oportunidade e aprender a se embrenhar no meio cinematográfico. Isso também é fundamental.

Qual é a sua reação ao ver na tela grande um filme que você escreveu?

Na primeira vez eu fico chocado, mas depois vou me acostumando. O interessante é que continua me surpreendendo. Porque às vezes você fez o texto de uma forma e ele sai melhor do que estava escrito. E isso eu adoro. Quando um bom ator pega seu texto e transforma em palavras orgânicas na boca dele, isso é muito bom, dá um prazer enorme. Uma coisa que sempre acho engraçado é rir das próprias piadas. Quando você escreve alguma coisa cômica no roteiro e ri quando vê o filme, é um bom sinal. Eu sei que talvez soe altamente egocêntrico, mas isso acontece quando o texto é bem-feito e quando ele ganha vida.

A maioria dos seus filmes tem um tom político, de denúncia...

(Interrompendo) Nem me fala. Não aguento mais. Quero parar de fazer filme chato (risos). Eu sei que eles são importantes, mas já gastei a minha cota. Porém eu acho que são épocas. Depois que fiz 40 anos, acho que chegou o momento de ficar um pouco mais sutil.

Mas é fundamental acreditar no que você escreve durante o processo criativo, certo? Além do mais, sua formação é em ciências políticas, o que naturalmente deve ter influenciado sua maneira de ver e fazer cinema...

Eu só faço filmes que acho fundamentais. Não faria uma comédia romântica, pois os americanos fazem isso muito melhor do que eu. Faço filmes porque acredito que eles têm que existir, senão não faria. Seria vendedor de carro, que dá muito menos trabalho e mais dinheiro. Tiro sarro porque sei que meus filmes são tachados de chatos, pesados, difíceis de ver. Mas acredito piamente que eles devem existir. Por isso combino minha profissão de roteirista com a de produtor e a de diretor também. Eu só faço projetos em que acredito. Senão eu teria mais o que fazer da vida, porque fazer um filme é um processo tão exaustivo que é preciso estar apaixonado pelo que se faz para chegar até o fim.

Você se surpreende com o rumo que suas histórias tomam durante seu processo criativo?

Muito. Aliás, o roteirista tem que estar disposto a deixar isso acontecer. Essa é a grande dica para um roteirista. Ele deve estar esperto para perceber quando isso está acontecendo, para poder assimilar e aproveitar essa surpresa. Porque o bom filme sai no momento em que você se perde, quando vai em uma direção e encontra outra totalmente diferente. Acho que a graça do processo é esta: você precisa ter um ponto de partida e um objetivo, mas, se encontrar outro completamente diferente e muito melhor, vá com ele.

Como você enxerga o panorama do roteiro hoje no cinema brasileiro?

Estamos vivendo um descompasso grande entre público e filmes. E ninguém sabe resolver esse conflito. As pessoas não estão assistindo ao filme brasileiro. Eu não sei exatamente o porquê. Talvez pela falta de costume de ir ao cinema nas últimas décadas, ou talvez pelo preço também. O valor do ingresso de cinema hoje é absolutamente incompatível com a realidade do nosso país. Um ingresso que custe 20 reais é muito caro. Um pai de família, com dois filhos e a mulher, vai gastar 150 reais em uma tarde entre o McDonald's, os ingressos, a pipoca... e isso se ele for de ônibus! Se for de carro nem se fala. Então por que ele iria ao cinema se pode comprar um filme pirata por 5 reais no camelô? Eu não acho que a sala de cinema vá desaparecer, mas a realidade cinematográfica brasileira é anacrônica. E isso é triste. Todo mundo está tentando pensar o que está acontecendo. Por outro lado, existe uma responsabilidade grande dos cineastas. Eu acho que não estamos conseguindo nos comunicar diretamente com o público ou não sabemos para que público estamos escrevendo. Todo mundo quer ser assistido. E todo mundo deve ser assistido. Resta saber como.

FILMOGRAFIA

* *Fim da Linha* (2008)
* *1,99: um supermercado que vende palavras* (2003)
* *Cronicamente inviável* (2000)

HILTON LACERDA

Hilton Lacerda

"As pessoas que vão reconhecer o seu trabalho são as que precisam fazer isso."

Depois de assistir a filmes como *Amarelo manga* e *Baixio das bestas*, ambos dirigidos por Cláudio Assis e escritos por Hilton Lacerda, era inevitável minha ansiedade em conhecer e ter a oportunidade de conversar com este roteirista. Sempre me impressionou a potência narrativa dos filmes assinados por essa dupla de pernambucanos e seu poder provocador. Conhecendo um pouco da imagem pública e dos discursos do diretor Cláudio Assis, esperava um Hilton Lacerda no mínimo polêmico. Havia muito a perguntar, provocar e aprender com ele.

Quando Hilton chegou ao lugar marcado para nossa entrevista, em um apartamento em obras de um arranha-céu nos arredores da Avenida Paulista, demorei para perceber que meu próximo entrevistado era ele. Com o braço imobilizado por causa de uma tendinite, a imagem do Hilton Lacerda que tinha diante de mim não correspondia àquela que havia idealizado. Tímido e com um aspecto frágil – reforçado pela tipoia azul que protegia seu braço –, ele entrou despercebido e se sentou em silêncio na minha frente. Demorei pelo menos dez minutos para mudar o esquema e a postura da entrevista que havia preparado. Mas como um bom e complexo personagem, Hilton Lacerda me surpreendeu. De fala lenta, sotaque carregado e tom de voz baixo, esse roteirista pernambucano chama tanto a atenção pelo silêncio como Cláudio Assis pelo grito.

De formação autodidata, Hilton Lacerda deu seus primeiros passos no cinema como assistente de direção. Gosta de dizer que não fez "quase nenhum curso de roteiro" e que seu gosto pela escrita e pela leitura vem de berço: sua família, em especial sua mãe, sempre estimulou a leitura em casa, desde contos folclóricos nordestinos a universos distantes como o de *Madame Bovary*. Não à toa, Hilton direcionou sua formação acadêmica para o jornalismo – na época, talvez, o lugar mais próximo à escrita em que poderia se imaginar. Mas foi com o filme *Baile perfumado*, dirigido por Paulo Caldas e Lírio Ferreira, vencedor do engajado Festival de Brasília de 1996, que não apenas Hilton, mas também a cena pernambucana, ganharam visibilidade nacional.

Inevitavelmente, outros filmes de temática ou ambiente nordestino escritos por ele pareciam limitá-lo ao regionalismo, mas o documentário *Cartola: música para os olhos*, o qual dirigiu em parceria com Lírio Ferreira, veio provar que, muito mais do que uma região, Hilton era capaz de se mover por terrenos outrora desconhecidos, como os morros cariocas e seus ícones. O desafio mais recente de Hilton – que dirigiu premiados curtas-metragens como *Simião Martiniano, o camelô do cinema* e *A visita* – foi dirigir uma ficção, *Tatuagem*. Afinal de contas, apesar de defender seu posto de roteirista, Hilton Lacerda não deixa de arriscar em outros universos. Não fosse assim, talvez sequer tivesse se transformado em um dos escritores mais interessantes do cinema nacional.

O QUE É E PARA QUE SERVE UM ROTEIRO?

Para falar de roteiro, tenho que falar de literatura. Eu tive uma educação visual muito forte. Acho que as pessoas que nasceram na época em que eu nasci tiveram uma vida televisiva muito intensa. Fomos viciados em ver TV. Ao mesmo tempo, havia uma cultura de leitura lá em casa que não era intelectual ou acadêmica, mas que sempre foi estimulada. Minha mãe era de uma família que lia de tudo. Comecei a ler muito cedo e ler para mim era praticamente ver. A primeira vez que li *Madame Bovary* (romance escrito pelo francês Gustave Flaubert, publicado em 1857) tinha 12 anos, e li aquele livro como se fosse uma novela de época da Rede Globo: eu imaginava toda a movimentação, o que acontecia, quais eram os cenários. Por isso, quando comecei a escrever roteiros, uma das coisas mais tocantes foi descobrir para o que ele servia realmente. Ele é, sim, objetivamente, um guia para a produção de um filme, e claro que precisa ser inventivo, bem escrito, mas tem que conter principalmente a estrutura narrativa da história que está sendo contada, assim como a literatura. Por isso ele nunca perdeu seu poder literário. O roteiro é o primeiro momento do filme. Eu digo que ele é uma estrutura que vai servir como a primeira montagem do filme. Mas isso também não é uma regra.

E EXISTE ALGUMA REGRA PARA ESCREVER ROTEIROS?

Quem está começando a escrever roteiro e acha que deve seguir uma elaboração metodológica fixa e correta descobre que, na prática, vai esquecer esses métodos e desenvolver os seus próprios. O importante é que eles sejam entendidos pela equipe que está trabalhando com você. Então acho que o roteiro é mais ou menos isto: esqueleto no sentido técnico e alma no sentido narrativo. Ele está sempre entre essas duas coisas.

SE VOCÊ PUDESSE ESCOLHER O ELEMENTO MAIS IMPORTANTE OU FUNDAMENTAL DE UM ROTEIRO, QUAL SERIA?

Tem gente que acha que é a ideia. Mas ideias, você pode ter muitas. Eu acho que o principal em um roteiro é quando você escolhe o eixo de observação, quando descobre a partir de que ponto quer observar aquela história. A mesma coisa acontece com o diretor – a primeira intranquilidade na consciência dele é quando lhe perguntam: "Onde você vai colocar a câmera?". É igual ao escrever um roteiro: a partir de onde vou observar essa história? Como vou narrá-la? Quais olhares eu vou trazer para ela? O que eu vou sugerir nessa narrativa?

E do que depende a definição desse ponto de vista?

Uma das coisas mais interessantes para um roteirista é a observação que ele faz do mundo e das coisas ao seu redor. Naturalmente ele exercita isso independentemente de seu trabalho. Qualquer escolha feita vem da observação que se faz do mundo. E quando você trabalha criando uma narrativa, essas escolhas se dão naturalmente. Vou dar um exemplo prático: você trabalha com um diretor que quer fazer um filme sobre prostituição infantil e caminhoneiros na Zona da Mata pernambucana, como foi o caso do Cláudio Assis comigo no filme *Baixio das bestas*. Aí você pensa "prostituição infantil e caminhoneiros não dão uma história muito interessante, ela precisa de alguma coisa". Do que ela precisa? Ela precisa de um ambiente, de um ponto de vista. Nós somos pontuados o tempo inteiro com informações que teremos que elaborar de determinada forma. E quando alguém chega com a ideia de fazer um filme sobre prostituição infantil e caminhoneiros, você descobre que na verdade quer fazer um filme sobre o dilema das pessoas que vivem naquele ambiente e de que forma elas se relacionam. Então essa escolha passa muito pela observação que você faz do mundo. Claro que você precisa se forçar para ser criativo, mas ser criativo não é inventar histórias que não existem. Ser criativo é tecer narrativas que, de alguma forma, sugiram um novo olhar sobre o tema que você está abordando.

Então qualquer pessoa pode escrever um roteiro?

Seria muito irresponsável eu afirmar isso. Mas acho que toda pessoa é qualificada para escrever um roteiro de certa forma. Se ela vai conseguir dinamizar o processo, se vai conseguir estruturar suas ideias e pontos de vista é outra história.

Uma coisa que faço nas oficinas de roteiro em que dou aula, e que tem um resultado curioso, é pedir para que, a partir de uma história de jornal, os alunos me contem o que aconteceu com suas próprias palavras. E cada um relata o mesmo fato de um modo diferente. Então, de certa forma, as pessoas estão reescrevendo aquela história e são capazes de reproduzir uma ideia que foi passada para elas. Por isso eu acho que, sim, qualquer pessoa pode contar uma história, mas isso não significa que necessariamente serão bons roteiristas. Porque não é fácil escrever roteiros, muito pelo contrário, é bem desgastante. No primeiro momento parece que é divertido e simples, mas é um trabalho exaustivo.

QUE CARACTERÍSTICAS UM BOM ROTEIRISTA DEVE TER?

Principalmente paciência e tolerância. E também ser um bom leitor e estar muito atento a tudo o que se lê: desde literatura até notícias sobre a sociedade ao seu redor. Você precisa saber observar seu entorno e o que acontece nele, mesmo que não faça parte diretamente do seu trabalho como roteirista.

VOCÊ SEMPRE SABE A TEMÁTICA DOS SEUS FILMES ANTES DE COMEÇAR A ESCREVER? QUAL É O SEU PONTO DE PARTIDA?

Eu gosto de me trair bastante quando estou trabalhando. Gosto de escrever o que eu quiser e não estar ancorado em alguma coisa, por exemplo, como em uma adaptação. Eu preciso de liberdade e autoridade ao mesmo tempo. Autoridade de estar próximo das pessoas com quem trabalho e poder mudar algum personagem, ou o rumo da história que estou contando, e a liberdade de fazer isso sem medo. Mas, na verdade, não sei exatamente onde essas decisões vão parar. Tem muito a ver com intuição. No filme *Amarelo manga* (dirigido por Cláudio Assis), por exemplo, aconteceu uma coisa engraçada: o primeiro tratamento foi escrito em mais ou menos 24 horas, pois, quando a gente foi estrear o *Baile perfumado* (dirigido por Paulo Caldas e Lírio Ferreira), tínhamos que entregar um tratamento, e o *Amarelo manga* estava pronto. Mas foi assim porque eu já tinha escrito três contos e já tinha feito o *Texas Hotel* (curta-metragem dirigido por Cláudio Assis), que é mais ou menos a mesma coisa e eu achava que rendia um longa-metragem. Eu escrevi cinco contos narrados pela perspectiva de personagens que eu tinha imaginado e, de um momento para o outro, eles se cruzavam nessas histórias. A partir disso, comecei a escrever o roteiro usando toda essa possibilidade de cruzamento e o ambiente em que eles aconteciam. Então acho que são métodos que você desenvolve e que não funcionam da mesma forma toda vez que você cria.

Como funciona sua construção de personagens?

Eu trago muito da minha experiência pessoal indiretamente aos personagens. Não necessariamente alguém que eu conheci estará representado em um personagem que escrevo, mas terá sempre algum dado, como o modo de falar ou de se comportar. A maioria deles são pessoas que eu conheci um dia, mas das quais talvez nem me lembre o nome. Fico muito tempo pescando o personagem, descobrindo o que ele vai fazer. Às vezes o ato de escrever é mais rápido do que o tempo que gasto construindo esses personagens. Porque o importante para mim é a verossimilhança que ele vai gerar. E isso não tem a ver com naturalismo, tem a ver com a capacidade que aquele personagem terá de emocionar ou de causar certa repulsa. Não aconselho ninguém a fazer isto, mas adoro criá-los por meio dos diálogos. Escrevo diálogos para estruturar uma cena e, a partir daquele diálogo, eu não sei exatamente o que vai acontecer com cada personagem. Às vezes, coloco um defeito nele e não sei muito bem o porquê. De repente o personagem é fanho aparentemente sem motivo, mas lá na frente ser fanho pode fazer ele não conseguir alguma coisa, porque ele fala de uma maneira que não se entende. Então acho que isso tem um pouco da traição de que falei anteriormente. Eu não sou muito organizado nesse sentido.

Já que os diálogos são o motor das suas cenas, fale sobre como você os constrói.

Eu tenho um prazer imenso em escrever diálogo. Gosto de colocar os personagens para falar, adoro descobrir seus defeitos e elaborá-los pelo que eles dizem.

A construção dos diálogos sempre obedece à regra que crio durante a própria escrita. Eu vou criando uma moral para aquele personagem que vai sendo alimentada pouco a pouco até chegar a uma espécie de mecanismo de liberdade e de execução. Mas o que acho mais impressionante na construção do diálogo é a capacidade de ele amarrar as narrativas: o complemento da fala de um personagem com o outro, o que ele está dizendo aqui e vai ser complementado com outra frase lá na frente, etc. Não é uma estrutura poética, mas uma estrutura quase corriqueira e cotidiana do modo de a pessoa falar e se representar. Outra coisa de que gosto muito é descontextualizar algumas frases. No filme *Amarelo manga*, por exemplo, tem muita literatura na boca dos personagens. Ninguém sabe, mas o filme está cheio de frases de Flaubert, de Balzac e de Graciliano Ramos colocadas em contextos completamente absurdos. Eu gosto de fazer isso. Parece que aquela frase não cabe na boca daquele personagem, mas ela é dita de uma forma e em um contexto que parece natural. Também dou o máximo de indicação possível para os atores descobrirem como falar aquele diálogo. Sempre converso muito com os atores antes de começar a filmagem e vejo qual é a intenção deles. Por isso é importante o roteirista saber exatamente o que ele quer dizer com as frases que escreveu. Porque esse é um dado facilitador para o ator e ao mesmo tempo enriquecedor para o nosso processo de escrita.

TAMANHA VERACIDADE FAZ O PERSONAGEM FALAR SOZINHO, TOMAR DECISÕES INESPERADAS?

Isso é muito recorrente para quem escreve e desenvolve personagens, tanto no teatro quanto no cinema ou na literatura. Chega uma hora em que você se depara com esse fenômeno, termina de escrever e se pergunta: "Nossa, que cara louco, por que ele fez isso?". Um personagem como o Dunga (interpretado por Matheus Nachtergaele), do *Amarelo manga*, teve várias conquistas, fez pequenas maldades enquanto eu escrevia. Ele agiu um pouco por conta própria e fugiu do meu controle. Eu acho que, na verdade, esse fenômeno é consequência de um mecanismo que você cria, em que o personagem vai se elaborando e reelaborando, elaborando e reelaborando. E você termina servindo de instrumento para ele.

É muito ruim quando não se consegue mecanizar esses personagens. Não que eles fiquem mal representados, mas, às vezes, ao escrever, você não consegue esse grau de intimidade com o personagem e fica meio angustiado. Aí você precisa de alguém para ler o seu texto e dizer: "Não está legal, está sem vida".

Você é um roteirista que vai ao *set* e conversa com os atores. A maioria dos seus colegas entrega o roteiro e espera o resultado...

Nos filmes em que eu trabalho, fico no *set* o tempo inteiro, redesenhando diálogos, conversando com as pessoas envolvidas, principalmente com os atores. Isso eu acho importante fazer, mas não o tempo inteiro. Às vezes passo uns quatro dias de filmagem trabalhando em outras coisas, mas sempre estou lá presente, pelo menos com o Cláudio (Assis). Com ele, sempre funcionou assim.

A maioria dos filmes que você escreveu é protagonizada por personagens de caráter muito forte. É um estilo seu?

A questão dos personagens serem fortes vem, eu acho, da necessidade da abrangência deles. Talvez com eles queiramos abarcar muitas coisas em um personagem só, e depois vamos aliviando. Acredito que todo personagem precisa ter um impacto. Mas nem sempre sabemos onde está esse impacto. Os personagens chegam para marcar presença, e marcar presença não só pela quantidade de violência que eles são capazes de cometer, mas pela quantidade de indecência que eles são capazes de mostrar. O impacto que eles conseguem trazer com seu próprio silêncio, com sua própria dor.

Você defende a ideia do roteiro como primeira versão da montagem. Nessa direção, você participa das "versões" seguintes na sala de edição?

Depende. Existe um processo na sala de edição que é do montador com o diretor. Com o roteiro, faz-se uma primeira estrutura em cima dele. O que tem, o que não tem, como é que vai ficar aquele grande esqueleto. Diretor e montador, juntos, vão colocando o que presta ou tirando o que não presta. Eu acho elegante um diretor chamar o roteirista para acompanhar esse processo, porque no fundo você está assinando com ele a autoria de um filme que não sabe como ficou e que pode ser articulado narrativamente de uma maneira que propicie uma leitura diferente da original. Uma coisa é você fazer um personagem fascista, outra coisa é quando o filme passa a falar pelo personagem e parece um filme fascista. Acho que existem nuances perigosas na edição e por isso deve-se ser gentil com quem escreveu o roteiro para não deixar o filme cair em um redemoinho às vezes desnecessário, que é a discussão ideológica que rola em torno dele. Esse medo eu tive no filme *Baixio das bestas* (dirigido por Cláudio Assis). Eu achava que tinha errado nos personagens, que o filme era muito pesado e que a relação daqueles homens com as mulheres era completamente absurda. Algumas pessoas liam o filme quase como se ele fosse uma homenagem para aqueles rapazes, quando para mim estava claro que eles eram monstros e que eu não estava rendendo qualquer tipo de homenagem a ninguém. Por isso você precisa estar atento desde o roteiro até a montagem sobre esse tipo de discussão, porque ela vai acontecer. O fato de não se achar uma pessoa reacionária não tira o direito de as pessoas pensarem que você está sendo reacionário ou conservador naquilo que está mostrando.

VOCÊ FALOU DA AUTORIA DIVIDIDA E DA ELEGÂNCIA DE SE CONSIDERAR O ROTEIRISTA UM COAUTOR. É SEMPRE ASSIM EM UM FILME?

Eu acho que são vaidades diferentes. Ao assumir a posição de escrever um filme, você está na posição de roteirista e sua vaidade está direcionada para pessoas que estão com você atrás das câmeras. As pessoas que vão reconhecer o seu trabalho são as que precisam fazer isso. A vaidade do diretor é diferente. É uma vaidade de quem está na frente, no comando de uma equipe inteira. Eu acho que tem que haver, na verdade, uma síntese entre a autoria que está ali no papel e a que existe na forma de filmar. Se a gente entra nessa discussão de quem é o autor da história, podemos discutir por horas. Uma coisa é você ser reconhecido como quem escreveu a história. O cara tem que ser reconhecido: "História escrita por

Fulano de tal". Não vejo problema nisso. Mas quando chega a guerra dos egos, sempre acho que quanto mais caro o filme, mais os egos se inflamam. E às vezes por filmes que nem valem a pena.

Falando de egos, como funciona a dinâmica de trabalho entre diretor e roteirista?

A relação que eu tenho com os diretores com quem trabalho é proporcional à cumplicidade que tenho com eles. Se nos conhecemos, sabemos exatamente aonde podemos ir. Você precisa se deixar contaminar pelo olhar que sabe que aquele diretor tem. Isso não é fácil e às vezes você vai entrar em conflito com ele. Nunca briguei por conta disso, mas você acaba achando que algumas coisas não podem ser realizadas de determinada maneira em um filme. Se você pegar, por exemplo, o Cláudio Assis, com quem trabalho muito, ele tem uma coisa discursiva que às vezes não gosto tanto, como no caso do filme *Baixio das bestas*. Nele existe uma cena em que o personagem do Matheus Nachtergaele está dentro de um cinema e há uma frase que, no roteiro, estava escrita para ser falada de uma maneira muito ao acaso: "O cinema é bom porque no cinema a gente pode fazer o que quer". E o cinema de que o personagem estava falando era o espaço físico, não o cinema do filme. Obviamente era uma ideia dúbia, que estava ali jogada, e a opção de Cláudio foi botar o Matheus olhando para a câmera e falando para o público: "No cinema a gente pode fazer o que quer". Eu achava que, dita daquela maneira, dava um peso enorme para aquele tipo de fala. Então eu disse para o Cláudio o que pensava e ele insistiu em filmar do jeito dele. Daí eu falei: "Cláudio, eu acho horrível, mas o filme é seu e não vou brigar com você por isso". Então, nesse tipo de decisão eu posso não me intrometer. Essa não era a forma que eu queria narrar a história, mas é a forma que ele escolheu como diretor e podia funcionar. Porém, eu sempre deixo claro do que não gosto, que é um tipo de cinema que acho que empobrece um pouco a capacidade do povo de tirar conclusões por causa de sua extrema evidência.

Aproveitando o exemplo do *Baixio das Bestas*, qual é a sua reação ao ver os filmes que escreveu?

É engraçado. As pessoas adoram essa cena do Matheus falando para a câmera. Acham incrível, fantástico. Pessoalmente, não gosto e continuarei não gostando. Toda vez que essa cena se aproxima no filme, vai me dando uma certa angústia, e para o resto da vida vai ser assim. É algo meio infantil, e às vezes tem coisas de que não gosto porque não gosto e pronto. Mas eu nunca tive nenhum problema muito sério com relação à forma como foram feitos os filmes que escrevi. Às vezes, tenho alguns problemas conceituais muito fortes com alguns personagens ou com a condução de uma cena, mas não acho que os filmes deixem de funcionar por isso. São nuances que você pode defender ou não, mas que não se sabe até onde vão.

Mas essa postura não gera um sentimento de frustração?

Não, na verdade não é frustração. Acho que é um sentimento muito mais relacionado a uma discussão ideológica, que são as diferenças que existem muitas vezes entre um diretor e um roteirista. E depois que se estabelecem as vaidades fica tudo mais fácil. Eu ficaria frustrado se o Cláudio e eu brigássemos por causa disso ou se a imposição do ponto de vista dele fosse uma espécie de vingança ideológica autoritária. É meio banal esse tipo de coisa, mas pode acontecer, ainda que não seja o nosso caso.

Qual é a sua metodologia de trabalho? Quantas horas por dia você escreve, em que horário, se você fuma muito, se sai para passear, se fica enclausurado...

Minha metodologia para escrever é completamente absurda. Nunca mantenho uma regra muito clara. Tenho picos de produção muito grandes e às vezes muito curtos. Tenho uma mania horrível de acordar às cinco horas da manhã e escrever até as dez sem parar quando estou começando uma história nova. Acho sensacional poder produzir muito em pouco tempo, mas isso só acontece quando estou em pico mesmo, excitado com a história do momento. Às vezes entro em crise, passo dez dias sem escrever nenhuma linha ou apago a única página que escrevi num dia inteiro, porque fico com vergonha do que está escrito e acabo esperando algo acontecer e me salvar. Mas isso nem sempre acontece (risos).

Você é dos poucos roteiristas não obcecados pela questão do formato de escrita do roteiro. O que é mais importante nessa gramática tão específica?

Escrevo dando muita indicação de movimento, porque é da minha forma de escrever. Preciso dar uma movimentação para o olhar da pessoa que está lendo o roteiro. Mesmo que depois o diretor retire aquela indicação se não estiver de acordo, é a forma que eu tenho de escrever. Muita gente não gosta disso, mas o que acho mais importante é saber que não existe um padrão básico de como escrever o roteiro. O fato de o diretor gostar ou não de como você indica a narração de uma cena não quer dizer que você precise levar em consideração um formato único. Ou que não possa reescrever a partir de uma indicação dele. O problema da formatação padrão é que se cria uma espécie de jogo entre diretor e roteirista, em que um começa a obedecer muito ao que o outro escreve, e chega uma hora em que ele não consegue mais fugir da estrutura que o outro criou e se sente travado. Eu, particularmente, fico completamente aberto para que isso mude. Não acredito nessas estruturas formatadas. Desde que o roteiro obedeça a uma estrutura narrativa que seja facilmente compreensível pela produção, pelos atores e pelas pessoas que estão envolvidas na equipe, ele é valido. Por outro lado, defendo que, para o roteirista se permitir essas licenças, isso requer também experiência, requer tempo.

Nesse sentido, qual é a sua opinião sobre os manuais que ensinam a escrever roteiros?

Acho que alguns manuais são muito úteis principalmente quando você está dentro de uma vida acadêmica. Se você pegar os guias de roteiro do Jean-Claude Carrière, por exemplo, eles são incríveis porque não partem de uma estrutura técnica, mas sim de uma estrutura dramática que cada história gera. Acho que o mais importante é o roteirista estar livre para saber que aquilo que está sendo indicado no manual é apenas uma forma para representar seu filme. Eu não sou muito seduzido por manuais de roteiro, nunca tive nem muita paciência para lê-los. Tenho lido por curiosidade os que saíram recentemente e que são mais interessantes. Mas há alguns muito conservadores. Alguns manuais americanos, por mim, poderiam ser jogados no lixo, porque ensinam a fazer um cinema que nem nos Estados Unidos é feito. Aquele tipo de estrutura que se coloca é completamente antiquada. Até porque eu acho que ela não cabe muito bem no cinema que a gente faz no Brasil.

Você tem o hábito de mostrar o roteiro para outras pessoas durante o processo de escrita?

Acho muito importante quando você divide o olhar de uma coisa que está fazendo com outra pessoa. Isso não quer dizer que você necessariamente vai aceitar o olhar do outro. Mas quando alguém está criticando o seu trabalho, de certa forma está fazendo você se colocar na posição de defender suas ideias. E quando você consegue defendê-las, consegue corromper o crítico. Mas tem horas que o olhar do outro vem cheio de um detalhamento que você nem tinha percebido. E isso é bom para a obra. Ruim é quando esse diálogo não se estabelece por algum tipo de ignorância ou de vaidade.

E a voz *over* nos roteiros. Usar ou não?

As pessoas sempre chegam com essas verdades. A do não uso da voz *over* é uma delas. No começo do cinema, a coisa mais comum era não usar *travelling* se ele não começasse e terminasse parado, ou o *zoom in* porque era linguagem de televisão, etc. Fomos criados vendo todas essas regras muito estabelecidas. Tivemos que esperar chegar um movimento como o Dogma 95 para que todos os estudantes de cinema achassem fantástico cortar o plano no meio, usar *zoom* na cara dos personagens e assim por diante. Então esses dinamarqueses do Dogma 95 de repente podiam fazer um monte de coisa e ensinaram que as novas tecnologias estão abrindo novos caminhos, novos parâmetros. Com essa história de voz *over* acontece a mesma coisa. Não acho que seja um recurso pobre, dependendo do uso que se faz dele. Não dá para dizer que *Sunset Boulevard* (dirigido por Billy Wilder) é um filme pobre porque tem voz *over*. Para mim, esse é um dos maiores filmes do cinema mundial. Existem documentários formais que usam a voz *over* e que são inacreditáveis. Não é seu uso que vai qualificar se um filme é bom ou não. No entanto, às vezes, ela pode se tornar uma forma de você se safar muito rápido de uma cilada narrativa da qual você não conseguia sair. Obviamente há essa ideia de voz *over* como elemento facilitador, mas se alguém usa qualquer elemento com essa função, e não só esse, é porque está fazendo com preguiça ou incompetência. Não vejo o uso da voz *over* como uma grande polêmica. Acho polêmico o mau uso de qualquer coisa no cinema.

Falemos sobre as temáticas do cinema brasileiro. Será que estão esgotadas?

O que acho que está acontecendo hoje é uma crise de identidade com o mundo em que vivemos. A impressão que eu tenho é a de que as pessoas não estão conseguindo ler as transformações que estão acontecendo. É muito fácil você se calcar, por exemplo, na periferia e lançar seu olhar sobre o lugar onde grande parte das pessoas no Brasil se encontra. Mas, ao mesmo tempo, acho que essa leitura está meio torta, meio errada. Não está levando em consideração as pessoas que vivem nessa periferia, mas apenas o olhar que se tem sobre elas. Talvez com o acesso às tecnologias novas e baratas essas pessoas comecem a falar delas mesmas. Seria muito interessante a gente começar a ouvir esse tipo de pessoa e saber o que ela de fato quer falar sobre si mesma.

O roteirista se surpreende com o rumo que suas próprias histórias tomam durante a escrita?

Todo roteiro tem uma surpresa. E isso faz parte de sua própria construção. Tudo o que você propõe, inclusive seus personagens, começa a ter vida própria, e assim você se surpreende com o que está acontecendo. O roteiro vai lhe oferecer tantas oportunidades de leitura durante sua execução, durante outras leituras, e isso vai ser tão excitante na sua cabeça que você vai perder os mecanismos com que ele foi criado. E você vê aquele corpo mais ou menos tomando forma, tomando força, e chega uma hora em que você perde o controle mesmo. Mas não no sentido poético da obra "falar por si". Não é isso. Obviamente você tem o controle do que está fazendo. Mas às vezes você perde a dimensão daquilo que está chegando até você. E chega o momento em que você para de escrever e resolve ler o que saiu, e realmente se sente muito surpreso, pois foi procurar uma coisa e essa coisa te levou a descobrir outra. Não sei o quanto de você vai nessa história, mas é muito surpreendente essa novidade e, ao mesmo tempo, é a parte mais excitante de escrever um roteiro.

Você faz parte de um grupo de cineastas de fora do eixo Rio-São Paulo que conseguiu imprimir nas telas uma idiossincrasia local e difundi-la. Quais foram as dificuldades e as contribuições do trabalho de vocês para o cinema nacional?

O mais importante para mim, nesse sentido, é viver em um país em que essas várias vozes dissonantes se encontrem em um determinado centro e se expandam para as periferias. Não só no Brasil, mas em qualquer país. Acho que a centralização da produção forçada no Rio de Janeiro e em São Paulo fez com que mesmo quem não fosse dali, mas que trabalhasse ali, deixasse de se representar nos seus locais de origem e começasse a ser retratado de uma maneira completamente caricata. E o mais grave disso tudo era que as pessoas que moravam fora desse eixo começaram a se representar também de uma maneira caricata, porque estavam reproduzindo um código e um discurso que já vinham preparados e prontos para elas. Quando você consegue furar esse bloqueio, consegue se representar de alguma forma. Mas também se você é uma voz nova que reverbera no âmbito cultural, naturalmente é colocado em julgamento. Nesse sentido, o filme *Baile perfumado* (dirigido por Paulo Caldas e Lírio Ferreira) veio fundamentar uma pele. Acho que se *Baile perfumado* tivesse dado errado naquele momento, essa cena do cinema pernambucano provavelmente não teria acontecido. Quando o filme foi exibido no Festival de Brasília em 1996, dava para ver claramente que a maioria das pessoas estava em ebulição não apenas por causa dele, mas porque viam pessoas do Nordeste fazendo cinema. No entanto, o sucesso do filme não aconteceu só por isso, o *Baile* trazia uma novidade. Com ele, a gente estava dizendo que tinha um monte de ideia no Nordeste, mas que não conseguia falar do nosso cinema para ninguém. A partir do momento em que você consegue colocar sua boca ali, com esses olhos e com esse sotaque, você abre um espaço muito importante. O Rio Grande do Sul já tinha feito isso um pouco antes, e Pernambuco continuou. Acho que hoje em dia várias cinematografias estão tentando furar esse cerco. Obviamente nem todos os lugares vão produzir muitos filmes, mas você pode produzir filmes em qualquer lugar. Você pode ter a sua voz, pode ter o pensamento local sendo representado por pessoas que pensam aquele lugar. E deixar de ser representado como caricatura também é muito importante, é um dos principais passos que conseguimos dar.

FILMOGRAFIA

* *Órfãos do Eldorado* (2015)
* *Tatuagem* (2013)
* *Augustas* (2012)
* *Capitães da areia* (2011)
* *Febre do rato* (2011)
* *Estamos juntos* (2011)
* *FilmeFobia* (2008)
* *A festa da menina morta* (2008)
* *Cartola: música para os olhos* (2007)
* *Baixio das bestas* (2006)
* *Os 12 trabalhos* (2006) – colaboração
* *Árido movie* (2005)
* *Esses moços* (2004) – colaboração
* *Amarelo manga* (2002)
* *Baile perfumado* (1997)

JEAN-CLAUDE BERNARDET

JEAN-CLAUDE BERNARDET

"QUANDO SE COMEÇA A TER UMA IDEIA — QUALQUER QUE SEJA ELA, DE PERSONAGEM, DE SITUAÇÃO OU DE TRAMA — QUE É INTERROMPIDA (PELO DIRETOR), NÃO EXISTE CHANCE DE DIÁLOGO."

Existe um determinado momento na vida em que tanto a experiência como a maturidade permitem a uma pessoa dizer o que pensa, como e quando quiser. Jean-Claude Bernardet é, entre os roteiristas que entrevistei, um dos que mais se encaixam nessa perspectiva. Não por prepotência, muito menos por presunção. Mas simplesmente por acreditar e assumir seus pontos de vista de maneira clara e direta, e deixar que o interlocutor interprete — e utilize — suas palavras da forma como achar conveniente, desde que não deturpe seu conteúdo.

A partir dessa ideia, a entrevista de Jean-Claude Bernardet que aqui se publica está praticamente na íntegra. Entrevistá-lo foi uma das tarefas mais difíceis — mas, tenho que admitir, mais prazerosas — até então. Enquanto ele falava o que queria, eu perguntava o que queria e nem sempre encontrávamos pontos de tangência entre nossos temas. Até o momento em que mudei de tática e decidi abandonar um *tour de force* no qual apenas eu tentava lutar, já que ele parecia transmitir um discurso quiçá já proferido alguma vez.

Mas se Jean-Claude Bernardet tinha a maturidade e a experiência que me faltavam, eu tinha outros atributos para que nossa conversa encontrasse pontos em comum e fosse interessante não apenas para o leitor, mas para nós dois. O problema era o pouco tempo de que dispunha e a impaciência de meu entrevistado. Chegando rapidamente a essa conclusão, restou apenas me posicionar: ou deixava que Jean-Claude repetisse seu discurso como a um entrevistador qualquer, ou o provocava com o risco de alcançar (ou não) outro resultado.

Reconhecido como um dos teóricos cinematográficos mais importantes de nosso país, Jean-Claude Bernardet nasceu na Bélgica em 1936 e imigrou com os pais para o Brasil aos 13 anos de idade. Segundo suas próprias palavras,

Jean-Claude é, "entre outras coisas", roteirista de cinema ou uma espécie de "roteirista bissexto". Hoje em dia lidera o Nudrama, Núcleo de Dramaturgia da USP, em parceria com o professor e também roteirista Roberto Moreira, além de ter escrito quatro romances, dirigido dois média-metragens e atuado esporadicamente como ator em filmes como *Filmefobia*, de Kiko Goifman.

Formado na França em ciências sociais, é também doutor em artes pela Universidade de São Paulo e trabalhou como crítico no jornal *O Estado de S. Paulo*. Nessa época, foi importante interlocutor do Cinema Novo, ainda que Glauber Rocha tenha cortado relações com ele, em 1967, após a publicação de seu livro *Brasil em tempos de cinema*. Rupturas como essa atestam a implicação de Jean-Claude com relação a seus pontos de vista e fazem da oportunidade de ter uma conversa com ele um acontecimento que deve ser aproveitado. Até porque, apesar de toda a armadura intelectual, enquanto os minutos passavam e nossa entrevista avançava, Jean-Claude se demonstrou não apenas roteirista, mas um homem generoso, divertido e com uma visão bastante convencida do cinema que lhe interessa.

Jean-Claude Bernardet

Você diz que, "entre outras coisas", escreve roteiro. Não se considera um roteirista profissional?

Para falar disso, preciso contar um pouco sobre como cheguei a escrever roteiros. O início se deu nos anos 1960, quando o cineasta argentino Fernando Birri veio ao Brasil. Na época, ele era diretor de uma escola de cinema em Santa Fé, na Argentina, e por motivos políticos um grupo de pessoas se reuniu em torno dele, como o Thomas Farkas, o Maurice Capovilla, o Vladimir Herzog e eu. Juntos, começamos a pensar na possibilidade de um longa-metragem sobre a reforma agrária, já que o assunto fazia parte das reformas de base do governo João Goulart. Começamos, então, a nos reunir e pensar na possibilidade desse filme. Quando veio o Golpe de Estado, o grupo se dissolveu rapidamente, e o Birri teve que deixar o Brasil e ir para Cuba. A minha primeira experiência acabou aí, sem nem se concretizar. Devido a circunstâncias múltiplas, acabei em 1965 na Universidade de Brasília, que foi o primeiro curso universitário criado para a formação de profissionais do cinema. Um belo dia, em Brasília, aparece o Luís Sérgio Person, que tinha dirigido o *São Paulo, Sociedade Anônima* na época. O Person me propôs trabalhar com ele em um filme sobre o caso dos irmãos Naves. Ele tinha um recorte de jornal e queria fazer esse filme. O impulso dele vinha de um falso erro judicial, e eu fiquei meio indeciso quanto ao que deveria fazer. Primeiro, porque eu nunca tinha escrito um roteiro, e segundo porque batalhávamos pelo projeto do novo curso na Universidade de Brasília. Eu estava absolutamente envolvido nisso e não via a possibilidade de me afastar. Até que, mais ou menos no fim do ano, houve uma crise em que mais de duzentos professores se demitiram e o corpo docente foi totalmente esvaziado. Então, ao voltar para São Paulo, o Person ainda tinha aquela ideia, e eu comecei a trabalhar com ele sobre o caso dos irmãos Naves.

Como foi sua metodologia de trabalho sem nunca ter escrito um roteiro antes?

Eu fiz uma primeira proposta para o Person, já que havia duas possibilidades de narração: ou contávamos aquela história em ordem cronológica, em uma sucessão narrativa, ou reuníamos os diversos personagens, como os juízes, a polícia, os advogados, os Naves, etc. em uma grande mesa-redonda e os fatos seriam expostos à medida que esses personagens relatassem suas várias versões. A ordem narrativa, então, seria a da própria discussão. O Person disse que a segunda ideia era muito boa, só que, se fizéssemos isso, não teríamos público. E a noção de público era algo fundamental para o Person. Cinema é, sim, feito para o público nesse sentido, era o que ele defendia. Então, optamos pela narração cronológica, e eu comecei a pesquisar basicamente em bibliotecas. Muitos jornais, muitas revistas, algumas entrevistas também. Até que um dia o Person chega; ele estava meio estranho, sentou e me disse: "Vamos fazer um filme com o Roberto Carlos". Eu fiquei muito espantado e a primeira coisa que perguntei para ele foi: "Quem é Roberto Carlos?". Eu não tinha noção. O Person disse que eu era completamente alienado e que o Roberto Carlos era a nova juventude, a Jovem Guarda, essas coisas... Ele me disse que os produtores queriam um filme muito comercial, cujo modelo seria o primeiro filme dos Beatles. E o Person garantiu que aquele trabalho daria uma base de produção ao nosso filme sobre os irmãos Naves.

Então você escreveu um filme para o Roberto Carlos?

O que aconteceu foi que eu encerrei a pesquisa sobre os Naves, e o Person, eu e o Lauro César Muniz fizemos um argumento de comédia musical, com o grupo da Jovem Guarda: o Roberto Carlos, o Erasmo e a Wanderléa. Feito isso, o Lauro se afastou, e o Person também, para trabalhar na produção do filme, já que ele iria dirigi-lo também. Eu fiquei com a parte do roteiro e comecei a trabalhar com o Jô Soares. No final de cada semana, nós nos encontrávamos com o Person, líamos o que tínhamos escrito durante a semana e ele concordava ou não, e assim chegamos a um roteiro final. O filme ia ser produzido por uma agência de publicidade que tinha, em princípio, um contrato com o Roberto. Então nós passamos a ter reuniões sobre o roteiro na agência junto do Roberto Carlos, do Erasmo e da Wanderléa. Mas eram encontros complicados e longuíssimos, porque constantemente éramos interrompidos por designers que vinham pedir a aprovação de todos os produtos vinculados a eles. E o Roberto observava absolutamente tudo. Tudo passava pelas mãos dele e sobre tudo ele tinha um comentário. Foi aí que percebi como o Roberto é uma pessoa aguda e inteligente. Mas, enfim... não dava para fazer uma reunião de roteiro em que a cada meia hora entrava alguém para perguntar sobre um modelo de bolsa ou de sapato. Então propusemos ao Roberto fazer essas reuniões na casa do Person, em Santa Cecília. Mas foi um desastre.

O Roberto Carlos também queria mudar o roteiro?

Nesse dia, levamos o Roberto de carro, subimos até o apartamento do Person e muito provavelmente alguma pessoa do prédio em frente viu o Roberto Carlos. Uma multidão invadiu o prédio e nós ficamos sitiados no apartamento. Não havia nenhuma condição de fazer reunião sobre o roteiro; o Roberto queria chamar a polícia e eu e o Person não queríamos polícia ali de jeito nenhum. Ficamos assim até umas onze horas da noite, quando os fãs desistiram; daí percebemos que o prédio estava vazio. Essa reunião acabou nunca acontecendo. Logo depois disso o Roberto teve um desentendimento com a agência e eles romperam. E aí descobrimos que não havia contrato entre a agência e o Roberto, e que tudo estava sendo feito na base da palavra. Quando ele saiu dessa agência, por consequência, não houve mais filme. Mas, do ponto de vista do roteiro, chegamos a uma versão final, em uma situação completamente profissional, e isso nos permitiu voltar ao filme original, sobre os irmãos Naves.

E depois dessa experiência, houve alguma conclusão sobre o que é um roteiro?

Tem uma coisa que é necessário dizer: no Brasil, o cinema é feito por intelectuais. E nesse cinema há uma fusão entre a instância da direção e a instância do roteiro. Em geral, os diretores são seus próprios roteiristas, e podem pedir a colaboração de uma outra pessoa, mas, basicamente, existe essa fusão de cargos no cinema que se faz no Brasil. Em minhas experiências pessoais, só no caso do filme *Um céu de estrelas*, dirigido pela Tata Amaral, é que a instância do roteiro esteve separada da instância da direção. Atualmente, o Rubens Rewald e eu estamos escrevendo para a Tata também, e ela não faz parte da equipe de roteiristas.

Caso contrário, os roteiristas têm pouco poder e os diretores, o poder total. Basta um diretor dizer "Essa cena eu não quero" para não filmá-la. Por mais que o roteirista ache que a cena que escreveu seja maravilhosa. O que eu acho muito importante é o roteirista saber que está dentro de um processo, que a obra que ele está escrevendo, que é o roteiro, não é a descrição da obra final, mas um momento que leva à descrição dessa obra final e que em determinada ocasião é fundamental.

Qual desses dois modelos de produção seria o ideal?

Eu acho preferível a instância do roteiro separada da direção. Não para diminuir o poder do diretor, mas para que possa haver, digamos, um entendimento crítico entre essas duas partes. Para que os roteiristas sejam apenas dramaturgos e possam entrar em discussão com o diretor fazendo propostas e tentando argumentar suas respostas, na tentativa de convencê-lo de sua ideia.

Mas esse ideal que você defende é do ponto de vista do roteirista...

É do ponto de vista do filme. Eu acho que a situação que eu chamo de "fusional" entre roteiro e direção não é boa. Quando o roteiro está associado ao resto da equipe, os roteiristas ficam de mãos amarradas. Quando o diretor está na equipe – e eu fiz vários filmes assim –, o roteirista tem uma ideia, começa a expor o raciocínio e aí o diretor diz "não". Então somos obrigados a, involuntariamente, passar para outra concepção sem sequer ter tido a chance de argumentar. Quando a instância do roteiro está separada da direção, o que você apresenta à direção não é uma ideia, mas um material dramaticamente construído. Portanto, você vai ter uma base bem mais firme para poder discutir aquele texto. Quando se começa a ter uma ideia – qualquer que seja ela, de personagem, de situação ou de trama – que é interrompida, não existe chance de diálogo.

Nessa direção "ideal", qual é então a função do roteirista?

Para começar, os roteiristas não são diretores, e o que eles escrevem não é o filme escrito no papel. Portanto, o roteiro que eu escrevo contém a descrição da ação, contém os diálogos e pode conter alguns elementos de figurino ou de cenografia à medida que esses elementos sejam importantes para a ação. Se não forem, não entram no roteiro. Além do mais, no roteiro não entra nenhum elemento de decupagem. Ela fica a cargo da direção.

Decupagem do roteiro?

É por meio da decupagem que o diretor vai interpretar o roteiro. O que se pode fazer – e eu tenho feito – é, na descrição da cena, tentar insinuar que tipo de plano vai contá-la melhor: se fechado, aberto, médio... Portanto, a forma da escrita é extremamente importante para se relacionar com a direção sem impor uma decupagem, mas apenas evocando suas possibilidades...

E como se evocam essas possibilidades em um roteiro?

É bom lembrar que, diferentemente de uma peça de teatro, o roteiro não é uma peça literária. Eventualmente ele pode até ser publicado, mas basicamente o roteiro é um momento – essencial – de um processo maior. E ele tem que ser concebido como uma obra de dramaturgia em que várias pessoas vão buscar informações, seja o diretor, os cenógrafos, os músicos, os fotógrafos, os produtores ou os atores. Então o roteirista tem que escrever de tal forma que as pessoas da equipe possam encontrar as informações de que vão precisar para exercer o seu trabalho dentro daquele filme.

Você pode dar um exemplo?

Se o roteirista imagina que determinado personagem usa um vestido vermelho, porque essa cor é importante por algum motivo na sua narração, então ele escreve: "Este personagem, neste momento, deve estar de vestido vermelho". Se isso não tiver importância, você não diz absolutamente nada e o figurinista vai fazer as opções de vestuário a partir de como está construído o personagem. Portanto, essa ideia do roteiro como um momento do processo e como uma fonte de informação para uma equipe de múltiplas funções também, para mim, é uma base. O que vem um pouco antes disso é que os roteiristas devem trabalhar necessariamente dentro de um quadro de produção. Eles têm que ter um certo conhecimento, digamos, do gabarito da produção: se é uma superprodução, se há muito ou pouco dinheiro e que soluções devem ser encontradas dentro do orçamento de que se dispõe.

O ROTEIRISTA DEVE, ENTÃO, SER UM PRODUTOR EM POTENCIAL?

O roteirista tem que trabalhar em um quadro de viabilidade. Quando fizemos o filme *Um céu de estrelas*, havia várias versões do roteiro antes de eu entrar na equipe. Eu não li as anteriores, só a última até então. No filme, além do que acontecia entre o homem e a mulher dentro da casa onde se passa a ação, havia o cerco da polícia do lado de fora e o enfrentamento de duas forças policiais antagônicas quanto aos procedimentos para deter o sequestrador. Quando li esse roteiro, disse para a Tata que ela não tinha dinheiro para fazer o que estava escrito ali. Havia cenas noturnas, e ela teria que iluminar um espaço exterior enorme; então propus que todo o filme se passasse dentro da casa e que o mundo exterior aparecesse apenas pelas luzes que entrassem pela janela ou pelo som dos megafones dos policiais que faziam a interlocução com o sequestrador. Essa, por exemplo, foi uma opção feita em função de um determinado quadro de produção. Acho isso uma característica fundamental em um roteiro. E também acho, vendo os filmes nacionais, que muitos deles foram escritos sem que se pensasse no orçamento e acabaram parecendo, aos meus olhos, como uma utopia degradada. Eu acho que o roteirista tem que escrever com os pés no chão em relação à produção.

No Brasil, a maioria dos roteiristas trabalha por encomenda. Não existe a tradição de o roteirista apresentar uma ideia, e sim o contrário. Nesse sentido, você acha que a criatividade do roteirista está condicionada às ideias do diretor?

No Brasil, infelizmente, não existe um banco de histórias em que produtores e diretores possam procurar argumentos para filmar. Por causa disso, você sempre trabalha para alguém. E, já que é assim, acho importante se perguntar, como roteirista, quem é esse alguém. Quando trabalhei com a Tata Amaral no filme *Um céu de estrelas*, ela estava adaptando um romance do Fernando Bonassi, em que o homem era o personagem principal da história e a mulher, apenas um secundário. Depois de várias conversas com ela, de repente percebi que a Tata não estava conseguindo pensar em um filme que tinha no personagem principal um homem. Foi aí que tive a ideia de inverter a estrutura do romance; do homem passar a ser o personagem secundário e a mulher, o personagem principal. Isso nos fez deixar de lado grande parte das informações do livro, porque elas eram relacionadas com os personagens masculinos, e nós tínhamos pouquíssimo material referente à mulher; portanto, tivemos que criar esse material.

E o que se ganha criando esse material novo a partir de uma obra fechada, como é o romance do Fernando Bonassi?

O que nós criamos foi um filme viável para a Tata. Não apenas economicamente viável, mas emocionalmente também. Um roteiro em que a Tata poderia se planejar e se projetar como diretora. O que se ganha é a possibilidade de a diretora sentir mais os personagens, de se sentir mais à vontade com eles, porque indiscutivelmente ela tem mais sensibilidade com relação aos personagens femininos, mas não necessariamente por ser mulher. Existem mulheres que conseguem muito bem trabalhar com personagens masculinos. Mas, no caso dela, são sempre mulheres. No filme *Antônia*, por exemplo, ela também aborda o cinema do ponto de vista das mulheres.

Você sempre sabe de onde vêm suas ideias e é capaz de prever onde elas vão parar?

Não. Onde elas vão parar, eu nunca sei... De onde eu parto, em geral, eu sei, sim. O caso dos irmãos Naves, por exemplo, nasceu da vontade do Person de fazer um filme sobre o processo em que a polícia, por meio da tortura, criou uma realidade absolutamente fantasiosa. A história de um fato que nunca ocorreu, mas que foi confessado sob tortura realmente existiu. Então o ponto de partida era esse. E, durante o trabalho, começamos a discutir e a perceber que era um filme sobre a tortura, sobre a polícia, sobre a fraqueza da justiça, e que, evidentemente, tinha a ver com o momento político daquela época (1967).

Você se surpreende com o rumo que os roteiros tomam?

No caso dos Naves nem tanto. Porque eu já tinha uma linha traçada. Eu trabalhei não só em cima de jornais e revistas, mas em livros publicados pelo advogado dos Naves, em atas e discursos, etc. Por outro lado, tanto o produtor do filme como o Person eram muito corajosos em enfrentar esse assunto em um momento em que a ditadura ainda existia no Brasil. Então uma coisa que eu fazia como roteirista era anotar absolutamente todas as minhas fontes, de tal forma que qualquer questionamento que houvesse por parte da censura ou por parte da polícia fosse justificado: "Isso eu não inventei, isso estava escrito em tal documento". Já em *Um céu de estrelas*, não. O filme da Tata foi construído cena a cena e no final ela mata o homem, coisa que no romance não acontece. O Fernando Bonassi (autor do livro no qual o filme se baseia) a princípio não gostou do roteiro. Depois parece que ele gostou do filme. Mas não havia gostado do roteiro, porque ele não sentiu que era uma adaptação do livro dele. E realmente não era. A estrutura estava totalmente invertida. No entanto – e recentemente ele comentou isso –, o Fernando acha o final do filme melhor que o final do romance, e diz que, se houvesse uma nova edição do romance, o final seria modificado em função do filme. Essa ideia de que a protagonista mataria o personagem masculino por solicitação dele – e no fundo é o que acontece em *Um céu de estrelas* – é um suicídio por pessoa interposta. Ele dá o revólver para ela e ela o mata em um gesto de amor, para acabar com a vida desse pobre coitado. E disso, no início do trabalho do roteiro, não tínhamos a menor ideia. Pouco a pouco, fomos criando parâmetros dos quais nunca deveríamos nos afastar. Como a ideia de que o espectador não saberia nada mais do que a Dalva (a protagonista). Outra coisa que apareceu no processo foi a noção de tragédia. No início do filme, a Dalva tem um objetivo, que é ir para Miami fazer um curso de cabeleireira, pois ela ganhou um concurso. A partir daí ela tem dois obstáculos: a mãe, para quem ela ainda não contou seus planos e que pretende deixar sozinha no Brasil, e Vítor, seu namorado. Durante a ação do filme, esses dois obstáculos são eliminados. Só que a maneira de eliminá-los aniquila o projeto da Dalva. E, em determinado momento do processo, tomamos consciência disso e chegamos à conclusão de que tínhamos em mãos a chamada ironia trágica, que é a base da dramaturgia de Sófocles.

VOCÊ ESTÁ SATISFEITO COM O RESULTADO DE SEUS ROTEIROS NAS TELAS? QUAL É A SUA REAÇÃO DIANTE DO ROTEIRO FILMADO?

O Jean-Claude Carrière (roteirista e teórico francês) disse uma coisa que eu acho muito verdadeira: o bom roteirista é aquele que, acabada a filmagem, joga o roteiro no lixo sem ressentimento. Eu acho isso essencial. Gosto muito do filme dos irmãos Naves. Com relação a *Um céu de estrelas*, houve muita discussão. Penso que este poderia ter sido um filme completamente banal se não fosse pela maneira como a Tata filmou, com essa espécie de frenesi, com a câmera jogada em cima dos personagens. Acho que há uma intensidade de encenação, uma intensidade de luz; que se o roteiro tivesse sido filmado com planos mais abertos, sem tanta histeria, não seria um bom filme. E sobre isso a Tata responde que foi o próprio roteiro que inspirou essa histeria fílmica. Então ela se colocou realmente como uma diretora que interpreta. Como se um músico estivesse interpretando uma partitura. E, sim, fiquei satisfeito. Houve alguns problemas principalmente com relação aos diálogos, que são extremamente lacônicos: não há, pelo menos no roteiro, um diálogo expositivo, e não há diálogos voltados para o espectador.

O QUE VOCÊ QUER DIZER COM "NÃO HÁ DIÁLOGOS VOLTADOS PARA O ESPECTADOR"?

Se você assiste a um espetáculo de teatro ou mesmo um filme, boa parte dos diálogos serve para informar o espectador. Então, em *Um céu de estrelas*, não há esse tipo de diálogo informativo e, em um determinado momento, a Tata começou a ter receio de que os espectadores não iriam entender algumas coisas. Por causa disso, durante a filmagem, ela pediu para um amigo escrever um diálogo que mudou completamente uma das cenas que estava no roteiro, quando a Dalva dizia para o Vítor: "Você nunca me compreendeu, você só pensa em você, você não sabe o que é uma mulher". Na hora de montá-la, eu fui chamado para ver a cena e achei que dramaturgicamente não se encaixava. Achei que a cena original tinha uma violência contida muito maior. Então decidimos que parte desse monólogo da Dalva não entraria no filme. Por isso o cuidado com o diálogo é fundamental. Ele não pode trair a coerência do filme. Eu e o Roberto (Moreira, corroteirista do filme) evitamos, em todos os diálogos, "ver" o que os personagens tinham dentro da cabeça. A gente queria que o espectador conhecesse o personagem pelas suas ações, por meio do comportamento deles e de como eles se relacionavam. E não utilizar diálogos em que eles se explicassem e se analisassem. Foi o que aconteceu com essa cena. Eu disse para a Tata que, do jeito que estava aquela cena, havia muita explicação da Dalva, coisa que ela nunca tinha feito. Era incoerente.

FALANDO DE DIÁLOGO, COMO VOCÊ OS CONSTRÓI? EXISTE ALGUM MÉTODO?

Não, não existe. Depende do estilo que você está trabalhando, para qual personagem, para qual diretor... Pode-se trabalhar com o conceito de bom diálogo, sim, mas isso depende também do momento histórico do cinema. No cinema americano, por exemplo, assim como no cinema francês, houve uma época, nos anos 1950, em que havia "dialoguistas", ou seja, pessoas que recebiam o roteiro totalmente arrumado, com o diálogo insinuado, e que deveriam trabalhar sobre eles, uma vez que eles tinham estilo. Os dialoguistas franceses frequentemente encontravam melhores formas para se dizer uma frase ou uma expressão. Mas, atualmente, no quadro do trabalho cinematográfico, não há mais essa separação entre roteirista e dialoguista. Portanto, um diálogo pode ser bom em função de um roteiro, de um personagem, de um diretor ou mesmo de um ator.

Além de roteirista, você também é um teórico do cinema. O que você acha dos manuais que ensinam a escrever roteiros?

Para dizer a verdade, eu li poucos desses manuais. Acho que, a partir do momento em que você trabalha com a ideia de produto audiovisual, eles podem ser muito úteis. Mas esse não é o meu caso. Eu sou um roteirista que trabalhou com poucos diretores e prefiro não trabalhar com essas estruturas rígidas com clímax, anticlímax, etc. Isso não quer dizer que a concepção de estrutura não esteja pensada nos meus roteiros. Mas ela está em ação em função dos personagens, em função do que está sendo narrado. Para dar um exemplo, volto de novo a *Um céu de estrelas*. Quando o personagem Vítor chega na casa da Dalva, ambos estão finalmente juntos dentro do espaço onde acontece toda a ação. Então a gente se perguntou: "E agora?". E, como o filme todo foi pensado para se trabalhar com matéria minimalista, tivemos a ideia de o Vítor pedir um copo d'água para a Dalva. Isso seria bom porque era uma maneira de se ligar à mulher, de exigir alguma coisa, de vincular os dois. A partir dessa decisão, a pergunta era: "Será que ela dá ou não o copo d'água para ele?". Então pensamos que, se ela não desse o copo d'água naquele momento, ele iria surtar e o filme acabaria antes do previsto. Então, por uma questão de ritmo, ela tem que dar o copo d'água para ele. Porque o ritmo ainda estava lento, ainda estávamos construindo a tensão, e ela tinha que ser aumentada ainda um pouquinho mais tarde. Não podíamos ter tanta tensão no início. Esse exemplo serve para afirmar o que penso: eu prefiro que descobertas simples como essa venham da própria escrita e das releituras que você faz, do que você escreve, e da reflexão que você faz sobre o que escreve. É só ter senso crítico e lógico.

E COMO O ASPIRANTE A ROTEIRISTA PODE DESENVOLVER ESSE OLHAR CRÍTICO SOBRE O PRÓPRIO TRABALHO?

Esta é uma pergunta difícil de responder e talvez irrespondível. Se você fizesse essa pergunta a respeito da formação de um fotógrafo, certamente haveria algumas coisas básicas para dizer. Mas para o roteirista eu não sei. Quando montei o curso de roteiro na ECA (Escola de Comunicações e Artes da Universidade de São Paulo), a minha ideia era a de que a formação do roteirista se apoiava no tripé dramaturgia cinematográfica, dramaturgia teatral e narrativa. A outra base é que você tem que praticar a escrita. No curso eu pedia praticamente uma história por semana: "Escreva uma história sobre isso, ou reelabore tudo isso". E é pelo comentário, pela análise e pela crítica do que foi feito que surgem questões mais teóricas, como as definições de conflito, de personagem, questões de exposição, desenvolvimento e desenlace. As minhas aulas mais teóricas aconteciam nas últimas seis semanas, porque eu acho que para se interessar pelo que é um personagem, ou um conflito, é necessário que o estudante tenha passado por isso primeiro. Se ele escreveu antes, você pode sinalizar um personagem que não tenha coerência, por exemplo. Por isso eu acho que as primeiras coisas que um aspirante a roteirista deve fazer é praticar a escrita. E essa prática tem que ser comentada por outros pontos de vista. É por meio da análise do que foi escrito que você se aproxima dos conceitos. Para mim, esses conceitos nunca devem aparecer no início.

QUAL É SUA METODOLOGIA COTIDIANA DE TRABALHO? QUANTAS HORAS POR DIA VOCÊ DEDICA À ESCRITA? EM QUE HORÁRIO PREFERE TRABALHAR?

Os métodos são diferentes. No filme *O caso dos irmãos Naves* e também em outro roteiro que escrevi com o Luís Sérgio Person, o procedimento era o seguinte: eu escrevia em casa de manhã e à tarde discutia com o Person o que tinha sido escrito. E também prevíamos o que seria escrito no dia seguinte. Em *Um céu de estrelas* e em *Hoje* (ambos dirigidos por Tata Amaral), que são experiências diferentes, a escrita se deu com os dois roteiristas presentes na mesma sessão. A escrita era conjunta. Eu consegui fazer isso com o Roberto Moreira e estou conseguindo com o Rubens Rewald. Ninguém acredita que somos capazes de fazer isso, mas é verdade.

Do que você mais gosta e do que menos gosta no processo de escrita de um roteiro?

O que menos gosto é de ter de convencer o diretor a aceitar uma situação dramática que eu acho muito boa, e claramente é muito boa, e ele diz não. Mas as sessões de escrita do roteiro, para mim, sempre foram boas. E continuam sendo. Eu acho que, para que sejam produtivas, não podem ser muito longas. Porque a partir de um tempo de trabalho você começa a perder um pouco da imaginação, que se torna mais lenta, mais mecânica. Escrever um roteiro é um trabalho muito intenso. Você trabalha duas horas e sai extremamente cansado.

Tem uma frase do Jean-Luc Godard em que ele diz que o roteiro não é uma arte nem uma técnica, o roteiro é um mistério. Você concorda?

Sabe de uma coisa? Os franceses adoram essas frases, essas palavras de efeito. E essa é uma frase de efeito. Sobre isso, tenho uma posição bastante precisa; talvez errada, porém bastante precisa: sem dúvida o Godard fez filmes admiráveis e contribuiu fundamentalmente para a invenção de uma linguagem cinematográfica. Ele é sem dúvida um personagem do século XX, que reúne em si as diversas instâncias da criação cinematográfica. Mas eu acho que ele não é criador. Por outro lado, quem trabalhou muito no processo de criação e inovou muito nessa área é Alain Resnais. E, que eu saiba, o Alain nunca assinou um roteiro, ele tem outra dinâmica que consiste em estimular o roteirista com textos e ideias, os quais são elaborados pelo roteirista e voltam para ele mastigar aquelas ideias de novo, então aquilo volta a estimular o roteirista e assim se constrói um roteiro. Por isso eu acho que o Resnais de fato renovou o processo de criação, realmente ele está contra a visão romântica do criador da qual acredito que o Godard não saiu. Tenho a mais profunda admiração pela forma de trabalho e pela forma de elaboração dos roteiros do Resnais.

Esse é um diretor ideal para um roteirista?

É.

Anne Huet, também francesa e roteirista, diz que para se escrever um roteiro é preciso estar disposto a se transformar em Cristóvão Colombo, que partiu para descobrir as Índias e acabou encontrando as Américas. Essa também é uma frase de efeito?

Essa é ótima. Eu acho que é uma frase que não deveria se aplicar somente ao roteiro, mas a qualquer processo criativo. Porque a escrita tem que ser uma criação, tem que ser uma descoberta, e não apenas transpor para o papel o que você já tem na cabeça. Com essa frase concordo plenamente, e no fundo é exatamente isso que aconteceu com o roteiro de *Um céu de estrelas*. Nunca tínhamos pensado que um personagem fosse matar o outro. Essa conclusão veio a partir de um certo momento em que os nossos objetivos foram se encaixando. Então eu acho que uma escrita criadora deve levar você, prazerosa ou sofridamente, a pontos que você não tinha previsto. É claro que depois é necessário reelaborar esses novos caminhos, mas a escrita não deve ser a execução de algo previamente pensado. É claro que, ao começar a escrever, você deve ter algumas ideias na cabeça, mas o próprio processo leva a um ponto em que você pode – e deve – se surpreender.

Quanto do Jean-Claude tem nos roteiros que você escreve?

Seria melhor que outras pessoas que me conhecem respondessem por mim. Eu só percebo depois. Os parâmetros da escrita nunca me envolvem pessoalmente. No entanto, depois de ter escrito tanto o *Um céu de estrelas* como o *Através da janela*, e principalmente com os trabalhos com a Tata, acho que consigo ver alguma coisa que tem a ver comigo, seja no tema ou na relação entre os personagens...

Você gosta de falar sobre roteiro?

Sim. Não dá para perceber que eu estou falando com prazer? O que estou evitando atualmente é falar sobre filme, sobre cinema, que disso eu cansei. O que gosto de fazer hoje é falar sobre meu trabalho atual. E ponto.

FILMOGRAFIA

* *Periscópio* (2013)
* *Hoje* (2011)
* *O rei do Carimã* (2009) – consultor
* *Através da janela* (2000)
* *Um céu de estrelas* (1996)
* *A noite do espantalho* (1974) – colaborador
* *Vera Cruz* (1972)
* *Eterna esperança* (1971)
* *Pauliceia fantástica* (1970)
* *O caso dos irmãos Naves* (1967)

JOAQUIM ASSIS

JOAQUIM ASSIS

"O ROTEIRISTA TRABALHA COM A INSEGURANÇA TODOS OS DIAS.
E SE VOCÊ NÃO CONSEGUE TER PRAZER NISSO,
ENTÃO É MELHOR MUDAR DE PROFISSÃO."

Não dá para dizer ao certo se o primeiro comentário de Joaquim Assis durante nossa conversa partia de sua razão ou de sua intuição. "Me interrompa se eu falar demais", pediu. Joaquim é um entrevistado que não tem medo de se expor. Confia em sua razão, mas não abre mão da intuição para alcançar uma verdade que é só sua. E que, como ele mesmo diz, "não precisa ser de mais ninguém".

Se por um lado sabe que fala demais, esse roteirista, que começou a carreira pelas mãos e pelo coração de Domingos de Oliveira em *Todas as mulheres do mundo* (1966), domina como poucos o discurso sobre o processo criativo. Dito e feito, ao final de mais de duas horas de conversa, fui obrigado a interrompê-lo, e com isso fui quase execrado pela equipe que registrava comigo o incansável papo com Joaquim. Afinal de contas, ele é o que eu arriscaria chamar de "um encantador de gente". Basta ouvir o que alunos, ex-alunos e coordenadores da Escola de Cinema de San Antonio de los Baños, em Cuba, falam sobre ele. O nome de Assis paira pelos corredores da instituição desde que ele lecionou por lá nos anos 1990, sendo conhecido como exímio contador de histórias. Nossa conversa só fez corroborar que sua fama conquista adeptos por onde passa. Joaquim Assis é um escriba que sabe utilizar as palavras no papel e fora dele. Mas, mesmo assim, não gosta de ser chamado de roteirista. Prefere que digam cineasta. Que usa as palavras, mas cineasta. E por fazer – e adorar – música, compara as duas profissões: "Quem escreve a partitura não é chamado 'partiturista', é compositor, é músico!". E sai em defesa de que o roteirista também seja reconhecido como autor ("Ele não escreve apenas o roteiro, ele cria um filme!").

Palavra de Roteirista

Nascido no Rio de Janeiro e criado em Miguel Pereira, no interior do estado, Joaquim Assis é um roteirista – perdão, cineasta – que gosta da simplicidade. Não ostenta opiniões proféticas nem abusa da experiência para intimidar seus interlocutores. Apesar de vaidoso, como qualquer profissional da área, é também tímido ("Não precisa olhar para a câmera, né? Se eu olhar para a câmera passo a ser outra pessoa"). Durante as quase três horas de nossa entrevista, o processo criativo do roteirista foi o foco. Um longo e sedutor discurso sobre questões objetivas da profissão, permeado por uma notável experiência de vida, que contaminaram seus personagens, suas tramas e inevitavelmente seus ouvintes. Agora é a vez de seus leitores.

Na sua opinião e experiência, o que é o roteiro e para que ele serve?

Essa pergunta é boa e eu já me fiz várias vezes. Para responder, preciso voltar um pouco no tempo: eu estava predestinado a ser engenheiro. Entrei para a escola de engenharia e lá conheci o Domingos de Oliveira. Tínhamos uma coisa em comum, que era a vontade de não ser engenheiro, e, como o Domingos era uma pessoa muito ousada, ele começou a fazer teatro e me puxou. Só que na verdade eu queria ser músico. Quando o Domingos saiu da escola, com a coragem que lhe é peculiar, ele resolveu fazer um filme sem dinheiro e sem saber muito bem como aquilo funcionava, mas que resultou em um dos maiores sucessos do cinema nacional, o *Todas as mulheres do mundo* (1966). Até aquele momento eu estava fora do negócio e não sabia absolutamente nada sobre cinema. Um dia o Domingos me chamou para ver a montagem do filme e me explicou como funcionava aquele sistema, daí eu fiquei maravilhado. Não exatamente pelo cinema, mas pela máquina, pela mágica de andar para trás, para a frente, cortar, emendar. Então pedi para voltar à sala de montagem e comecei a dar algumas opiniões. E a partir de uma certa época, o Domingos, que era muito meu amigo e um cara aberto, perguntou se eu não queria ajudar oficialmente na montagem. E tudo começou aí, junto da Nazareth Ohana. Nós nos tornamos uma espécie de assessores do Domingos.

De montador a roteirista, como foi esse caminho?

Por causa dos trabalhos com o Domingos, eu comecei a ter fama de "palpiteiro". Muitos amigos me chamavam para opinar sobre os trabalhos deles, até que fiz um documentário que ganhou um prêmio e pouco a pouco fui empurrado pelos prêmios a trabalhar na TV Globo como roteirista. Até que o Cláudio MacDowell, outro grande amigo meu, que estava na Escola de Cinema de Cuba e era chefe da cátedra de roteiro, me chamou para dar uma oficina. Só que eu também não sabia o que era dar uma oficina. Não tinha formação de professor e acabei pegando gosto pelo ensino por meio da minha experiência prática. A oficina deu certo talvez porque eu não soubesse nada de teoria, então fui obrigado a falar claro com os alunos, a abrir o jogo com eles e conversar sobre a profissão de roteirista.

E SOBRE O QUE VOCÊS CONVERSARAM?

Na verdade, descobri que não tinha nenhum conceito profundo sobre minha profissão, sobre o que eu fazia. Por que eu escrevia roteiro? O que eu queria da vida? O que era roteiro? Para que ele servia? Eu nunca tinha pensado sobre o assunto. Eu fazia cinema, mas nunca tinha parado para conceituar; e fui forçado a fazer isso pelos alunos. Principalmente porque eles faziam perguntas e eu era obrigado a discutir o tema de uma maneira mais profunda.

VOCÊ CHEGOU A ALGUMA CONCLUSÃO SOBRE O QUE É UM ROTEIRO?

Algumas (risos). Por exemplo, eu tenho muita bronca dessa palavra "roteirista", mas sei que isso é um problema pessoal. Acontece o seguinte: como eu também sou músico, procuro sempre uma analogia entre a música e tudo o que eu faço. E a música e o cinema são dois fenômenos que acontecem no tempo, são dois fluxos. Então, para mim, é evidente que eles têm características em comum. Por isso fiquei pensando: "Para que serve um roteirista? Para que serve um roteiro? O que é, em definitivo, um roteiro?". Aí imediatamente pensei na música: se Beethoven ressuscitasse, por exemplo, e o chamassem de "partiturista", ele ia ficar muito bravo. Porque ele era um compositor. E qual é a diferença entre ser "partiturista" e ser compositor? De repente me veio em mente que a função mais nobre de um roteirista é a de inventar um filme, ou seja, é criar um filme, e não escrever o roteiro. A função mais nobre de um compositor não é escrever a partitura, é inventar uma sinfonia. A partitura serve para ser usada como uma ferramenta de trabalho, para não esquecer as ideias e para poder visualizá-las. Mas a função básica do compositor não é escrevê-la, e sim compor a sinfonia, compor a música. Então minha função não é escrever o roteiro. Logo veio uma crise e pensei: então eu não sou roteirista? Sou sim, mas, mais do que isso, sou um cineasta-escritor: eu escrevo filmes, eu invento filmes. Eu poderia nem escrever o roteiro em si se tivesse uma boa memória, apenas inventaria as histórias.

Inventar uma história então é escrever o roteiro?

Vou responder com um exemplo. Eu acho que, daqui a pouco, daqui a cem ou duzentos anos – e digo isso porque duzentos anos é muito se comparamos com os cem anos do cinema –, vai acabar esse negócio de roteiro escrito. Eu já li que estão fazendo uma experiência tentando captar imagens do cérebro das pessoas e, se isso se aperfeiçoar, vamos conseguir inventar uma imagem mental e projetar as ideias em uma tela, e então seria o fim do roteiro escrito. Você faz o filme na cabeça, projeta, o ator interpreta e a gente corrige – e tudo isso mentalmente.

O que será dos roteiristas se isso acontecer?

O que estou contando aqui pode parecer absurdo, mas se há cem anos alguém falasse que existiria uma maquininha chamada televisão que captaria uma imagem no Japão e exibiria aqui ao mesmo tempo, todos diriam que isso era maluquice. Então, no dia em que acontecer de a ideia da mente de um roteirista conseguir ser projetada, o roteiro dança. Mas as histórias continuarão, então a essência da nossa profissão não é o roteiro em si, é contar histórias com imagens.

Um roteirista sem roteiro...

O roteirista deve ser realmente um roteirista-cineasta. Ele deve se aprofundar. Primeiro, ser um criador – e isso é uma coisa independente de ser cineasta –, e a partir daí criar histórias para um meio determinado que é o cinema. Ele deve conhecer o meio de expressão com que trabalha e os recursos expressivos que pode utilizar. Eu conheço muito roteirista que nunca foi a uma filmagem, e acho isso um absurdo. É a mesma coisa que dizer que um músico nunca viu um concerto ou nunca foi a um ensaio de orquestra. Então eu acho que um bom roteirista não escreve *para* o cinema, ele escreve *cinema*. E há uma diferença muito grande entre escrever *para* uma coisa que vai ser outra ou escrever cinema diretamente.

E PARA ESCREVER TODAS ESSAS COISAS, QUAL É A SUA MATÉRIA-PRIMA?

Hoje em dia, basicamente, o roteirista tem a palavra. Por isso ele tem que ser escritor também. Muita gente diz que escrever roteiro não é fazer literatura, e que fazer literatura no roteiro está errado. Eu também acho. Por outro lado, é claro que ele tem que fazer literatura, mas no sentido de usar as palavras como força de expressão. Saber conectá-las e articular pensamento e linguagem. Senão ele não transmite o que quer.

SER UM CINEASTA, SABER ARTICULAR PENSAMENTO E LINGUAGEM, APROFUNDAR O CONHECIMENTO... ALGO MAIS?

Tem outra coisa muito difícil: o roteirista tem que ser um bom administrador de tempo e talento. Eu já caí em muito buraco porque não sabia administrar nenhum dos dois. Como é que eu faço para trabalhar, melhorar minha metodologia e aproveitar o tempo que eu tenho? Porque o tempo é limitado, você não pode ficar dez anos escrevendo uma história.

O QUE VOCÊ HERDOU DA SUA EXPERIÊNCIA DE MONTADOR PARA O TRABALHO COMO ROTEIRISTA?

Eu agradeço ter entrado no cinema pela porta da montagem. Assim você vê e entende a força que o cinema tem. Na montagem, você termina uma cena de uma maneira e começa a seguinte de outra maneira. Essa junção é uma terceira coisa que não é nem a primeira nem a segunda, é a soma delas e tem um novo significado. Por isso, saber utilizar os recursos do cinema é uma habilidade que o roteirista precisa ter. Ele não é obrigado a usar todas as ferramentas narrativas sempre, mas é importante saber que elas existem e que podem ajudar. Os recursos da dramaturgia têm milhares de anos. E o cinema e a dramaturgia tiveram um encontro estranho. Porque o cinema é um bebezinho que tem cento e poucos anos e a dramaturgia é uma anciã.

Pensando nessa perspectiva do roteirista-cineasta-contador de histórias, como se articula a relação dele com o diretor do filme?

Em todos os cursos que dei até hoje, essa é uma pergunta que acaba em discussão, em horas de opiniões, raivas e rancores. Já vi de tudo, porque trabalhei também em televisão por muito tempo além do cinema e posso te dizer que essa relação é complicada. Ou ela não existe – ou seja, você escreve o roteiro e desaparece – ou você vai trabalhar com o diretor e corre o risco de acabar com uma relação. O ideal seria uma relação harmônica. Nas pouquíssimas vezes que consegui ter uma relação produtiva, elas foram ótimas. E quando é que é ótima? Quando o filme fica em primeiro plano, e não o ego do diretor ou o meu. Por exemplo, passei um ano escrevendo o roteiro com o Zelito Viana sobre a vida do Villa-Lobos. Ele levou dezesseis anos para filmá-lo. Quando assisti ao filme tanto tempo depois, não lembrava mais nem de quem eu era quando havia escrito o roteiro, quanto mais da história. Mas foi um casamento legal, porque na época a gente discutiu tudo nos mínimos detalhes. Ficamos horas e horas por dia pensando em como contar aquele filme. E o que a gente queria, ele conseguiu, pelo menos durante as filmagens (depois ele teve alguns problemas de produção que não vêm ao caso), mas foi um casamento muito legal.

Você se considera satisfeito com o resultado dos filmes que escreve?

Não é uma questão de gostar ou não, estar satisfeito ou não. O que me acontece muito, no cinema mais do que na televisão, por incrível que pareça, é não me reconhecer nos filmes que escrevo. E isso por mil razões diferentes: porque o diretor mexeu, porque não conseguiu transmitir uma ideia, porque não tinha dinheiro, porque a produção não conseguiu, enfim, por uma série de fatores.

Falemos um pouco da criação, já que você defende o papel do roteirista como um criador. De onde ele tira as ideias? De que forma ele as organiza? Como elas acontecem?

Existem coisas que não dá para explicar direito, pois às vezes tenho a sensação de que sopraram no meu ouvido uma ideia ou que ela entrou em mim sem eu saber. Mas acho – sem nenhuma questão metafísica nem espiritual – que as ideias estão na vida. Uma das obrigações do roteirista, do cineasta e de qualquer artista que se preze é viver atento, sintonizado. É viver conceituando sobre a vida, prestando atenção nos outros, no que acontece ao seu redor e no mundo, tentando sentir e expressar o sentimento com os recursos que tem, que no nosso caso é o cinema. Quanto mais viver e quanto mais sentir, mais você vai pensar, sem dúvida.

E o que você gosta de observar?

Em geral, tudo. Eu lembro que comecei a conceituar sobre a vida ao meu redor depois que assisti ao *2001: uma odisseia no espaço*, do Stanley Kubrick. Há uma cena logo no início em que um macaco pega um osso e começa a utilizá-lo como ferramenta. E, quando comecei a dar aula, eu queria expressar a sensação que tinha fazendo aquilo e me senti exatamente como aquele macaco. Estava começando a entender alguma coisa que não sei bem o que era, se era dramaturgia, criação ou roteiro. A partir daí, pouco a pouco, fui conceituando, inventando e me aventurando no cotidiano, coisa que faço até hoje. Porque a maioria das pessoas, e eu me incluo entre elas, vive automatizada. Eu vou ao banco, pago uma conta, vou ao supermercado, vivo pensando no que vou fazer e não olho para o lado, não vejo nada. Vivemos como robôs, sendo executivos de nós mesmos. Aí, de vez em quando, eu me obrigo a tirar o dia para me aventurar.

Se aventurar?

É. E lembro que a primeira vez que fiz isso foi na rua onde eu morava, há uns dez anos. Todo dia eu saía daquela rua, ia ao metrô, comprava o jornal, o pão e um dia pensei: "Vou me aventurar na minha rua". E descobri uma outra rua, ali mesmo. Comecei a sentir, a ver, a perceber coisas na minha rua que havia dez anos eu passava por ali sem reparar. Um dos exercícios que recomendo aos roteiristas novos é viver se aventurando. É transformar o cotidiano em uma aventura, e isso é possível. É só você se ligar. Porque, o que acontece em uma rua durante um dia inteiro, dá para escrever um livro. Acontecem coisas muito interessantes que não vemos e que passam batido, pois estamos com a sensibilidade bloqueada, ocupados em nossas tarefas.

Essa "sensibilidade bloqueada" da qual você fala pode também provocar o chamado "bloqueio criativo"?

Para falar de bloqueio criativo eu tenho que falar de talento. Já ouvi muito essa pergunta: "Será que ele tem ou não talento?". O cara quer ser alguma coisa, mas "tem que ter talento para aquilo". Na minha opinião, todo ser humano nasce com criatividade. Todos, sem exceção. É uma característica humana. A criatividade não pertence a uns ou a outros. É de todos. Já os bloqueios, eles exercem uma força muito grande contra nossa criatividade. O bloqueio começa no berçário, depois no colégio, com o pai, a mãe, as autoridades, o poder cultural, o poder econômico, a religião, a nota, a competição. É tanta coisa na cabeça que a criatividade vai para o brejo, fica soterrada, bloqueada para sempre na maioria das pessoas. Alguns bem-aventurados conseguem escapar sei lá por quê. Mas a maioria fica condenada a se reprimir criativamente. Por isso não acredito nessa história de não ter talento. O talento está lá, mas está bloqueado. Isso eu posso falar, porque já tentei desbloquear aluno e consegui. E qualquer um pode fazer isso. O cara está bloqueado por causa da família, porque está com medo, porque brigou com a namorada, não tem dinheiro, etc. Se você desbloqueia, o talento vem. Eu vi isso acontecer muitas vezes.

Você tem alguma metodologia de trabalho específica para criar?

O que faço não posso chamar exatamente de método. Porque não é bem um método. É minha maneira de trabalhar. É aquilo que falei: a maneira como você administra o seu potencial, o seu tempo e as ferramentas de que dispõe. Uma coisa que me ajuda muito é tirar de outras profissões alguns recursos para trabalhar. Vou dar um exemplo: uma vez eu fiquei pensando no trabalho de um detetive. Existem muitas semelhanças entre o roteirista e o detetive: você tem que descobrir uma história, tem que descobrir o que vai fazer, como vai fazer e como encontrar um final para ela. E você tem pistas dessas coisas, que são suas ideias parciais. E é isso o que você precisa pôr no roteiro, para que o espectador vá pelo mesmo caminho. Então, você tem que ir descobrindo as pistas até aquele mistério ser resolvido e chegar ao fim da história. O que acontece, na realidade, com essa metáfora do detetive é dar outro enfoque, outro ponto de vista na hora de criar. E isso me ajuda muito. Tudo começou porque eu sofria demais escrevendo, justamente por não saber como avançar.

Tem gente que diz que para criar é preciso sofrer...

Uma vez o Domingos de Oliveira me disse que, para ele, as histórias estão prontas em algum lugar. Elas existem e a gente só precisa chegar até elas. Hoje eu também penso assim, e isso me ajudou a parar de sofrer. Porque eu sofria demais. Eu sofria muito com esse negócio de criar. E parece bonita a ideia de que o artista tem que sofrer – seja um romântico ou um tuberculoso que no final consegue seu objetivo e morre. Mas isso é uma besteira, vai sofrer por quê? O roteirista precisa ter prazer naquilo que faz. Quanto mais prazer tiver, melhor fica o trabalho. É claro que a gente trabalha muito, e às vezes um mínimo de ansiedade é bom até para estimular a criatividade, mas sofrer do tipo "ai, meu Deus, não sei fazer isso", não. Daí é melhor mudar de profissão e fazer outra coisa.

Mas deve ter roteirista que não gosta de brincar de detetive...

Claro. Nesse caso, o roteirista deve seguir outra coisa importante nele que é a intuição. Às vezes você tem uma intuição e sente que aquilo deve ser feito de determinada maneira, mas não encontra explicação racional para ela. Por causa disso, acontece de muito roteirista jogar boas ideias fora por não saber explicar o porquê delas. Uma vez fui para Serra Pelada pesquisar para uma minissérie da TV

Globo. Entrevistei um monte de gente e estava procurando casos. Até que um dia um cara me disse que havia outro que era farejador de ouro. Aí eu falei: "Como é que é? O cara fareja ouro?". E obviamente fui lá conhecê-lo e conversar com ele num hotelzinho no meio do nada.

E O CARA FAREJAVA OURO MESMO?

Ele era um caboclo pobre, que estava ficando riquíssimo. Foi criado pelo pai no meio do mato e desde garotinho andava solto. Não gostava de ficar preso no garimpo. Para ele, o mais divertido era descobrir e vender informação. Foi quando perguntei como fazia para descobrir ouro, e ele me disse que era muito fácil: "Vou andando pelo mato, andando, de repente eu vejo uma árvore, presto atenção nela, fico andando por ali, de olho naquela árvore, não me afasto muito dela. De repente, eu vejo um barranco, aí eu olho aquele barranco, aquela árvore, aquele barranco, aí ouço aquele riacho com som de água corrente, vejo aquela árvore, aquele barranco. Então vou chegando, chegando. E de repente falo: aqui tem ouro! E quase sempre tem. É muito fácil" (risos). Eu senti um negócio na hora que o cara me contou isso. Aí está a intuição. É mais ou menos assim: de tanto andar naquele mato que é a dramaturgia, você adquire um conhecimento que não é racional. Não tem nada a ver com a razão. Esse cara foi criado no mato e, de tanto ver, de tanto sentir, ele é um arqueólogo natural. Um geólogo faria teste de água, medição de temperatura, até descobrir ouro no mesmo lugar. O caboclo, não. Ele não precisa de teste nenhum, ele sente que tem ouro ali. E o criador tem que funcionar assim. Claro que a razão serve, principalmente para depois você ajeitar, cortar aqui, intensificar ali. Mas essa etapa racional é posterior. O verdadeiro criador, pelo menos para mim, não é a razão, não é o raciocínio, não é o conhecimento teórico, não é nada disso. É a intuição. E ela pode ser desenvolvida se você acreditar e for atrás dela.

Será que essa intuição tem a ver com o inconsciente?

Acho que sim. Aliás, um dia isso me veio à cabeça: eu queria descobrir uma maneira de ter acesso a esse canal entre o consciente e o inconsciente, que geralmente está obstruído. Obstruído pelo cotidiano, pelo barulho, pela sociedade. E descobri que dá para desobstruí-lo. Hoje em dia, eu funciono muito mais sonhando acordado do que pensando. E, na maioria das vezes, aposto na intuição, mas, claro, a razão é importantíssima. Talvez a coisa mais importante para o roteirista e criador seja esse equilíbrio entre consciente e inconsciente. Porque, em geral, acontece que a razão destrói o que a intuição lhe deu por não encontrar explicação imediata para ela. Então somam-se aí a paciência e a necessidade de espera para que uma coisa amadureça até você encontrar uma razão oculta e seguir em frente.

Você sempre sabe sobre o que vai escrever e qual é o caminho a ser seguido durante seu processo criativo?

Não e nem quero saber. Quando começo a escrever, por exemplo, invento vinte finais diferentes. Aí a história acaba de um jeito que nenhum dos vinte finais contemplava. E você tem que ir em frente, não pode ficar parado. Mas tem muita gente que prefere escrever apenas quando tem certeza absoluta do que quer e aonde vai chegar. Se eu for esperar isso acontecer comigo, nunca vou escrever. Não existe segurança absoluta em lugar nenhum. Você trabalha com a insegurança todos os dias. E se você não consegue ter prazer nisso, achar graça, então é melhor mudar de profissão.

Então vamos falar de prazer. Do que você mais gosta no processo de escrita de um roteiro?

Primeiro, eu nem falo mais "escrever". Hoje em dia, só trabalho com o computador uma parte do meu tempo. Porque descobri, por exemplo, que o Jardim Botânico é um ótimo lugar para trabalhar. Outra vez descobri que o Banco – isso mesmo, uma agência bancária – era outro ótimo lugar. E passei a gostar de trabalhar ali.

Um roteirista trabalhando em um banco?

É. Eu tinha um grave problema com esse negócio da perda de tempo. Principalmente porque o roteirista sempre tem prazos muito apertados para trabalhar. Você tem que escrever às vezes em um ou dois meses. Um tempo muito curto. Aí eu ficava ansioso na frente do computador dez horas por dia e ainda tinha que fazer todas as coisas do cotidiano. Descobri, assim, que estava cometendo um erro, porque estava infeliz. Quem é que trabalha bem sendo um prisioneiro, sendo torturado? Então, uma vez, fui correndo ao banco Itaú. Eu tinha que correr. Peguei as contas que ia pagar e fui até a agência que fica em frente à minha casa. Eram dez para as quatro da tarde quando entrei na agência e me deparei com uma fila descomunal. Comecei a reclamar de toda a humanidade e a sofrer quando, de repente, vi que tinha algo errado. Comecei a prestar atenção à minha volta, aquela fila enorme, e vi uns quatro sofás vazios. Então pensei: "Isso é muito esquisito, né? Várias pessoas de pé e quatro sofás vazios, tem algo errado". E resolvi ir para o sofá. "Mas fazer o que no sofá?", pensei. "Não interessa". Fui para o sofá, sentei. "Agora tenho que me acalmar aqui". E foi no banco – que tinha ar condicionado, cafezinho, água gelada, um bom sofá e um razoável silêncio – que descobri que poderia dedicar meu "tempo perdido" para conhecer pessoas e novas histórias. Comecei a bater papo com todo mundo no banco e a partir de então sempre ia para o Itaú às dez para as quatro da tarde para trabalhar. E aquilo que era um terror, um tormento, passou a ser um prazer. O mesmo aconteceu com os engarrafamentos. Eu não perco mais tempo em lugar nenhum.

E do que você menos gosta no processo de escrita?

Da pressão, que eu chamo de inimigo da criação. O inimigo da criação que está dentro de você e sabe demais sobre você. Ele sabe tudo a seu respeito, sabe como sacaneá-lo com todo prazer. Ele é o seu inimigo interno. Mas há muito inimigo externo também, principalmente os relacionados com o poder. E isso é um problema sério: a pressão, o poder em cima de você, a humilhação...

Você costuma mostrar a outras pessoas e dividir a evolução dos seus roteiros com elas?

Mostro sim.

E como você reage à crítica alheia durante o processo de escrita?

Depende muito de quem é esse crítico. Prefiro mostrar para pessoas em quem confio – ligadas ou não ao meio audiovisual – do que mostrar para outro amigo que é profissional. Mas gosto muito de contar as histórias oralmente, mais do que dar um roteiro para alguém ler. Contando a gente se obriga a ser expressivo, e assim descobri que a arte de contar falando pode ajudar muito a criar, pois é uma outra maneira de narrar a mesma história. E, contando, você improvisa, descobre coisas que não viriam de outra maneira se não fosse pelo meio oral. Afinal de contas, o roteirista é um contador de histórias. Tanto faz se fala ou escreve: quanto mais ele se desenvolver como narrador, melhor. O problema é que a maioria das pessoas não sabe ouvir... e saber contar é tão importante quanto saber ouvir.

Falemos um pouco sobre diálogos. Como você os constrói?

O mais importante para se escrever diálogos é saber ouvir e prestar atenção, não apenas no *que* se diz, mas em *como* se diz. Eu descobri que a fala é um elemento que trafega tanto no terreno do significado quanto no do som. O que se diz é dito com o som, o volume, a intensidade, a expressão facial. Além disso, um personagem pode dizer, sentado numa mesa, "me passa o arroz", só que o subtexto significa que, quando ele pede o arroz, ele está querendo dizer "eu te odeio". E são essas coisas que fazem um filme crescer. Esse é um exercício que faço comigo mesmo: como é que o personagem diria "me passa o arroz" e, ao mesmo tempo, "eu te odeio"? O bom ator sabe disso. Então o bom escritor de cinema tem que saber disso também.

DURANTE ESSE PROCESSO DE ESCRITA, O PERSONAGEM FALA COM O AUTOR?

Não só o personagem fala com o autor, como o autor tem que falar com o personagem. Quando eu trabalhava escrevendo para televisão e meus filhos moravam em Petrópolis, eu subia e descia a serra sem parar. Às vezes, ia até lá, passava uma ou duas horas e voltava correndo. Mas aí descobri que essa viagem – que é de uma hora e quinze minutos – me fazia perder muito tempo. E estava muito angustiado com isso. Um dia, resolvi levar comigo, no meu fusca, um dos personagens que estava criando. Então fantasiei que ele estava ao meu lado, começamos a conversar e fui dialogando mentalmente com ele até chegar em Petrópolis. De repente, comecei a entrar no personagem como nunca tinha feito. E passei a fazer isso várias vezes. Hoje em dia, enquanto escrevo, eu pulo, falo, ando pela casa... Você tem que ser um pouco ator. O escritor de cinema precisa encenar o que ele está escrevendo, seja na frente do computador ou dentro de um Fusca, indo para Petrópolis.

DOMINAR OS RECURSOS NARRATIVOS, TER MECANISMOS PARA CONTAR HISTÓRIAS, FAZ VOCÊ PERDER O ENCANTO DA EXPERIÊNCIA DE UM ESPECTADOR COMUM?

Faz, sim. Quando era criança, eu adorava cinema e não sabia nada, não sabia nem que filmes eram *feitos*. Pensava que eles simplesmente existiam. E vi que, com o passar dos anos e com a minha profissão, fui perdendo o prazer que tinha com o cinema. Porque aquilo virou meu ganha-pão. Então percebi que precisava recuperar esse prazer. Começar a esquecer todos esses mecanismos e assistir a um filme sem pensar em como ele é construído, para recuperar o prazer de criança sem ficar pensando em teoria, em dramaturgia, em nada. E passei a fazer isso até mesmo na hora de escrever. Parei de pensar. Comecei a funcionar como o dono de uma oficina mecânica. Ele é um cara organizado e tem milhões de ferramentas à sua disposição. Ele põe aquelas ferramentas todas na parede, tudo certinho, cada uma em seu lugar. E, como roteirista, é preciso ter as ferramentas na parede. Às vezes, quando escrevo, ponho no papel tudo o que preciso utilizar para não esquecer. Funciona como uma oficina conceitual. Você não é obrigado a usar nada daquilo, mas é importante saber que está ali. E, depois, começar a usar as ferramentas do seu jeito. Se você perguntar para dois bons carpinteiros como eles trabalham, cada um vai explicar seu jeito, mas eles usam as mesmas ferramentas. A gente precisa apenas descobrir a melhor maneira de usar uma determinada ferramenta. Por isso você precisa saber como funciona cada uma delas. Para poder escolher.

E entre as ferramentas narrativas que você conhece e com as quais trabalha, qual é a mais importante para você?

O domínio do tempo. Na maioria dos filmes, a história se passa em um tempo maior do que a metragem da película, que, geralmente, demora duas horas. Suponhamos que a história de um filme dure dez anos. Você tem que pular nove anos, onze meses, trinta dias e vinte e duas horas. Senão você não conta em duas horas a sua trama. Como fazer isso então? Você tem que pular. É a famosa elipse. E essa foi uma das ferramentas mais importantes que eu descobri. Essa "arte de saltar no tempo" me ajudou demais. Comecei a perceber o que era importante contar e o que poderia esconder. E naturalmente isso está conectado com a compreensão do espectador. Você vai exercitando essa arte e começa a descobrir como o tempo influi no ritmo, na história, nos personagens. O Domingos de Oliveira disse uma frase que tem tudo a ver com isso: "A dramaturgia é a vida tirando as partes chatas". Porque você tem que pular o que não interessa, e isso é uma arte. O tempo em um filme e a sua manipulação são a matéria essencial.

Falando de tempo...

Pois é, acabou. Sempre chega a hora de colocar o ponto final.

FILMOGRAFIA

* *Malês: a vitória dos vencidos* (2005)
* *O diabo a quatro* (2004)
* *Um mês, uma noite, quarenta anos, duas horas* (*O último baile do império*) (2002)
* *Apolônio Brasil, campeão da alegria* (2003) – argumento
* *Villa-Lobos: uma vida de paixão* (2000)
* *O toque do oboé* (1998)
* *For all: o trampolim da vitória* (1997)
* *Tudo é muito importante* (1993)
* *Pedro e Luísa* (1991)
* *Noel* (1975)
* *As aventuras de um detetive português* (1975)
* *Por tudo quanto é mais sagrado* (1974)

JORGE DURÁN

JORGE DURÁN

"O ROTEIRISTA TEM UM TEMPERAMENTO DEFINIDO E FORTE. PROFISSIONALMENTE ELE TEM QUE TER OPINIÃO. NINGUÉM QUER UM ROTEIRISTA QUE NÃO TENHA OPINIÃO."

Mesmo sem saber, você já deve ter assistido a um filme escrito ou dirigido por Jorge Durán. O mais difícil ao escrever uma introdução sobre ele é condensar sua trajetória em pouco mais de uma página.

Durán nasceu no Chile e chegou ao Brasil aos 31 anos de idade. O ano era 1973 e o golpe militar de Pinochet contaminava seu país. Ele, que acabara de fazer um filme sobre militares subversivos, teve a produtora da qual era sócio invadida, as armas e uniformes cenográficos apreendidos, e acabou preso ao lado do irmão. Não lhe restou outra opção: com a filha de 6 anos do primeiro casamento, migrou para o lado de cá, onde já vivia Pedro, seu filho de 1 ano de idade, com sua esposa brasileira.

A chegada ao Brasil não foi das mais otimistas. Embora conhecesse muitos brasileiros, Durán não falava português. Além disso, não tinha a menor intenção de sair do Chile, muito pelo contrário: quando o golpe aconteceu, ele havia acabado de chegar de uma temporada na Europa, pronto para investir em seu país a experiência adquirida no velho continente.

Como assistente de direção de Costa-Gravas no filme *Estado de sítio* (1972), Durán ganhou a confiança e o aval do cineasta grego que lhe abriu portas no mercado brasileiro. A primeira delas foi no longa *Ipanema, adeus* (1975) de Paulo Martins, que generosamente o aceitou como assistente – com seu portunhol "medonho", lembra Durán –, oportunidade em que trabalhou "feito *pit bull*: mordendo o osso para não perder aquela chance".

De lá para cá, a lista de projetos a que seu nome está associado é imensa. Da estreia em *Lúcio Flávio, o passageiro da agonia*, passando por *Pixote: a lei do mais fraco* e *O beijo da mulher aranha*, tripla parceria com Hector Babenco, até *Gaijin: os caminhos da liberdade*, de Tizuka Yamasaki, pouco a pouco Durán colecionou a experiência para um destacado trabalho na direção de *A cor do seu destino*, considerado o melhor filme no Festival de Brasília em 1986. A partir de um personagem que imigra para o Brasil após o golpe militar em seu Chile natal, o roteirista, e então diretor, expurgou não apenas seu desejo de falar do país de origem, mas demonstrou a necessidade de olhar para trás e entender a si mesmo. Se a memória é um dos elementos que mais o inquietam, arriscaria dizer que *A cor do seu destino* seja seu ápice.

O que mais chama a atenção ao conhecer e conversar com Jorge Durán é que, à primeira vista, sua trajetória não transparece. O roteirista e diretor não se esconde nem se vitimiza em sua particular experiência de vida, muito menos faz dela uma bandeira. Generoso, sabe emprestar a seus personagens, sejam eles criminosos ou jovens apaixonados, o melhor de seu mundo interno. De fala calma, pausada e bastante objetiva, Jorge Durán é um roteirista observador. Pensa bastante antes de responder, mas quando o faz, é sintético e defende tranquilamente suas ideias. E se há uma máxima, cada vez mais acertada, de que quanto mais se admira uma obra, menos se quer conhecer seu autor para evitar decepções, Jorge Durán é sua antítese. Conversar com ele é perceber que por trás de um roteirista e diretor há alguém tão interessante e intenso quanto seus filmes.

O QUE É UM ROTEIRO E PARA QUE SERVEM AQUELAS QUASE CEM PÁGINAS QUE VOCÊ PASSA TANTO TEMPO ESCREVENDO?

Sejam setenta, oitenta, cem ou cento e vinte páginas, o fundamental é colocar no papel as ideias de um filme e dar a ele uma forma definida: a forma narrativa. Se, por um lado, é muito importante saber *como* você vai contar sua história, por outro, é importante saber *qual* é a ideia por trás da história. No fundo, o ponto de vista que você tem em relação ao mundo e à arte se encontra na escrita do roteiro. Ele é a etapa fundamental na fabricação de um filme. No roteiro, você precisa colocar suas ideias e ordená-las, porque elas são voláteis, principalmente quando contadas. Além disso, contar uma história não é o mesmo que escrever um roteiro. Contar um filme não é o mesmo que ver um filme. A produção de um filme necessita de um documento sólido a partir do qual todo mundo tenha noção da intenção do projeto. O motivo por que ele foi escrito. O significado por trás daquelas palavras. Inclusive com relação às questões técnicas: que locação é essa? Que personagens são esses? Em que tipo de mundo social eles vivem? Sua educação, formação, etc. Todas essas informações – que, na verdade, vão se transformar em imagens –, para mim, são fundamentais e devem estar no roteiro.

DE ONDE VÊM ESSAS IDEIAS VOLÁTEIS? COM QUE ELEMENTOS O ROTEIRISTA TRABALHA PARA CRIAR SUAS HISTÓRIAS?

As ideias vêm de qualquer lugar. Para mim, um roteiro pode vir de um romance, por exemplo. Em geral, um bom romance trata sobre o mundo interior de seu autor, um mundo completamente abstrato. É uma reflexão sobre as pessoas, sobre quem somos, como somos, sobre a identidade, sobre a memória. Às vezes mais realista, às vezes menos, às vezes muito cifrado, às vezes muito direto. Mas na verdade tanto faz de onde vêm as ideias: sejam da realidade ou de um material já escrito. Elas estão no ar. Um tema contemporâneo, por exemplo, se você não faz, alguém fará. É como no futebol, sempre tem que ter gol. A gente só precisa estar atento.

Que aptidões o roteirista precisa ter para captar e articular as ideias ao seu redor?

Eu diria que um roteirista deve ter senso de realidade. Para mim, ele precisa ser alguém do mundo do cinema, de preferência. Não necessariamente alguém com formação cinematográfica, mas alguém que goste e entenda de cinema. Não acho que seja uma profissão para um romancista, nem para um poeta, embora também possa ser. Digo isso porque o roteirista lida com questões muito práticas. Ele tem que saber quanto custa o filme que está escrevendo. Ele precisa saber a diferença entre um filme de baixo orçamento e uma superprodução, pois isso influi no que ele pode ou não escrever. E isso é o que eu chamo de sentido de realidade. Porém, esse sentido de realidade é diferente do que tem o diretor, porque o diretor tem ideias às vezes muito claras, mas outras vezes muito confusas. E o roteirista é obrigado, de uma maneira muito abstrata, a transformar as ideias do diretor sobre o mundo, sobre pessoas e seus conflitos, em palavras. É uma profissão que exige uma concentração e uma quantidade de horas de trabalho muito grande. Não vou dizer que sejam, necessariamente, escrevendo, mas refletindo sobre o assunto. O roteirista precisa escrever o que está sendo pensado não para ser lido, mas para ser visto. A função do roteiro é permitir que seu leitor seja capaz de visualizar o filme.

Quanto de artístico e quanto de técnico tem um roteiro?

Um pouco de cada. A questão é que na parte artística o roteirista não tem a mesma autonomia que o diretor tem de pegar um texto e transformá-lo. Mas a pergunta é: algum roteirista está realmente interessado no que o diretor vai fazer com o roteiro que ele escreveu? No meu caso, diria que não.

Explique melhor essa ideia.

Quando alguém me pede para escrever algo, escrevo o que eu quero, o que eu penso, mas levo em consideração o que me disseram. Em geral, sou um ser pensante, assim como todo roteirista é, ou deveria ser. Tenho ideias a respeito dos temas que me são propostos e penso na forma que me parece mais justa de mostrá-las. Mas, naturalmente, como é no mundo do cinema, um diretor de fotografia – para fazer uma comparação – não escolhe sozinho os equipamentos que quer ou as locações ideais: ele está subordinado ao orçamento, ao plano de filmagem, aos propósitos originais do diretor, e finalmente, aos propósitos originais do roteiro, assim como eu. Então o meu roteiro sempre terá interferências e o melhor a fazer é me desapegar dele quando estiver terminado.

NA TEORIA, ESSE DESAPEGO É FÁCIL, MAS NA PRÁTICA ELE PODE TE TRAZER MUITAS SURPRESAS, PRINCIPALMENTE QUANDO VOCÊ ASSISTE AO FILME PELA PRIMEIRA VEZ, NÃO?

A questão é que o roteirista não pode se apegar a um material, porque não é ele quem vai fazer o filme. Ele não tem autonomia para impor nada depois que o roteiro for aprovado. São as regras do jogo. A forma de filmar é o diretor que tem que encontrar. Um roteiro começa como uma página em branco, um lugar-comum e termina como um longo raciocínio lógico, emotivo, sentimental e racional. Quando você chega na última linha, depois de muito ir e vir, você acaba o seu trabalho que é, em definitivo, propor e encontrar uma sucessão de soluções para os conflitos que te interessam expor. Mas muitas dessas soluções e descobertas só serão desvendadas pelo diretor quando ele assumir o roteiro e finalmente o filme for feito e o texto for visto de outra forma. Na filmagem, o roteiro começa a se transformar em rostos. Um rosto expressa determinada coisa de muitas maneiras, e o roteiro pode entrar em contradição com esse rosto, com essa identidade física. Um personagem imaginado como um homem forte, viril e dinâmico de repente é representado por um ator delicado, que transmite certa fragilidade e não tem a mesma virilidade que o roteirista imaginou. Não é o roteiro que define o filme, mas a forma de filmá-lo. Daí que o apego ao texto original pode ser muito doloroso a quem não é capaz de deixá-lo. Para mim, é um alívio saber que o filme vai ser feito, porque finalmente os personagens saem da minha cabeça para sempre. Senão eles ficam te rondando, você se lembra deles e o que eles fariam ou diriam nesse ou naquele momento.

No plano subjetivo, você está satisfeito com o resultado dos seus roteiros filmados?

Eu guardo com muito carinho os filmes que escrevi, mas nem sempre os filmes que vi prontos (risos).

Qual é a sensação de ver na tela grande o filme que você escreveu?

Eu não acho fácil. Prefeririria não vê-los. Mas tenho que assistir, porque faz parte do meu aprendizado. Não acho que o roteirista aprenda apenas escrevendo, mas também fazendo a comparação entre aquilo que propôs e aquilo que resultou. Você conhece muito bem o que escreveu e tenta, assim, entender o que foi feito. Às vezes – e com muita justiça – os roteiros são mudados. Mas nem sempre isso é bem-feito. Quem tem noção da importância da construção do conflito, da forma da narrativa e de como isso está associado ao roteiro, tem muito cuidado ao cortar uma coisa e agregar outra. O importante é estar constantemente em cima do roteiro, baseado nele. Portanto, as carências durante a filmagem são normais, assim como as mudanças em cima do que foi proposto. Daí a necessidade de que o roteiro seja algo permanentemente vivo, em constante transformação.

Se o roteirista estivesse no *set*, adaptar o texto à realidade seria mais fácil? Os resultados seriam melhores?

Não sei se é aconselhável que o roteirista continue acompanhando a filmagem. Não me parece necessário. Porque se o diretor ou seu assistente têm uma experiência na escrita, eles podem solucionar essas carências. O que importa, na filmagem, é o conceito da cena, o que se conseguiu na anterior, do que precisamos na próxima, sempre sustentados pela ideia-base do roteiro. O importante é que a estrutura dramática se mantenha. Porque, para mim, o que o roteirista conta é a estrutura do filme. É aquilo que há de mais essencial nele, transformado em meia dúzia de cenas que na verdade resumem a história. Se você tira uma dessas peças ou não tem cuidado na transformação, na reescrita fílmica, com câmera e ator dizendo o texto, o filme perde e o espectador evidentemente se ressente.

Você tem experiência como diretor e como roteirista. Fale um pouco da relação entre essas duas funções.

Cada freguês é diferente. Um bom relacionamento se estabelece no território da boa educação, da delicadeza e do bom senso. Em geral, o roteirista que termina se instalando na profissão tem um temperamento definido e forte. Profissionalmente, ele precisa ter opinião. Ninguém quer um roteirista que não tenha opinião. Tanto o roteirista quanto o diretor são pessoas de temperamento forte. Quando se escreve um roteiro, é preciso definir claramente o objetivo do projeto. O diretor tem que ser suficientemente claro para que o roteirista saiba sobre que base vai trabalhar. Um dos processos que ajudam na relação com o diretor é esclarecer com objetividade que filme o diretor quer fazer. Se não tiver isso, provavelmente você vai entregar o primeiro tratamento e ele vai dizer "Ah, não era bem isso", porque suas ideias estarão muito vagas. Umas das formas que ajudam no relacionamento profissional é você ter um contrato no qual o diretor deixe claro o que quer filmar e de que tipo de roteiro ele precisa. Assim, o roteirista mostra a primeira ideia, a segunda e o filme se constrói. Mas há muitas formas de se relacionar. Às vezes, você escreve sozinho, em outras, você escreve e conversa com ele quase todo dia. Há períodos em que você trabalha mais por conta própria e há momentos em que faz parceria, discute, comenta... Mas, em geral, a relação do roteirista com o diretor é um período de trabalho muito enriquecedor.

Fale um pouco sobre sua metodologia de trabalho.

Para começar, eu acho que estou sempre atrasado. Tenho essa sensação, pois há elementos que só descubro durante a escrita, usando a palavra e descobrindo o que quero por meio da solução dos conflitos da própria narrativa. Eu posso mastigar uma ideia durante meses na minha cabeça, mas, para descobrir se funciona ou não, tenho que me arriscar, sentar e escrever. Por isso, muitas vezes tenho a sensação de que não vou conseguir escrever um roteiro. Mas isso vem da minha natureza. O roteiro você não aprende na teoria. Nela, você pode aprender um pouco de dramaturgia e de como expressar ideais em palavras que gerem uma determinada mensagem. Mas é só escrevendo que se aprende.

Mesmo que o resultado não seja satisfatório?

Escrever um roteiro não é o mesmo que fazer uma operação cirúrgica, na qual o médico sabe que se não fizer determinado procedimento o paciente pode morrer. Não se pode improvisar na cirurgia, exceto em um acidente, né? Por isso, uso o acidente na escrita como estímulo para ir mais fundo na ideia. Fico um longo tempo construindo uma história, um argumento que eu escrevo em trinta, sessenta ou até noventa páginas.

Quanto tempo você demora para escrever um roteiro?

Escrevo o roteiro entre um e dois meses. Com a reescrita, esse período pode chegar a três. Mas posso ficar até cinco meses desenvolvendo uma história, pois, para mim, é durante a escrita que nasce a história. É nela que brota minha relação com o assunto. Eu não consigo escrever para o dia seguinte. Não escrevo para a televisão justamente porque ela é instantânea e eu necessito de tempo de maturação. Preciso processar tudo que tenho lido e tudo o que entendo da realidade. Eu me informo todos os dias, seja pelos jornais, seja por revistas, pela internet ou mesmo pela TV. Mas sei que todos esses são pontos de vista diferentes e não necessariamente condizentes com o meu.

Que elementos te estimulam durante a escrita de um roteiro?

Eu gosto de ver gente, pessoas na rua. Prefiro isso a escrever a história de algum personagem que está ou esteve vivo. Prefiro criar um personagem que não conheça. Para isso, observo bastante tudo ao meu redor. Sou um fofoqueiro discreto. Gosto de saber das minúcias da vida dos meus amigos, mas não passo adiante a informação (risos). Para mim, é fundamental entender o que está acontecendo ao meu redor. Não importa se é verdade ou mentira. O que me importa é gerar uma imagem.

Qual é a sua etapa preferida durante a escrita de um filme?

A relação com os diretores é muito interessante. Porque a gente é cinema. Às vezes, durante um encontro de três horas com um diretor, fala-se mais da vida, da economia, de política que do próprio filme. Por isso é muito importante escolher quem será esse outro – seja diretor ou roteirista – com quem você quer fazer um filme. Pois a gente se aproxima com o nosso material emocional, com aquilo que a gente é. Essa relação é de doação e de aprendizado. O roteirista aprende quem é o diretor e quais são suas ideias em relação ao cinema e ao mundo. Aí eu percebo em termos narrativos que história eu tenho que alcançar. O que acontece algumas vezes é não me sentir preparado para ela. Mas, nesse caso, o meu "sim" ao projeto não se trata de picaretagem. Eu simplesmente terei que aprender a transitar em um universo narrativo que ainda não abordei e a lidar com a intensidade de um problema que não vivi. Portanto, às vezes tenho que alcançar o diretor e outras vezes ele tem que me alcançar. A diferença entre nós é que o diretor dorme com problemas e o roteirista tem que acordar com as soluções. Todos os dias eu tento solucionar problemas.

Como você constrói seus personagens?

Eu não costumo fazer biografia de personagem. Prefiro construir cenários. O que me interessa é o tema de que vou tratar e como o personagem se articula com relação a ele. Não me interessa quem é o pai ou a mãe se eles não forem relevantes para a história. Quero saber qual é o sentimento dele em relação a coisas práticas. Tento construir um olhar sobre um personagem. Gosto de entender o prazer que ele tem, sua relação com mulheres, homens, amigos, se ele é ético ou não, etc.

Chega uma hora em que o personagem fala sozinho?

Na verdade, tudo é você quem faz. Depois que você começa um processo de decisões, de recorte e começa estruturar a história, a lógica interna da trama vai se afunilando. O que o personagem faz é consequência disso tudo e de um ser humano que está por trás desse processo criativo. Os personagens apenas obedecem a uma organização e a uma lógica internas, criadas por um roteirista que não obedece à lógica da realidade. Portanto, por ser construído, é difícil que o personagem fale por si mesmo. É claro que, quando o roteiro está acabando e a lógica de toda essa estrutura se solidifica, parece que o personagem ganha vida própria porque você tem a sensação de estar convivendo com ele. E essa é uma espécie de convivência muito íntima, mas que não existe. Você se lembra de uma cena e tem a sensação de que ele está próximo. O perigo é quando o filme não é feito – e acredite, isso acontece muito – e o personagem te persegue durante anos. A minha cabeça está povoada de personagens querendo sair do papel (risos).

QUANTO DO AUTOR EXISTE NO PERSONAGEM?

Muito. Não em todos os roteiros, porque podem encomendar um trabalho sobre um personagem com quem você não se conecta. Mas qualquer personagem requer exposição de sentimentos e de emoções do ser humano que se aprofunda nele, seja o roteirista, seja o diretor ou o ator. Você se relaciona profundamente com o personagem que constrói. Inevitavelmente desenvolve um sentimento por ele, uma espécie de carinho. Por isso, não gosto de criar personagens maniqueístas. As pessoas fazem as coisas por determinados motivos, dignos ou cruéis. O roteirista não pode defender ou se opor a um personagem ao escrever um roteiro. Porque sempre há algo de humano mesmo no personagem mais cruel. O ser humano é muito complexo. Quem faz uma coisa perversa é tão humano quanto quem faz coisas boas. Eu não gosto de heróis. Gosto de admirar gente que faz coisas notáveis.

ANNE HUET, ROTEIRISTA FRANCESA, DIZ QUE "QUANDO SE ESCREVE UM ROTEIRO, É IMPORTANTE ESTAR DISPOSTO A SE TRANSFORMAR EM CRISTÓVÃO COLOMBO, QUE PARTIU PARA DESCOBRIR AS ÍNDIAS E ENCONTROU AS AMÉRICAS".

É isso mesmo. E essa viagem é que torna interessante a escrita do roteiro. Não posso escrever uma história com todos os detalhes, pois é durante a escrita que descubro aonde vou chegar. Temos que viajar entre o bem e o mal com o mesmo sentimento e com a mesma emoção. É preciso olhar para os opostos com o mesmo carinho. Entender, compreender e transformar em imagem um conflito, criando para ele soluções narrativas sem apelar para o clichê.

A PALAVRA CLICHÊ APARECEU ALGUMAS VEZES DURANTE NOSSA CONVERSA. O ROTEIRISTA MORRE DE MEDO DO CLICHÊ?

Eu não tenho medo de clichê. Um amigo meu quando assistiu *Gaijin* (dirigido por Tizuka Yamasaki) me disse que eu era o rei do clichê e que ninguém tinha coragem de fazer tanto uso disso quanto eu (risos). Existem diferentes tipos de clichê. Tudo o que foi feito pode virar um. Porque um clichê só acontece quando um evento já ocorreu e quase todos já ocorreram e se banalizaram. Da prisão de um homem à separação de um casal. Ora, desde Adão e Eva que os casais se separam! Então, conforme você trata os personagens e conforme eles resolvem suas questões é que sua história pode se transformar em clichê ou não. A imagem final do filme do Marcelo Gomes (*Cinema, aspirinas e urubus*), por exemplo, é um clichê e tanto. Mas o filme é muito mais poderoso que aquilo. Quando o alemão e o nordestino se dão a mão, uma amizade se funda. Quantas vezes já vimos essa cena? Milhões. Mas a perspectiva do filme e a maneira como ele foi estruturado, de um jeito muito talentoso e sensível, vai muito além daquela imagem vista. E não é clichê, mas também não tem medo de partir dele.

TENDO ACOMPANHADO DIFERENTES GERAÇÕES E AINDA EM ATIVIDADE, COMO VOCÊ DESCREVERIA O PANORAMA ATUAL DO ROTEIRISTA NO PAÍS?

Eu diria que, hoje, o roteirista é uma pessoa dentro do cinema. E nossa atividade está se estabelecendo de uma forma cada vez mais sólida, o que constitui uma grande mudança. Quando fundamos a primeira associação de roteiristas do Rio de Janeiro, o Leopoldo Serran, o Doc Comparato, o José Joffily, a Sônia Araujo e eu, éramos sete ou oito e nem todos permaneceram ativos na profissão. Hoje existe um grupo como o Autores de Cinema que tem uma atividade permanente. É um sindicato que não só se preocupa em melhorar as condições de trabalho, mas também defende nossa atividade em um país que não tem uma indústria cinematográfica e vive de altos e baixos. Hoje, ninguém se arrisca a fazer um filme sem um roteiro. Há uma compreensão razoável de que não se chega muito longe sem ele. Todo filme precisa de alguém que tenha afinidade não apenas com a escrita, mas com a linguagem cinematográfica para construir uma história com imagens, usando as palavras. A cinematografia brasileira é muito poderosa e não vem só do talento do diretor, vem também da colaboração de um roteirista muito lúcido. O Fernando Meirelles poderia ter chegado aonde chegou sem a colaboração do Bráulio Mantovani? Não sei. Porque a adaptação do romance do Paulo Lins era muito difícil e o Bráulio deu a primeira forma ao *Cidade de Deus*. Um roteirista precisa estar em exercício, em atividade. Precisa escrever permanentemente. É o que ele gosta de fazer. Ele tem intimidade com a cadeira e com o computador. Diretor tem intimidade com a cadeira? Não, né? Ficar sentado seis, sete, oito horas por dia, ordenando palavras para formar a ideia que logo vai virar imagem não é para qualquer um.

FILMOGRAFIA

* *Romance Policial* (2014)
* *Não se pode viver sem amor* (2010)
* *Olhos azuis* (2009) – argumento
* *Proibido proibir* (2007)
* *Jogo subterrâneo* (2005)
* *Uma onda no ar* (2002)
* *Como nascem os anjos* (1996)
* *Quem matou Pixote?* (1996)
* *Mi último hombre* (1996)
* *Doida demais* (1989)
* *A cor do seu destino* (1987)
* *O rei do Rio* (1985)
* *O beijo da mulher aranha* (1985) – argumento
* *Nunca fomos tão felizes* (1984) – argumento
* *O sonho não acabou* (1982)
* *Pixote: a lei do mais fraco* (1981)
* *Gaijin: os caminhos da liberdade* (1980)
* *Lúcio Flávio, o passageiro da agonia* (1977)
* *Ya no basta con rezar* (1972)

JORGE FURTADO

JORGE FURTADO

"SEMPRE QUE O ROTEIRISTA FOR ESCREVER, QUE EXPERIMENTE, QUE OUSE, QUE TENTE INVENTAR ALGO NOVO."

O que um médico, um psicanalista e um cineasta têm em comum? Para o roteirista Jorge Furtado, muita coisa. Se o impulso no imbróglio pré-vestibular foi escolher medicina como primeira opção, a psicologia veio logo em seguida, fruto do encantamento por Freud e Jung e do desejo de se tornar psicanalista. Mas se, como o próprio Furtado diz, todo personagem se define pelas escolhas que faz diante de dilemas, ao experimentar as primeiras aulas práticas no hospital, a desistência da medicina se impôs e arrastou consigo a psicanálise: "Ver gente morrer era muito violento para mim", lembra. Talvez por isso a ficção (por meio do cinema, da televisão e, mais recentemente, da literatura) tenha se manifestado como uma possibilidade menos radical e mais divertida. "O cinema, como disse o Buñuel, é uma incursão administrada ao inconsciente alheio", defende-se Jorge. "Só que, diferente da psicanálise, o cinema não tem o compromisso de curar ninguém, muito pelo contrário: ele quer é enlouquecer as pessoas", diverte-se.

Se até pouco tempo atrás falar de Jorge Furtado implicava falar do premiado curta-metragem *Ilha das flores*, de 1989 (Urso de Prata no Festival de Berlim, prêmio do público em Clermont-Ferrand, entre outros), hoje seu nome é sinônimo de narrativas engenhosas que misturam referências aparentemente díspares em tramas que divertem e chacoalham o espectador. Basta assistir a *O homem que copiava*, *Meu tio matou um cara* ou *Saneamento básico, o filme*, incursões que o levaram também para trás das câmeras como diretor, para entender (e aprender) como sair do lugar comum sem abandonar os elementos clássicos – e aparentemente clichês – da dramaturgia.

Palavra de Roteirista

Cria do movimento superoitista gaúcho nos anos 1980, Jorge Furtado é hoje um dos seis sócios da Casa de Cinema de Porto Alegre, fundada em 1987 como cooperativa e hoje renomada produtora audiovisual. E para quem pensa que Furtado vive no Rio de Janeiro ou em São Paulo, deslumbrado entre o *glamour* do cinema e da televisão, ledo engano. O roteirista, e também diretor, é um ativista e oriundo dos pampas sul-rio-grandenses. Apesar de *habitué* da ponte aérea Porto Alegre-Rio de Janeiro-São Paulo, Jorge não arreda o pé (nem o sotaque) de lá por nada. Tanto é que foi nela, na Casa de Cinema de Porto Alegre, nosso primeiro encontro.

De fala precisa e sem titubear, Jorge Furtado aprimora seu ponto de vista a cada resposta. Foi o único roteirista com quem tive a oportunidade de conversar duas vezes, e a comparação entre os encontros foi inevitável. Se nosso primeiro papo surpreendeu pela intimidade e destreza com que fala sobre o tema roteiro, a conversa seguinte evidenciou o porquê disso: Furtado ama o que faz e se diverte com a profissão. Seu rigor não é fruto da busca pela perfeição. Muito pelo contrário: o risco, a burla e a provocação são aliados que ele sabe bem como manipular. Afinal de contas, como diz o ditado, se de médico e louco, todo mundo tem um pouco, por que não de roteirista também?

Todo filme começa pelo roteiro? Tudo parte dele?

Eu não sei se tudo parte do roteiro, mas diria que tudo passa por ele, sem dúvida. Talvez o roteiro não seja o ponto de partida do filme, mas uma situação, um ambiente, uma época, um lugar, uma personalidade, um personagem, algo que inspire. Muitas coisas podem ser o ponto de partida para um filme, mas o que vai ser contado tem que ser organizado e ordenado no papel. O cinema é uma arte consecutiva, assim como a história em quadrinhos ou a literatura. Ele não é uma arte expositiva como as artes plásticas, que você pode olhar da maneira que quiser, pelo tempo que desejar, começando da esquerda ou da direita, olhando bem de perto ou de longe. No cinema, as coisas acontecem em uma determinada ordem e o olhar do espectador é induzido. E essa indução precisa ser planejada. Isso é um roteiro! É um trajeto, uma coisa que vai de um lugar para o outro, numa certa ordem e com um determinado objetivo narrativo. Para mim, um filme começa quando existe o roteiro. Um diretor pode ter mil ideias, mas enquanto elas não estiverem trabalhadas no papel o filme não existe.

Você falou em "induzir o olhar do espectador". Por que o roteirista deve fazer isso?

O cinema é uma forma de expressão que dirige completamente o olhar do espectador. Nesse sentido, o cinema se assemelha muito à música. Talvez a melhor definição do cinema seja do Abel Gance (cineasta francês), de que o cinema "é a música da luz". Nas artes plásticas, por exemplo, o espectador pode passar um dia inteiro diante de uma obra. Quem define isso é o desejo e a curiosidade dele. O mesmo pode acontecer com um livro. Você pode ler *Hamlet* em três horas ou demorar uma vida inteira. Mas com o cinema e a música não. Quem define o tempo de duração da música é o músico, idem com o cinema. O roteirista é o primeiro a fazer um trabalho de decupagem do que vai ser visto. Primeiro a faca, depois o gato e finalmente a paisagem, e assim por diante. Depois vem o diretor e dá o tempo de observação: o gato dura três segundos, a faca cinco, a planície vai durar um minuto. Essa ordem e essa duração definem a mensagem. Seria totalmente diferente se fossem observadas por tempos e sequências diferentes. Essas definições mudam completamente a relação entre a obra e o espectador. E o tempo de observação de cada um dos elementos do filme começa e precisa ser definido desde o roteiro.

Pode-se dizer que o roteirista dirige no papel?

O roteirista dirige induzindo a decupagem. Ele escreve e gera imagens na imaginação de quem lê o roteiro. Quando ele escreve "em uma sala de aula cinquenta alunos fazem barulho. Na primeira fila uma menina de blusão vermelho escreve. A tampa de sua caneta está mordida", o que isso significa em termos fílmicos? Plano geral, plano médio e plano detalhe. Quer dizer, o roteirista já induziu, na escrita, pelo menos três planos. De alguma maneira, ele está dirigindo a cena sem filmá-la. A coisa mais chata para o roteirista é escrever o valor do plano, o "corta para", o movimento de câmera. Essa não é função do roteirista, é função do diretor.

Você considera o roteiro um elemento mais técnico ou mais artístico?

O roteiro, além de peça dramatúrgica, é um instrumento de trabalho: cada pessoa da equipe lê o roteiro pensando na sua própria área de atuação. O ator lê suas falas, o fotógrafo verifica quantas diurnas ou noturnas serão filmadas, o produtor contabiliza quantos figurantes, locações e personagens tem uma determinada cena. Essa distinção sobre o que é arte e o que é técnica não deveria ser tão rígida. Arte é técnica também. Em parte, o roteiro é uma peça do mundo da literatura e, em outra, do audiovisual. Assim como a literatura, ele conta uma história e tem que ser interessante de ser lido também. Por mais esquemático e específico que seja, o roteirista não tem por que escrever de uma maneira chata. Quanto mais interessante for a leitura do roteiro, melhor. E há muitas maneiras de torná-lo interessante. Mas na dúvida entre ser artístico ou técnico, seja técnico, essa é minha sugestão.

Qual é a matéria-prima do roteirista?

Acho que ela vem de três fontes diferentes: da memória, da observação e da imaginação. Da memória porque, quando você escreve, mistura a sua memória afetiva ou real a uma memória que você mesmo inventou. Da observação que vem do mundo, não só da vida real como também de livros, filmes e tudo o que serve de referência. E da invenção ou imaginação, que é uma mistura dessas duas, de forma que tudo aquilo junto faça sentido e encontre uma verdade narrativa. Mesmo que o roteirista não saiba se o resultado é fruto da memória, da observação, da imaginação ou de todas juntas.

Que características são fundamentais para um bom roteirista?

O roteirista é um ser de dois mundos: o mundo da leitura e o mundo do cinema. É fundamental que o roteirista seja um leitor, porque é muito pouco provável que alguém saiba escrever sem ler. Ele também tem que entender e gostar de cinema para saber no que o trabalho dele será transformado. Mas não adianta só gostar de cinema. Às vezes, é melhor esquecer um pouco o cinema e se dedicar à leitura. Leia Machado de Assis e pense em como filmá-lo, mesmo sendo muito difícil. Digo isso porque a leitura produz imaginação, ao contrário do cinema, que produz imagens. E ler é um bom primeiro passo para transformar ideias em imagens.

Qualquer pessoa pode ser roteirista?

Pode. É só escrever um roteiro. Lembro que uma vez dei um curso no qual havia uma senhora que era aluna e todos a achavam chatíssima e, aparentemente, ela não tinha nada a ver com o resto da turma. Era um estranho no ninho, mas o roteiro dela era muito melhor que todos os outros, porque ela contou uma coisa real que tinha vivido. Só depois percebi que ela resolveu fazer um curso de roteiro porque tinha passado por aquela situação incrível e precisava contar aquilo de algum jeito. Aí você me pergunta: ela é uma roteirista? Daquele roteiro, sem dúvida. Não sei se ela escreverá outros roteiros, mas aquele ela fez. E muito bem.

Além de roteirista, você também dirige. Qual é a diferença entre essas duas funções e a relação entre elas?

São profissões muito diferentes, a do diretor e a do roteirista. O diretor trabalha com uma equipe de cem pessoas falando o dia inteiro. Ele não para de responder perguntas. O roteirista trabalha sozinho, em casa, no meio dos livros, em um silêncio absoluto. Quando escrevo, minha relação com os diretores geralmente é muito boa. Sempre trabalhei com amigos, em parceria, com gente que admiro. Eu sei que o diretor muda o roteiro. Ele precisa fazer isso para impor sua visão de mundo, seu ponto de vista. Eu também faço isso quando dirijo. E às vezes o roteiro tem que se readaptar à realidade e ao diretor.

Como funciona o trabalho entre roteirista e diretor?

Já escrevi muitos roteiros para outros diretores. Trabalho muito na televisão com o Guel Arraes e escrevemos juntos. Geralmente nós partimos de uma pergunta: o que queremos fazer? É importante falar sobre isso para achar um tema comum que interesse aos dois e para começar a escrever sobre aquilo. Com a Monique Gardenberg fiz o roteiro do *Benjamim*, baseado no livro do Chico Buarque. Ela queria filmar esse livro e a primeira coisa que perguntei foi o porquê daquele interesse. O que naquela história despertou o desejo dela de fazer um filme? O mesmo aconteceu quando o Guel quis filmar o *Lisbela e o prisioneiro*. Por que ele se interessou por essa história? O que havia nela que a destacava de todas as outras? É a comédia? É o mesmo tipo de herói picaresco que tinha a ver com o João Grilo lá do *Auto da compadecida*? Ou é um herói tipo Macunaíma, o malandro brasileiro, meio ingênuo, mas inteligente? A partir dessas respostas, as escolhas vão se dando e o filme toma forma. Assim fica mais fácil na hora de trabalhar o roteiro. A gente tem que ir na direção desse interesse.

Quanto conhecimento de produção o roteirista deve ter?

Muito. O roteirista tem que conhecer tudo de cinema. Ele tem que saber que não deve escrever cenas longas, com longos diálogos, para uma criança de quatro anos, por exemplo. É claro que o roteirista pode escrever o que quiser, mas o diretor só pode filmar o que existe. Essa diferença é fundamental. E o infilmável é um critério amplo que pode ser de tempo, de dinheiro, de prazo e de outros elementos imprevisíveis. Recentemente escrevi um romance e fiquei apavorado com a liberdade da literatura. Eu podia escrever o que quisesse! Ir para Londres, voltar, cenas de multidão, podia ter chuva torrencial, qualquer coisa. Não há limites na literatura.

COMO ROTEIRISTA DE UM FILME, VOCÊ COSTUMA VISITAR O *SET* DE FILMAGEM?

Nunca, jamais, não passo nem perto! Roteirista não pode ir ao *set*, eu sou contra. Quando o roteirista escreve, ele imagina a melhor coisa do mundo. Daí ele chega no *set* e nunca encontra a melhor coisa do mundo, porque a melhor coisa do mundo não existe. A árvore não é a que ele pensou, a casa é menor, tudo é diferente. Então é melhor não ir e esperar para ver o filme depois.

QUAL É A SUA REAÇÃO DIANTE DO ROTEIRO FILMADO?

É uma aprendizagem constante. A primeira vez é um susto. Lembro que uma das primeiras coisas que escrevi para a TV foi o *Delegacia de mulheres*, da Rede Globo. Mandei o roteiro e depois assisti à série já pronta e me lembro de uma cena em que uma menina brigava e saía batendo a porta e os personagens que ficavam diziam: "O que essa menina tem?", e a delegada respondia: "O que ela tem? Ela tem 15 anos". Quando assisti àquilo no ar, a menina bateu a porta e o personagem disse: "O que há com essa menina?", e a delegada respondeu: "Ela tem 15 anos". Eles perderam a piada e eu reclamei dizendo que "o que essa menina tem" é diferente de "o que há com essa menina", mas eles nem entenderam do que eu estava reclamando e eu percebi que o roteirista é um ser insignificante, que pode ser ignorado depois que o roteiro ficou pronto. Há alguns diretores que migraram do roteiro para a direção. O Billy Wilder (diretor norte-americano), por exemplo, conta que virou diretor para ver o roteiro ser cumprido. Dessa maneira, os atores obedeceriam ao que estava escrito e o filme estaria mais perto do que ele havia imaginado.

Pelo menos assim, caso não funcionasse na prática, ele experimentaria a frustração da distância que há entre a função dramática no papel e a ação dramática na tela.

Você está satisfeito com o resultado dos filmes que escreveu?

Acho importante dizer também, para não apenas reclamar do trabalho dos diretores, que muitas vezes acontece de eles melhorarem o roteiro. Às vezes você tem uma surpresa positiva. Uma música pode melhorar uma cena, um movimento de câmera, uma interpretação. Eu gosto dos filmes que escrevi. E praticamente todos têm coisas que me surpreendem, porque eu não tinha imaginado daquela maneira. Até porque quem imagina mesmo é o diretor. É ele que transforma as ideias em imagens.

Fale sobre sua metodologia de trabalho.

Eu não tenho muitas particularidades na hora de trabalhar. Meu método de trabalho é muito constante. Eu faço sempre a mesma coisa: acordo muito cedo, leio uns jornais rapidamente, abro e-mails e antes das oito da manhã já estou escrevendo, e faço isso até o meio-dia. Depois, almoço em casa, sempre que possível, e de tarde trabalho da uma e meia ou das duas horas até umas seis, seis e meia, todos os dias. É isso que eu faço: eu sento e escrevo, escrevo e escrevo.

Durante o processo criativo de confecção dos roteiros, você segue padrões clássicos como *storyline*, escaleta, argumento, etc.?

Quando trabalho em grupo, normalmente o método se baseia na sinopse e na escaleta. A partir da escaleta dividimos o trabalho em cenas. Quando escrevo sozinho, começo a escrever a história pelo começo. Já tenho uma ideia de meio e de fim e vou aumentando a trama. À medida que isso acontece, releio tudo e quando o roteiro começa a ganhar o tamanho de uma história, sempre preciso ler do começo, mesmo que ele seja enorme. Mesmo que um longa-metragem esteja com duzentas páginas e eu na 180, eu acordo e começo a ler a partir da primeira.

Perco uma hora e meia até chegar onde eu havia parado. É um tipo de vício. Mas faço isso porque o roteiro tem que ser sentido no seu ritmo. Não adianta você escrever uma cena enorme, genial, e depois perceber que na ordem do filme ela não funciona. O roteirista precisa sentir o fluxo do filme, entender o personagem, de onde ele vem. Eu não consigo começar a escrever lá do meio. Eu começo do começo. É claro que às vezes dou umas roubadinhas e leio mais rápido, principalmente quando já tenho uma cena decorada. Outra questão fundamental é ler os diálogos em voz alta. Toda vez que não fiz isso, me arrependi. O roteirista precisa ouvir os diálogos e descobrir que o som da palavra talvez não seja o adequado para o que precisa ser dito.

VOCÊ É UM FERRENHO DEFENSOR DA FORMATAÇÃO NO ROTEIRO. O QUE NÃO SE DEVE ESCREVER EM UM ROTEIRO?

Eu tenho uma lista de palavras proibidas que não se deve escrever em um roteiro. Na verdade, não se pode escrever nada que não seja visível ou audível. A exceção a essa regra é nenhuma. Tudo o que o roteirista escreve no roteiro deve ser visível e/ou audível. É claro que nos diálogos, nas falas dos personagens, você pode escrever qualquer coisa, porque aquilo será dito. Mas nas rubricas, nas indicações de cena, não. Isso parece óbvio, mas é a maior dificuldade. O problema que todo roteirista enfrenta diariamente é a tendência a escrever literatura. A gente tende a escrever: "João acorda e Maria não está lá". É muito fácil escrever isso e é muito difícil filmar. Maria não está lá não é roteiro, é literatura. O diretor só vai poder filmar o que está lá. O roteirista deve escrever: "João acorda, a casa está vazia". Eu até brinquei sobre isso no filme *Saneamento básico*. Tem uma cena em que os personagens da Fernanda Torres e do Wagner Moura estão fazendo um roteiro e ele lê o que ela escreveu: "O vento traz do vale o aroma das corticeiras em flor". E ele pergunta como é que ela pretende filmar "o aroma das corticeiras em flor", e ela responde: "Não sou eu que vou filmar, é o Fabrício, né? Ele é que é o câmera". Ou seja: alguém vai sempre ter que filmar. Esse é o grande desafio do roteirista.

CRITICA-SE MUITO O USO DO GERÚNDIO NAS RUBRICAS DO ROTEIRO. POR QUÊ?

O ideal é que o roteiro esteja escrito no presente do indicativo. "Fulano levanta, abre a geladeira, pega a água". Não é "levantou", "pegou", ou "pegando". É claro que se o roteirista escreve "João vai até a geladeira, abre e, pegando a água, fala ao telefone" tem um sentido, pois o que ele diz combinado com essa ação possui um sentido dramático. Mas no roteiro não se escreve assim. A formatação clássica expressa em uma linha a rubrica e na outra, o diálogo. Isso significa que todas as coisas que acontecem na rubrica estão no tempo presente e não no passado nem no gerúndio. Ele "abre" a geladeira, "pega" a água, "fala" ao telefone.

VOCÊ TAMBÉM FAZ LITERATURA. É DIFÍCIL SEPARAR OS DIFERENTES PROCESSOS CRIATIVOS NA HORA DE ESCREVER?

O importante é se policiar. Escrever roteiro e literatura são processos muito diferentes. A minha primeira e mais radical experiência com literatura foi no romance *Trabalhos de amor perdidos*. Quando comecei a escrevê-lo, levei um susto, porque a liberdade era enorme. Podia acontecer, como disse anteriormente, qualquer coisa naquela história: chover durante dias, alagar a cidade inteira, levar todos os personagens para Moscou, um terremoto, abelhas assassinas invadindo um quarto. Pode-se fazer qualquer coisa em um romance, não tem custo de produção, é liberdade absoluta de criação. E no roteiro, não. Quando escrevo no roteiro que chove, para a equipe de produção é uma encrenca: é água, vai molhar o cenário, depois tem que secar, tem continuidade com a cena seguinte. Não são apenas processos, mas também resultados muito diferentes um do outro.

FALEMOS DE PERSONAGEM. TEM GENTE QUE FAZ BIOGRAFIA, UNS ESCREVEM DIRETAMENTE, OUTROS CRIAM A PARTIR DO DIÁLOGO. COMO FUNCIONA O SEU PROCESSO DE CONSTRUÇÃO DE PERSONAGEM?

Os personagens, assim como as ideias para os filmes, podem surgir de várias maneiras. Podem ser inspirados em alguém que exista ou ser a mistura do que você lembra daquela pessoa com o que você gosta de outra, ou pode ser um tio misturado com um colega da escola. Eu aprendi com o Paulo José que os personagens geralmente são descendentes de outros personagens. São filhos, netos ou bisnetos de personagens já existentes. A Commedia dell'Arte, por exemplo, sustentou o teatro durante trezentos anos com dez personagens. Shakespeare, que foi o maior criador da história e o maior dramaturgo desde sempre, escreveu mais de mil personagens diferentes e bem definidos. Por isso é muito difícil que um roteirista encontre um personagem que não tenha nada parecido com nenhuma peça de Shakespeare. Os personagens já existem na dramaturgia. É claro que eles recebem nuances, detalhes e se definem pela ação dramática. No final das contas, personagem é aquele que escolhe, que decide fazer alguma coisa. O Indiana Jones quer achar a arca da aliança e o ET quer voltar para casa. Na medida em que tomam essas decisões, eles se tornam personagens interessantes. O bom personagem nasce fazendo coisas.

Existe o mito de que em determinado momento da escrita o personagem fala com o roteirista, ganha vida...

Isso é incrível! Eu sou completamente cético, ateu e tudo mais, mas é inacreditável perceber que o personagem faz coisas que o roteirista nunca imaginou que ele poderia fazer. Depois de um tempo escrevendo, o roteirista tem que ser um pouco cada um daqueles personagens e tomar o ponto de vista deles. Daí ele começa a ter vida própria: a partir do momento em que se constrói e atua nas cenas. Isso acontece mesmo!

Todo personagem deve aprender alguma coisa?

Eu acho que sim. Na verdade, todo espectador tem que aprender alguma coisa. E ele aprende com os personagens. Mas, às vezes, o personagem pode ensinar por não ter aprendido nada. O espectador que acompanha a história de um personagem que não aprende nada, entende que se estivesse no lugar dele, vivendo aquela história, teria aprendido. Mas, na maioria das vezes, o personagem se transforma, sim. O bom personagem sempre se transforma com a história.

Qual é o bom diálogo e como ele se constrói?

Ser dialoguista é quase uma profissão. Aliás, nos Estados Unidos é uma profissão. Mas não existe uma teoria única, nem um único tipo de diálogo. Não há regras para confeccioná-lo. Aliás, não existe regra para coisa alguma, mas ele precisa flutuar mais ou menos entre o coloquialismo excessivo da linguagem realista diária e o diálogo literário. *Macbeth*, do Shakespeare, por exemplo, é uma peça de teatro genial e a tradução do Manuel Bandeira é brilhante. Mas ela montada no palco é difícil de entender. Os diálogos que o Manuel Bandeira traduziu para *Macbeth* são ótimos para serem lidos, mas não muito bons para serem ouvidos. A tradução para o palco é muito difícil. O diálogo tem que construir o personagem, ser interessante de ser acompanhado, ouvido. O diálogo tem que tocar a história para a frente. E precisa ser concentrado. Ele tem muitas características e não existe nenhuma regra fixa. Se pensamos nos diálogos de Guimarães Rosa, ou nos diálogos de Joyce, ou do Borges, eles são muito diferentes, mas todos interessantes à sua maneira. Às vezes é o jeito de falar, às vezes é a entonação, às vezes é a maneira como o roteirista usa a palavra. Então, o diálogo é uma ciência própria. E o roteirista precisa estar com o ouvido atento, lendo e ouvindo coisas, e entender que quem inventa a língua mesmo é o povo. A língua surge anonimamente no meio das pessoas. Quando a Clarice Lispector escreveu *A hora da estrela*, ela só tinha escrito livros com personagens de sua própria classe social, gente da burguesia, intelectuais e aristocratas. E para contar a história da Macabéa, ela foi para a feira de São Cristóvão, no Rio de Janeiro, ouvir o povo. E começou a anotar, anotar e anotar. O roteirista que escreve diálogo tem que abrir o coração pelo ouvido.

No universo dos roteiristas, a voz *over* é polêmica. Por que tanta discussão?

Eu já fiz muitos filmes com voz *over* e confesso que gosto bastante desse recurso. A voz *over* é uma coisa importada da literatura. É o texto literário do qual o cinema se apropriou. Ela transmite o fluxo de consciência do personagem ou do autor muito claramente, de uma maneira que o cinema não consegue. *Moby*

Dick (romance de Herman Melville) começa assim: *"Call me Ishmael"*. Como é que se filma isso? Se o roteirista escreve uma cena com voz *over*, tira a voz e a cena continua funcionando, ele pode colocar de volta, porque a cena funciona independente dela. Se o roteirista tira a voz *over* e a cena não funciona significa que a cena precisa ser reescrita, porque ela não funciona sem aquela informação dada pelo recurso. Essa voz é quase um brinde ao filme. Eu já fiz muitos filmes com voz *over* desde o *Ilha das flores*, que foi todo feito assim. Mas nesse filme a voz *over* entrou por uma questão técnica. Na época, eu não tinha câmera com som direto e precisei fazer o filme sem som. Por isso o *Ilha* foi escrito assim.

MAS NO CASO DO *ILHA DAS FLORES* VOCÊ CONSEGUIU TRANSFORMAR UMA CARÊNCIA TÉCNICA EM UM RECURSO ARGUMENTAL. O FILME NÃO TERIA O MESMO SENTIDO DRAMÁTICO SEM AQUELA VOZ *OVER*.

Sim, a voz *over* tem ali um sentido dramático e deve ter sempre. Mas nesse caso eu não tinha outra opção. No caso de *O homem que copiava*, há uma introdução de quase meia hora com voz *over*. Ela é uma imposição ao público para criar um espectador melhor, como diz o Humberto Eco. É uma penitência de meia hora que se o espectador aguenta, não larga mais o filme. Quando comecei a fazer *Saneamento básico, o filme* uma das coisas a que me obriguei foi a não ter voz *over*. Jurei que não ia utilizar e o filme começa, na verdade, com um texto fora de quadro que parece ser um *over*, mas não é. Depois disso já usei voz *over* de novo e voltarei a ela sempre que achar importante. É um recurso muito rico e o roteirista não pode abrir mão de nenhum elemento da linguagem e dizer que não vai usar.

FALAMOS DE DIÁLOGO, FALEMOS AGORA DE SILÊNCIO. ELE É TÃO IMPORTANTE QUANTO O QUE É DITO NO CINEMA?

Não sei quem disse – deve ter sido o Jean-Claude Carrière – que o cinema ama o silêncio. Ele é muito comovente no cinema. Se você está em uma sala escura, diante de uma tela enorme, vendo uma paisagem em silêncio total, durante um tempo, aquilo ganha uma importância dramática muito forte. Dá para prestar atenção em muita coisa. Tem vários tipos de sons que parecem silêncio, mas não são: o vento, grilos, árvores, uma música ou uma conversa ao fundo, um carro de bois lá longe... Pode-se fazer coisas muito emocionantes, muito tocantes com o silêncio no cinema. Esse talvez seja um diferencial bem importante entre o veículo cinema e o veículo televisão. A TV odeia o silêncio. Ela é praticamente um rádio, não para de falar. Por ser menorzinha, a televisão precisa chamar atenção sobre si mesma o tempo todo. E ela faz isso com o som. O cinema não precisa fazer isso. O espectador já saiu de casa, já comprou o ingresso, já está no escuro, não vai mudar de canal. É claro que um momento de silêncio na televisão chama a atenção também. Mas isso porque ela é tão falante, que ao se calar de repente a gente olha para ver o que aconteceu. Esse é um uso criativo do som na TV. Mas ele é muito mais útil, muito mais bem-vindo no cinema.

Fale sobre o subtexto no roteiro. Ele é fundamental para qualquer história?

Toda boa cena tem um subtexto. São as camadas de um filme. A primeira camada, obviamente, é o que acontece na cena, o que os personagens fazem nela. E tem outra que é o que realmente está acontecendo, mas não é mostrado. O espectador deve ser levado a imaginar o que o personagem está pensando, mas não está acontecendo. A cena deve levar isso em consideração. Quando escrevi, com o Giba Assis Brasil, a minissérie *Agosto*, para a Rede Globo, fizemos o roteiro baseado no livro do Rubem Fonseca. Nele, há uma cena que é o encontro do Comissário Mattos (interpretado por José Mayer) com a Alice (Vera Fischer), sua ex-amante. Ela agora é uma *socialite* e ele virou policial, e os dois se reencontram depois de muitos anos na confeitaria Colombo, no Rio de Janeiro. Ali tem muito constrangimento: ela casou, teve problemas mentais, está meio perturbada e ele sabe disso, mas não fala nada. A Alice começa a falar que esteve em Paris, conta o que aconteceu na vida dela, enquanto ele examina os talheres da mesa. E no momento em que ela confessa que sua vida foi muito estranha, tem uma linha solta no livro que diz "Inox". É o Mattos lendo o que está escrito na faca. Isso é ótimo. Ele está tentando fazer qualquer coisa para não encarar a mulher, constrangido, tentando fugir daquele assunto. Isso revela um monte de situações e de sentimentos escondidos, sugeridos pela ação de um personagem que lê o que está escrito em uma faca. Uma faca! Qual é o subtexto disso? Cada um deduz o que quiser, claro. Mas eu vejo todas essas coisas que estão acontecendo na cabeça desses dois personagens sugeridos por uma ação. Isso é muito melhor do que dizer "Mattos está muito constrangido e não consegue encarar Alice, pois ela representa muito na vida dele". Isso é péssimo na literatura e também no roteiro. Basta colocar ele lendo "Inox", que o espectador já entende tudo o que está acontecendo. Por causa de uma palavrinha só, quatro letras.

APROVEITANDO O TEMA ADAPTAÇÃO, COMO O ROTEIRISTA DEVE ENCARAR ESSE DESAFIO?

Eu fiz muitas adaptações, principalmente para a televisão, mas algumas para o cinema também, como os meus primeiros curtas, o *Temporal*, baseado em um conto do Luis Fernando Verissimo, e o *Dorival*, baseado em um romance do Tabajara Ruas, além do *Barbosa*, baseado no conto do Paulo Perdigão. Eu acho o seguinte: o roteirista tem que tratar o original com algum desrespeito. Não dá para achar o livro genial e querer fazer igualzinho. O filme será feito por meio de um livro genial. Isso que eu chamo de desrespeito ao original é para que o roteirista possa viajar um pouco do mundo da literatura para o mundo do audiovisual, mantendo suas qualidades. Se o roteirista respeitar demais, não tem como fazer isso. Já houve casos de a gente querer adaptar autores que já morreram e a viúva do autor ou a família pedirem para não mexer em nada. Mas isso é impossível, não tem como não mexer em nada. Tem que mexer. Com ou sem a concordância do autor. E cada caso é um caso. Depende também da pesquisa. No *Caramuru: a invenção do Brasil*, por exemplo, o filme é uma mistureba. Passei um ano lendo tudo que havia de documentos sobre o descobrimento do Brasil. Mas a gente inventou muita coisa também. Tem salada de todo tipo ali. Eu me lembro de uma cena do *Caramuru* em que a Paraguaçu (personagem de Camila Pitanga) ensinava o Diogo (Selton Mello) a falar português. Ela mostrava manga, comparava manga fruta com fiapo de manga e alguém escreveu para a Rede Globo (emissora em que a minissérie foi exibida antes de virar filme) reclamando e dizendo que não existia manga no Brasil em 1500, que a manga foi trazida da Índia depois e tal, o que é uma besteira completa. Nada daquilo existia, não existia câmera, não existia língua portuguesa, não existia Camila Pitanga, não existia Selton Mello. Por isso esse "desrespeito" é necessário. Se não for assim, não vai dar certo.

Você teve a experiência de adaptar seu próprio romance para o cinema. Fale um pouco sobre isso.

É. Adaptei *Trabalhos de amor perdidos*, que o Fernando Meirelles quer filmar. Nesse caso o processo é todo o contrário. Eu tenho que simplificar coisas, torná-las "filmáveis". No livro tem muitas cenas que acontecem em aeroportos, no embarque e no desembarque. Escrever isso é mole, filmar é dificílimo. Os aeroportos são os piores lugares do mundo para filmar. Conseguir autorização é sempre complicadíssimo. E como tenho duas profissões, sou roteirista e diretor, às vezes me pego como diretor, xingando o roteirista. Porque quando o roteirista escreve, ele está em casa, tranquilo, no seu computador... Mas na hora de filmar aquilo é uma encrenca. Por isso o roteirista tem que saber qual é o problema que ele está causando para o diretor quando inventa uma cena em um aeroporto, por exemplo.

É mais fácil adaptar um romance original seu?

Não, é mais difícil. Apesar de diferente, porque eu sei a importância de uma determinada ação ou personagem que pode parecer pouco importante na hora de filmar, mas que foi importante para o texto. Então na hora de cortar no roteiro eu sei que vou cortar uma coisa que tinha importância no livro, mas no filme, não. É doído, mas não tem jeito. O livro tem 250 páginas. O roteiro, cem. E duas horas na tela. Tem que editar.

Você oscila entre roteiro e direção. Tendo noção da dimensão dessas duas funções, qual é a sua posição sobre a questão da autoria de um filme?

Não encaro essa questão como uma polêmica. Tem um texto do Gore Vidal (escritor americano) chamado "Afinal, quem faz os filmes?", em que ele defende a ideia de que o roteirista é o principal criador de um filme e conta uma piada hollywoodiana de que o produtor é o cara que manda no filme, que tem o dinheiro. O roteirista é o cara que inventa o filme. E o diretor é o cunhado de algum deles (risos). Não acho que seja exatamente isso. Um bom diretor pode pegar qualquer roteiro e imprimir nele sua visão autoral. Basta pensar no Hitchcock e em todos os filmes que ele fez, baseados praticamente só em romances ruins ou desconhecidos. Ele, e seus roteiristas, claro, transformavam essas narrativas populares em obras-primas do cinema. Nesse caso, o diretor faz muito pelo filme. Mas eu não conheço nenhum filme bom que tenha sido feito com um roteiro ruim. Talvez o que mais defina a qualidade de um filme é o roteiro. Ele é o alicerce, é a fonte a partir da qual o filme se constrói. Mesmo que ele não seja o ponto de partida, ele é o que define o filme. Outro dia ouvi a atriz Vanessa Redgrave falando que o único risco no cinema americano é o roteiro. O resto não tem risco nenhum: filma-se trinta vezes, troca-se de elenco, de diretor, de fotógrafo. Mas o roteiro não. O roteiro é um pedaço de papel, de 120 ou duzentas páginas, com as quais o filme vai ter que se parecer.

Do que você mais gosta e do que menos gosta no processo de escrita?

Eu acho que a coisa mais chata para o roteirista são as mudanças geradas principalmente por questões de produção. Ele escreve um roteiro que muda constantemente: aquela personagem não é mais a tia, agora é a irmã e elas devem ter a mesma idade. Às vezes é uma coisa mínima que precisa ser mexida, mas que acaba interferindo no decorrer do texto todo. Aí o roteirista começa a mexer e o negócio vai ficando esquisito, até pior. Isso é muito chato. E do que eu mais gosto? Gosto quando as coisas se encaixam. Dessa sensação de que a história está ficando boa, interessante. Alguém disse – não vou saber citar o autor – que uma cena no roteiro "deve ser ao mesmo tempo surpreendente e inevitável". Essa frase é ótima. Toda cena tem mesmo que ser surpreendente e inevitável. Quando ela acontece, você se surpreende, mas se para e pensa é claro que aquilo tinha que acontecer, evidentemente. E o roteiro, quando se estrutura, naturalmente vai tomando formas surpreendentes e inevitáveis. O roteirista "sugere" coisas e a própria história resolve uma cena e as peças se juntam.

Anne Huet, roteirista francesa, fala que "quando se escreve um roteiro, é importante estar disposto a se transformar em Cristóvão Colombo, que saiu à procura das Índias e acabou descobrindo a América". Você sempre se surpreende com o rumo que suas histórias tomam?

É isso, ela tem toda razão. Muitas vezes a gente parte pensando em uma coisa e descobre outra mais interessante que te desvia do planejado. O roteirista tem que saber desviar. Em *Os sertões*, de Euclides da Cunha, talvez o maior livro de não ficção escrito no Brasil, o que ele tem de genial é a mudança de opinião do autor ao longo da narrativa. Quando começa, ele pensa uma coisa e, durante o livro, o leitor percebe que ele muda de opinião e termina pensando o contrário daquilo de quando começou. Essa coisa documentarista, de sair com o espírito livre, aberto, atento ao seu redor, é método também para quem faz ficção. O roteirista precisa ter humildade para mudar de ideia e assumir que não quer mais fazer uma coisa, mas outra. As ideias têm prazo de validade, pelo menos para serem escritas. Escreva logo, caso contrário você não vai mais querer falar sobre aquele assunto. Ele envelheceu, não te interessa mais. Pensando no cinema brasileiro, esse é um risco importante. Principalmente porque é tão demorado para ser feito que pode comprometer a vontade e o resultado. Quando ele consegue o dinheiro para filmar, anos depois, quem garante que ele ainda quer falar sobre aquilo? O importante é escrever e realizar aquele desejo de alguma maneira, seja transformando em livro, quadrinho ou roteiro. Faça sempre alguma coisa, não guarde sua história.

Você tem formação sobre a prática do roteiro, conhece bastante os mecanismos narrativos. Ter consciência deles faz você, como espectador, perder um pouco a magia e a surpresa do cinema?

De jeito nenhum. Eu me distraio totalmente quando assisto a um filme e me esqueço de tudo. Se você me perguntar sobre a câmera, eu não sei responder. Realmente entro no filme, sou um espectador normalíssimo. Aliás, os filmes de que mais gosto são aqueles em que mergulho e abstraio do resto. O Billy Wilder faz isso muito bem. Nas histórias dele, eu esqueço que são filmes, que existe uma câmera, um cenário, que aquilo é estúdio. Eu não penso nisso nunca. Acompanho aqueles personagens, sofro pensando se um ou outro vai morrer, se alguém vai chegar a tempo de salvá-lo ou não. No cinema, sou totalmente espectador.

Todo roteirista é um bom observador?

Se não é, deveria ser. Acho que essa é uma característica fundamental para quem quer criar qualquer coisa, especialmente escrever. Tem que ser curioso, prestar atenção, se ligar nas coisas, ouvir, ficar em silêncio e observar. Lembro de uma coisa que o Pedro Cardoso – nós trabalhamos muito como roteiristas antes de ele ser um ator famosíssimo – me disse: depois que ele ficou famoso, perdeu uma coisa fundamental para o escritor que é poder observar sem ser observado. Poder ir a um estádio de futebol, à padaria, ao restaurante e ver, ouvir, sem que ninguém perceba. Quando a pessoa, como é o caso dele, se torna o centro da atenção, fica mais difícil.

O clichê é mesmo um grande fantasma dos roteiristas?

Hitchcock dizia que é melhor partir de um clichê do que terminar nele. A diferença entre o clichê e o arquétipo é o tempo. O que é um clichê? É um arquétipo recente. E o arquétipo é uma coisa milenar. A roda, o círculo, a chave, a carta, a bruxa, o mago e o mentor são exemplos de arquétipos. Estão presentes em todas as histórias hoje e desde de sempre. O clichê não. Ele é um elemento recente, que alguém gostou e está utilizando. Um dos clichês mais novos que conheço – e que já virou um clichê total – é o personagem de costas para uma explosão. Eu não sei quem inventou, mas o Tarantino já usou quinhentas vezes. Todos os filmes de ação têm um herói de costas para uma explosão. E atenção: ele não vira para trás! O herói é tão incrível que não tem nem a curiosidade de olhar para ver a explosão. Esse é um clichê que define muito o personagem: uma pessoa tão especial, totalmente diferente de qualquer um, que está se lixando para o que acontece atrás dele. Até a mulher de Ló olhou para trás e virou sal na Bíblia. Qualquer um olharia. Mas ele não. Ele é o super-herói. O Bruce Willis já fez essa cena um zilhão de vezes, o Vin Diesel também. Esse é um "clichezaço" que já virou piada. Mas desse clichê o roteirista consegue escapar com senso crítico. O inevitável é escapar dos arquétipos: rapaz se apaixona por moça ou dois homens se apaixonam pela mesma mulher ou alguém impede um casamento... Esses são clichês? Não, são arquétipos. São histórias milenares que movem todas as outras histórias. São pontos de partida. E o roteirista se afasta do clichê à medida que cria uma trama nova a partir daí.

Qual seria o antídoto para o clichê?

O primeiro antídoto é contar uma coisa que seja verdadeira para você mesmo. Quando recebo roteiros de jovens com uma história de traficantes, por exemplo, sempre há uma cena em que o cara tem duas armas nas mãos. Mas esse é um filme que ele já viu, não tem nada a ver com ele. Ele está escrevendo filmes que já foram filmados. O antídoto é contar uma história que seja importante para ele e não simplesmente a reprodução de outro filme.

Roteiro é feito por tentativa e erro?

O maior talento humano é o talento de errar. Os animais não erram nunca e o ser humano erra sempre. O cachorro nunca tem uma ideia ruim, como "quem sabe eu mergulho e pego um peixe". Ele não faz isso. Ele faz o que a biologia diz para ele fazer, o instinto de sobrevivência. E o ser humano não. Por isso eu digo que sempre que o roteirista for escrever, que experimente, que ouse, que tente inventar algo novo. Tem uma frase do Balzac que diz "escreva com vinho e revise com café", quer dizer, na hora de escrever deixe o impulso te levar. Depois revise.

Como enfrentar o bloqueio criativo?

Aprendi com o Sherlock Holmes que o melhor jeito de descansar de uma coisa é se envolver com outra. Além de ser muito produtivo, porque você acaba fazendo muitas coisas, é a única maneira real de esquecer um problema: tendo outro. Se o roteirista esbarra em uma cena que não consegue resolver, não adianta ficar insistindo. Escreva outra coisa, resolva outro tipo de problema. O Sherlock fazia isso para relaxar quando tinha um caso que não conseguia resolver. Assim você se distrai e ganha tempo. Um tempo necessário para você elaborar o que precisa e resolver o problema depois. Pare por uma semana, deixe o texto descansar. Depois volte a ele e leia de novo. Você vai entendê-lo de outra maneira.

Toda vida dá um filme?

Toda vida dá muitos filmes. Qualquer vida dá muitos filmes. Eu fiz um curta exatamente com essa tese, o *Essa não é sua vida*. Nele, eu batia na porta da casa de uma pessoa e saía filmando. Não tinha a menor ideia de quem era a pessoa. No filme, pergunto: "A senhora já apareceu na televisão?", e ela responde que não, então digo que quero fazer um filme sobre a vida dela. E fiz. Um filme sobre a vida de uma pessoa que nunca tinha visto nem tinha a menor ideia de quem era. E a vida dela era interessantíssima, como a vida de qualquer um é sempre interessante, dependendo da maneira como você conta. Se você contar a história de um marceneiro judeu que fazia mesas, pode ser muito chato. Mas se ele for Jesus Cristo, passa a ser muito interessante. Escrever é fazer escolhas. Desde a palavra que você vai utilizar, o tema, o tempo. Não é só escrever e filmar. O filme é o resultado das escolhas de várias pessoas; começa no roteirista e passa pelo diretor, pelo produtor, pelo montador, pelo fotógrafo. Todo mundo toma decisões o tempo todo em um filme. O Paulo José diz que o roteiro é a tese, as condições de produção são a antítese e o filme é a síntese disso tudo.

FILMOGRAFIA

* *Real beleza* (2015)
* *Boa sorte* (2014)
* *Antes que o mundo acabe* (2009)
* *Romance* (2008)
* *Saneamento básico, o filme* (2007)
* *O coronel e o lobisomem* (2005)
* *Meu tio matou um cara* (2004)
* *Os normais, o filme* (2003)
* *Lisbela e o prisioneiro (2003)*
* *O homem que copiava* (2003)
* *Benjamim* (2003)
* *Houve uma vez dois verões* (2002)
* *Caramuru: a invenção do Brasil* (2001)
* *Tolerância* (2000)
* *Felicidade é...* (1995)

LUIZ BOLOGNESI

"Na hora em que você está escrevendo não dá para ter distanciamento. Se você escrever tentando ter distanciamento no momento da criação, nunca vai produzir nada."

Aos 13 anos de idade, Luiz Bolognesi leu Kafka pela primeira vez. E não entendeu muito bem do que se tratava aquela história de um homem que acordava transformado em um inseto. Mas gostou. E muito. Antes já havia lido toda a coleção protagonizada pelo belga Tintim e descoberto as aventuras de Júlio Verne. Segundo o próprio Luiz, sua relação com o mundo do roteiro nasceu quando aprendeu a ler na cartilha da escola e descobriu o poder e o prazer da palavra. E de lá para cá, o mundo da leitura e da escrita foram partícipes ativos em sua formação pessoal e profissional. Tanto que, por causa de Tintim, Luiz decidiu ser jornalista, achando que iria viajar o mundo. Trabalhou como redator na *Folha de S. Paulo* e na Rede Globo de Televisão, e o sonho de dar a volta ao mundo, como o protagonista de Hergé, parecia cada vez mais distante. Talvez por isso tenha aceitado o conselho de um amigo que o motivou a fazer alguma coisa autoral. O resultado foi o curta-metragem *Pedro e o senhor*, lançado em 1994, escrito e dirigido por ele. A partir daí, Luiz descobriu que aquelas mesmas palavras que o haviam seduzido em sua formação poderiam se transformar em imagens e fazer muita gente dar a volta ao mundo dentro de uma sala de cinema.

Coincidentemente, alguns anos depois, Luiz Bolognesi recebeu a encomenda para roteirizar o documentário *O mundo em duas voltas*, de David Schurmann, no qual conta a história da família gaúcha Schurmann, que dentro de um veleiro cumpre a missão que dá título ao filme. Horas e horas de material a que o roteirista assistiu, organizou, selecionou e roteirizou. Nada melhor do que um viajante em potencial com o mundo pela frente para escrever um filme como esse. O menino que queria ser Tintim talvez não tenha se transformado num típico correspondente internacional, mas, sem dúvida, por meio de suas palavras, faz muita gente viajar, seja a bordo de um veleiro, seja numa instituição psiquiátrica (como no filme *Bicho de sete cabeças*), ou mesmo dentro de um reduzido salão de baile na cidade de São Paulo (como em *Chega de saudade*).

Pai de duas meninas e casado com a diretora Laís Bodanzky, com quem trabalha em parceria desde que se transformou oficialmente em roteirista e passou a viver dessa profissão, Luiz Bolognesi dá a impressão de estar de bem com a vida. Mesmo crítico, tem um senso de humor notável e encara os reveses da profissão de roteirista como ossos do ofício. Para ele, o diálogo com o público é mais importante do que qualquer crítica, mesmo que muitas vezes se sinta invadido com comentários sobre seus filmes, feitos por pessoas inconvenientes em momentos inapropriados. Em casos como esse, mesmo contrariado, Bolognesi dá um sorriso e pede outra caipirinha. Porque, como ele mesmo diz, "faz parte do jogo".

É possível sobreviver como roteirista no Brasil?

Totalmente. Eu sei de muitos roteiristas que não param de trabalhar, ganhando bem, vivendo bem e recusando trabalho porque não têm tempo de fazer tudo que gostariam. Hoje, a demanda para os trinta roteiristas que estão em voga no mercado é maior do que a gente consegue suprir. O legal é que estamos formando uma nova geração, que tem o privilégio de começar a escrever conosco. Eu coloco um roteiro de longa-metragem na mão de um menino de vinte e poucos anos que eu acho que tem um texto bom e, quando vejo, ele já está escrevendo o primeiro tratamento de um roteiro, que talvez vá ser trabalhado por mim depois, numa segunda ou terceira versão.

Qual é a diferença da geração de roteiristas a que você pertence com relação à que começa a se formar agora?

A minha geração embarcou no roteiro na fase dos 30 anos, o Bráulio Mantovani, o Di Moretti, eu e uma série de pessoas passamos pelo filme institucional antes, porque o cinema só se consolidou mesmo quando a gente estava com 30 anos. Mas hoje existe uma geração que sai da faculdade e cai de cabeça no mundo do cinema, e já está produzindo muito roteiro. É uma geração muito precoce e eu acho isso muito interessante, porque a gente vai ter uma nova geração de roteiristas na faixa de 20, 30 anos. Se você procurar, vai descobrir que grandes poetas e grandes escritores da história da literatura tiveram o auge da sua produção nessa etapa da vida. Então eu fico muito curioso para saber o que vai vir com essa nova geração de roteiristas que têm a oportunidade de escrever tão cedo.

Que aptidões esses jovens precisam ter para serem roteiristas?

Eu acho que para ser roteirista o que precisa basicamente, e evidentemente, é de gostar de ler. A literatura é o grande prazer de quem escreve roteiros. Já a segunda qualidade é ser curioso. O roteirista é um grande curioso. Ele tem um pé no jornalismo, na antropologia, na vontade de descobrir coisas, de ir na direção do novo, de inventar e desvendar. Ele é um cara que na infância devia ficar fazendo mil fantasias, criando mil histórias, porque o roteirista é um inventor, um criador. Mas eu acho que a ferramenta básica, que vem da infância, com certeza, é o prazer pela literatura. Porque o roteiro, antes de ser cinema, é literatura.

VOCÊ ACHA QUE O OFÍCIO DE ROTEIRISTA É ALGO QUE SE PODE ENSINAR E APRENDER?

Claro, como qualquer outro ofício. E, como todo aprendizado, tem várias maneiras de você absorver a informação, seja na escola ou não. Eu acho que tanto o roteirista como o roteiro melhoram com o tempo. Eu falo que o roteiro é como o vinho: ele precisa ficar um tempo na gaveta para melhorar. Porque a gente escreve em meio a fluxos de pensamento que não te dão a noção de se aquilo é bom ou ruim. Quando você termina o roteiro, está apaixonado por ele, achando que é uma obra-prima. E às vezes você o lê três dias depois e fala: "Nossa, mas isso é um lixo, é uma porcaria". Acontece que na hora em que você está escrevendo não dá para ter distanciamento. Se você escrever tentando ter distanciamento no momento da criação, nunca vai produzir nada. O momento da escrita é um mergulho cego. Pode ser uma coisa muito legal e pode ser uma porcaria. Por isso eu acho que o tempo é uma coisa legal. Porque você se afasta, olha novamente para o seu roteiro com um olhar crítico e descobre efetivamente que muitas coisas não prestam, e você vai lapidando. E quanto mais o roteirista faz esse processo, mais vai destilando o roteiro.

NESSE SENTIDO, QUAL É O TEMPO IDEAL DE GESTAÇÃO DE UM ROTEIRO?

Quando pego roteiros para fazer, minha maior dificuldade não é negociar cachê, mas negociar prazo. Eu preciso de prazo, eu preciso de tempo. Às vezes, sou capaz de escrever um roteiro num tempo curto. Mas, geralmente, sempre sinto que nesse tempo ainda não cheguei aonde poderia chegar com aquela história. E, na maioria das vezes, o diretor está muito ansioso e quer filmar de qualquer maneira. Nesses casos, digo que podemos filmar, mas que o roteiro ainda não está 100%.

Ele está em processo. Os roteiros que escrevi e dos quais mais gosto são aqueles que levaram quase dois anos para serem escritos.

E O QUE É UM ROTEIRO CINEMATOGRÁFICO?

Eu acho que o roteiro é uma obra literária em primeiro lugar. Depois ele deixa de existir, ele some, desaparece e vira uma outra obra. Ele evanesce. Ninguém vai ler um roteiro a não ser quem trabalha com isso, quem gosta. Quando ele nasce, é na forma de literatura. É óbvio que ele tem uma sintaxe própria, uma maneira de ser escrito em que não se pode escrever o que o personagem está pensando, porque isso não é passível de ser filmado. Já na etapa da filmagem, o roteiro é o mapa. Tudo vai ser rodado em cima dele. Lá está a narrativa, a trama, a história, lá estão os personagens e o que eles fazem e dizem, mesmo que depois o diretor trabalhe com improvisação e os atores inventem outros diálogos. O importante é que eles sempre partam daqueles diálogos que os roteiristas escreveram primeiro, uma vez que as intenções estão ali. Porque o cinema é um artesanato industrial feito por várias linhas, por vários artistas diferentes. Tem o cara da música, tem o diretor de arte, tem o fotógrafo, tem o diretor. Então são vários artistas que trabalham em cima de uma peça-base ou de uma estrutura-base que está ali pensada e escrita. E, nesse sentido, quanto mais aberto e consistente for o roteiro, mais ele permitirá que as pessoas da equipe possam fazer a leitura com mais liberdade dentro da sua função.

QUE TIPO DE LIBERDADE UM ROTEIRO DEVE PROPORCIONAR?

Se o roteiro for uma peça em que não se possa mexer porque será desestruturado, é muito provável que ele não esteja tão consistente assim. O cinema é uma obra feita por vários autores. Ele tem uma autoria plural. É evidente que a autoria maior é do diretor. Mas o filme tem o dedo do diretor de arte que é um artista, do fotógrafo que é outro artista, dos atores que são artistas também. É importante que a peça do roteiro inspire todo mundo a realizar a sua autoria no processo de criação daquele filme. Quanto mais autores, ligados diretamente à mesma base, o filme tiver, mais camadas e mais capacidade de polifonia ele terá e mais complexo vai ser. Então um bom roteiro, para mim, não é aquele que amarra, que não dá margem para nenhum jogo. Ele é melhor quando é consistente e permite vários olhares criativos em torno dele, orbitando nele, criando uma constelação plural, rica, para ter um filme mais complexo e não fechadinho, durinho, travadinho, sem respiro, sem ar.

Como você lida com as múltiplas interpretações que o roteiro que você escreveu pode gerar?

Para mim, é um motivo de prazer que não consigo nem te descrever. Porque a gente fica mais de um ano trabalhando sozinho na frente da tela em branco de um computador e tem que tirar tudo da cabeça. Você busca referências em tudo o que viveu e está vivendo para colocar naquele roteiro. É um processo muito solitário. E quando se chega à última versão do roteiro em que o diretor fala "tá bom" e o produtor fala "tá ótimo, vamos filmar", e você começa a ver esse roteiro nas mãos da equipe e a ver o que as pessoas fazem com ele, é uma emoção indescritível. Tanto que eu tenho prazer de ir ao *set* não para trabalhar, não para palpitar, mas para ver o trabalho da equipe, porque é lindo. Você imaginou um bar e você vai lá ver o bar que o diretor de arte construiu. E se a equipe é boa, você gosta de tudo o que vê, mesmo que esteja diferente daquilo que imaginou. É a sua ideia ganhando alteridade, passando a existir. É aquilo que na sua cabeça era apenas uma coisa etérea, evanescente, e que de repente ganha forma e ganha uma concretude. Na hora em que você entra no *set*, seu processo de criação ganha o peso da existência. Ele é outra coisa, diferente daquilo que você havia imaginado, mas é sempre um bar. Um dos prazeres maiores para mim é quando os atores chegam e começam a construir a cena e dar vida aos personagens que escrevi. É mais interessante quando é meio antropofágico mesmo, quando eles mudam a intenção de uma cena, em que aquele personagem, naquela situação, ia viver de uma forma melancólica e de repente o ator descobre uma maneira de viver aquela cena pelo cinismo, ou pela ironia, ou pelo humor, e te surpreende. E funciona, porque mantém a coerência. Tenho tido a sorte de trabalhar com atores incríveis como o Leonardo

Villar, a Tônia Carrero, a Cássia Kiss e mesmo atores da geração nova, como o Paulinho Vilhena e a Maria Flor. Eles são todos uns craques. São atores excepcionais, que você vê levantarem o texto e darem forma ao personagem. O conflito é com o montador (risos). Com o montador é duro. Porque ele é, e deve ser, mais um roteirista que entra na história.

Talvez por isso o roteirista nem sempre seja chamado para a sala de montagem.

O mau montador, na minha opinião, é aquele que entra só querendo dar ritmo naquela ceninha; só quer fazer fluir o olho para um determinado momento. É um cara parnasiano, ou formalista, que se preocupa apenas com que uma determinada cena tenha fluência, e ele dá isso a ela. Depois, ele pega a próxima cena, e a seguinte, e com isso ele perde o todo. Não é assim que se monta um filme, na minha opinião. E tem muitos montadores tão parnasianos e que cuidam muito bem da fluência da cena, mas não cuidam da história. O bom montador, acredito eu, é aquele que tem uma veia de roteirista nele. Aquele que, antes de se preocupar com a fluência da cena, sabe que história está contando, está preocupado com ela e consegue entender que peso aquela cena tem para a história, e o que significa a atitude do personagem em questão nessa cena específica em função do arco dramático dele. Então, quando você pega um bom montador, ele começa um processo dialético com o que você fez e o resultado vai ser fenomenal.

Outra das funções citadas no que diz respeito ao roteiro é a de produção. Como um roteiro pode viabilizar um filme?

Na maneira como o mercado cinematográfico brasileiro está colocado hoje, o roteiro é uma peça responsável pela viabilização do projeto, sim. Para começar, é pelo roteiro que os atores aceitam ou não trabalhar em um filme. Os atores sempre pedem para ler o roteiro. Eles querem conhecer os personagens que estão lhes oferecendo. Além do mais, o mercado dá o dinheiro para se fazer um filme dependendo da qualidade do roteiro e da afinidade com ele, que é a primeira coisa que se pode garantir ao investidor. A gente não tem muito isso em mente, mas no momento em que se tenta uma coprodução internacional, por exemplo, a primeira coisa que os coprodutores pedem é o roteiro. Por isso eu digo que o roteiro faz essa linha de frente. Ele viabiliza ou inviabiliza um projeto. Com ele é possível ganhar os editais e trazer recursos para produzir o filme ou não.

VOCÊ SEMPRE SABE A HISTÓRIA QUE QUER CONTAR?

Não. Quer dizer, quando a ideia chega, você ainda não sabe exatamente o que quer contar. Você tem uma noção geral de alguma coisa principal. Mas quando você começa a aprofundar a pesquisa, às vezes encontra caminhos mais interessantes do que aquele que te parecia interessante a princípio. E isso acontece com muita frequência. Então você começa com uma ideia e depois, dentro dessa ideia, surge outra que se torna a principal no filme e muda completamente o rumo da história.

ISSO JÁ ACONTECEU EM ALGUM ROTEIRO SEU?

Claro. Com o roteiro do *Chega de saudade* (dirigido por Laís Bodanzky), por exemplo. A princípio era a história de um personagem motorista de Kombi que de vez em quando frequentava um salão de baile. O filme foi assim durante muito tempo, quase uns dois anos antes de a gente mergulhar nos salões de baile para aprofundar esse aspecto do personagem. Aí o filme virou o salão de baile e esse motorista se tornou mais um personagem dentro daquele salão que se impôs como cenário, como berço de histórias, e ficou, naturalmente, muito mais interessante do que a história do nosso motorista de Kombi que de vez em quando frequentava um baile. Trabalhar com essa abertura é muito rico, porque o mundo, por meio da pesquisa, te oferece coisas muito mais interessantes do que ideias que você teve na cama, no chuveiro ou na frente do computador.

Como funciona sua metodologia de trabalho?

Eu sou um pouco caótico com os processos e quase posso dizer que até hoje não tenho uma metodologia. Cada roteiro eu fiz de um jeito. O *Bicho de sete cabeças* (dirigido por Laís Bodanzky), por exemplo, não teve nem escaleta. Eu tinha a inspiração de um livro (*Canto dos malditos*, de Austregésilo Carrano Bueno), do qual sabia que tinha que me afastar, porque continha algumas questões difíceis de adaptar para o cinema. Eu não queria utilizar a voz *over* e o livro todo era numa narração onisciente em primeira pessoa, de modo que fui seguindo um esquema racional. Era também o primeiro roteiro de ficção que escrevia e talvez por isso fui escrevendo, escrevendo, e depois terminei o filme em cima do que estava escrito.

Mas hoje você utiliza a escaleta?

Nos últimos roteiros que escrevi, tenho trabalhado com escaleta, sim. Hoje eu acho saudável fazer uma escaleta. Assim você concentra a história e alcança uma racionalidade maior que permite administrá-la com maior facilidade. Por outro lado, também acho saudável quando você está escrevendo o roteiro e abandona a escaleta para seguir novos caminhos que aparecem diante de uma ideia e percebe que pode ser uma direção interessante. Aí você abandona a escaleta, descobre o que aconteceu e incorpora ou não essa novidade à versão final do roteiro.

Como funciona a relação do roteirista com o diretor? No seu caso, você é casado com a Laís Bodanzky, diretora de muitos dos seus roteiros. Isso é uma vantagem?

Até hoje, as minhas relações com os diretores foram muito positivas. Eu tive a possibilidade de trabalhar com pessoas de cabeça muito aberta, que estavam sempre muito atentas e que me convidaram para acompanhar os processos do filme depois de o roteiro ter ficado pronto. Em quase todos os filmes que fiz, trabalhei na montagem intensamente. Fiquei horas ali tentando achar soluções para algumas dúvidas nossas, tentando descobrir o que faltava e o que sobrava, como resolver algumas questões. Então, de certa forma, eu tive a sorte de trabalhar com diretores que dão essa abertura, são seguros e topam chegar na ilha de edição e desmontar o próprio trabalho em prol do filme. Por isso, é uma relação muito intensa, quase de coautoria, de pensar o filme juntos. De modo geral, nas ficções que tenho feito, colaboro também nos processos de filmagem. Com a Laís, eu costumo visitar o *set*, mas não na hora da filmagem, e sim ao fim do dia, quando a gente se reúne, assiste e conversa sobre o que foi filmado. Eventualmente reescrevo as próximas cenas, reescrevo diálogos por conta do rumo que as coisas estão tomando. Por isso, acho que existem métodos de trabalho muito diferentes, dependendo do diretor. Pela minha experiência, cada filme acaba suscitando um método de trabalho. O importante é ter essa flexibilidade. Tanto o roteirista como o diretor.

A QUESTÃO DA AUTORIA É SEMPRE POLÊMICA. AFINAL, QUEM É O AUTOR DO FILME?

Eu acho que o filme é de quem assiste. Porque a gente sofre tanto para fazer um filme e uma vez feito, na verdade, está todo mundo nele: diretor, fotógrafo, montador, ator. Na minha opinião, o cinema tem uma autoria coletiva, mas apenas um líder: o diretor. Ele é o cara que toma decisões, é o cara em quem a equipe precisa sentir firmeza e é o cara que, quando muda alguma coisa, é bom que todo mundo concorde, porque senão vira um poder autoritário, e a arte não combina com autoritarismo, não funciona. Mas quando o diretor tem carisma, a equipe o aprecia, e quando ele pede uma mudança, todo mundo acompanha, todo mundo vai junto, o que é um processo muito saudável. Óbvio que tem o fetichismo do diretor, que a crítica ajuda a criar: um filme de não sei quem. Mas tudo bem, deixa pra lá, porque, no fundo, o filme é do público.

A CRÍTICA TEM MESMO ESSE PODER?

Eu digo isso porque a gente faz um filme e sofre para caramba. Passa noites sem dormir pensando se ficou bom ou se ficou ruim. E quando fica pronto, a gente descobre que não existe uma verdade objetiva sobre ele. Alguns críticos pensam que existe essa verdade objetiva que é o que eles escrevem, dizendo "este filme é bom" ou "este filme é ruim" ou "este filme é esquemático". Eles acham que o que eles escrevem é a verdade do filme. Mas isso é de uma ingenuidade gigantesca. O filme não tem uma verdade. Ele tem tantas verdades quanto são os espectadores que assistem àquele filme. De uma mesma sala de cinema, vai sair gente dizendo que adorou e gente que detestou. E isso é o legal da história. É claro que é bom que a maioria goste, porque se a maioria não gosta a gente fica frustrado. Mas já percebi que, em cinema, a gente sofre muito. Porque essa coisa de escrever, de dirigir, tem um lado meio incômodo.

Que lado incômodo é esse?

As pessoas acham que têm o direito de chegar para você e dizer o que acham do seu trabalho. Ninguém chega para alguém em uma festa e diz: "Nossa, como você é narigudo!", "Nossa, como sua orelha é grande!", "Você tem o dente torto!", "Que blusa horrorosa!". Mas sobre os nossos filmes todo mundo fala. As pessoas te encontram e de cara falam o que acharam do seu filme. E às vezes você não quer ouvir. Às vezes, estou em uma festa, tomando uma caipirinha e não quero que o cara venha me dizer que não gostou do roteiro, ou que tal ator está mal. Mas se você trabalha com isso, é a vida. Você tem que ouvir, pôr um sorriso no rosto e ser gentil, para não ser um babaca. Isso cansa, mas faz parte.

Já que estamos falando de crítica, como você reage às críticas aos filmes que você escreve?

Eu tenho vivido uma relação muito privilegiada com a crítica. De todos os trabalhos que fiz, nenhum foi bombardeado pelos críticos. Mesmo *O mundo em duas voltas*, que achei que a crítica ia bater de frente por ser um filme popular, e que eu adoro, recebeu elogios. Nunca achei que um documentário como esse pudesse ser bem recebido. O *Doutores da alegria* (dirigido por Mara Mourão) foi bem recebido pela crítica também e o *Bicho de Sete Cabeças* (dirigido por Laís Bodanzky) mais ainda. Mas, em geral, quando um crítico fala alguma coisa contrária, te dói. Basta ele escrever alguma frasezinha de que você não goste ali no meio do texto, que aquilo te machuca profundamente. Então a crítica tem o poder de me ferir, sim. Mas eu percebo que a relação dela com os espectadores não tem a influência que a gente acha que tem. As pessoas se guiam pelas suas próprias vontades. O grande público vai ver o filme quando quer. E, hoje, as pessoas percebem que o crítico deu uma nota máxima para um filme que é uma droga e malhou um filme que ele adorou. Por isso, a minha relação com a crítica acaba sendo subjetiva e pessoal. Quando um trabalho meu é elogiado, eu fico nas nuvens e flutuo, mas quando recebo a mínima crítica, o cara pode falar mal de um ator, de um diálogo, que aquilo me fere profundamente, me estraga o dia, eu não durmo à noite. Fazer o quê? É o jogo.

MUITOS ROTEIRISTAS RECLAMAM DE QUE NÃO SÃO VALORIZADOS NEM RECONHECIDOS PELO SEU TRABALHO E ESTÃO SEMPRE À SOMBRA DE OUTROS PROFISSIONAIS DA EQUIPE. QUAL É SUA EXPERIÊNCIA E SUA VISÃO SOBRE ESSE TEMA?

Eu não sou ressentido, isso não me magoa, não me incomoda. Mas é claro que eu quero reconhecimento pelo meu trabalho. E qual é o reconhecimento do meu trabalho? O crédito. O meu crédito ninguém tira. Mas se o jornalista ou o crítico vai dizer algo sobre o filme que escrevi e citar o meu nome ou não, não me importa. O meu prazer é ver a relação do filme em que eu trabalhei com o meu público. Essa relação é tão satisfatória, e eu tenho tanto prazer nisso, que, sinceramente, essa ideia do reconhecimento do roteirista não ocupa nem 0,01% do meu tempo e dos meus pensamentos.

A MAIORIA DOS FILMES QUE VOCÊ ESCREVEU TEM PERSONAGENS MARCANTES, DESDE O PROTAGONISTA DE *BICHO DE SETE CABEÇAS* (INTERPRETADO POR RODRIGO SANTORO) AO DESFILE DE PERSONAGENS DE *CHEGA DE SAUDADE*. FALE UM POUCO SOBRE SUA METODOLOGIA NA CRIAÇÃO DE PERSONAGENS.

A construção do personagem, para mim, é o mais difícil e o mais importante do roteiro. E é isso que eu tenho perseguido em meus trabalhos. Eu acho que

O cinema brasileiro é tradicionalmente um cinema de peripécias e não de personagens. O cinema argentino, por exemplo, é muito mais um cinema de personagens do que de peripécias. Os roteiros brasileiros são mais focados em tramas do que em atmosferas verticais dentro dos personagens – o que não é mérito, nem demérito. É uma característica que eu acho que tem a ver com o modo de ser do brasileiro. O argentino é um sujeito mais introspectivo, o negócio dele é tango, e a literatura cinematográfica dele vai mais para esse lado. Já o brasileiro é um sujeito mais expressivo, mais voltado para fora, e isso é uma maneira de ser. Mas eu acho que nos roteiros brasileiros, de um modo geral, preocupa-se em contar uma história pela trama talvez também pela nossa cultura da telenovela, na qual a trama prende muito e o público precisa dela. Isso implica em um cinema nacional de personagens lentos que fazem poucas coisas. E eu gosto muito de filmes brasileiros de personagens. Filmes como *Cinema, aspirina e urubus* (dirigido por Marcelo Gomes) ou *Madame Satã* (de Karim Aïnouz), por exemplo, estão entre meus preferidos. São filmes em que a história é mínima e que versam sobre a profundidade dos personagens. Em *Chega de saudade*, a gente também tentou construir um espaço mínimo desimportante e histórias pequenas para tentar aprofundar um mosaico de personagens. O que foi muito difícil, porque são vários personagens. Para conseguir isso, o método que utilizo é, antes de fazer o roteiro, escrever um texto sobre cada um deles. Um texto que os atores não leem, nem o diretor lê. É só para mim. Escrevo uma espécie de conto, uma crônica, histórias desses personagens, que depois jogo fora. E quando começo a encontrar personagens por meio desses textos escritos sobre eles, aí começo a trazê-los para o nível da peripécia e de como vai ser a trama e o arco desse personagem no filme. Às vezes, escrevo uma história que não está no filme, mas também não é a gênese do personagem, é apenas um dia em que ele brigou com a namorada, como ele se comportou, o que ele fez e como ele foi dormir naquela noite. Isso me dá um universo de camadas, que depois utilizarei para saber como ele se comporta, como pode reagir naquele recorte da trama que vou trabalhar. E para estabelecer o universo desses personagens, muitas coisas colaboram, mas acho que as lembranças estão em primeiro lugar. Às vezes, esse personagem é baseado em alguém que conheci, um amigo de infância, uma namorada, uma pessoa que vi uma vez. E também pode ser uma mistura de várias características: um amigo do ginásio, misturado com uma colega da época da faculdade. Outras vezes, são referências de literatura mesmo.

Você pode dar um exemplo de um personagem assim em algum de seus filmes?

Posso. No *Chega de saudade* existem muitas personagens femininas, e eu sou um menino. Minha pergunta, então, era como aprofundar personagens femininas num filme minimalista, no qual não tinha como trabalhar com peripécias com essas mulheres, nada extraordinário iria acontecer na vida delas: não ia morrer ninguém, não ia ter um casamento, nenhuma descoberta ou segredo seria revelado. Tratava-se de um mundo interior mesmo. Então é difícil para um menino falar do interior de uma mulher tangenciando a questão da morte e da sexualidade, que é o cenário em que elas estão vivendo naquele salão. Para isso, eu me imbuí de Adélia Prado. Para escrever e para trabalhar esses personagens femininos, todos os livros de poesia da Adélia Prado ficavam ao lado do meu computador e, antes de trabalhar, lia aleatoriamente uma. E caía naqueles poemas líricos e eróticos, falando do mundo feminino. Aquilo me imbuía de um sentimento e, quando eu olhava para as minhas mulheres, via esse sentimento. Com a Clarice Lispector também. Eu lia só para sentir essa energia que vem da alteridade do outro, mas que você precisa trazer para dentro do roteiro. Esse é meu método para tentar chegar nos personagens.

Eles ganham vida própria, então?

Ganham. Muitas vezes, quando você está escrevendo uma ação ou um diálogo, rola uma compulsão: seus dedos começam a correr pelas teclas e você escreve sem parar para pensar. É logico que é você quem escreve, mas o personagem está tão vivo na sua cabeça que parece realmente que tem uma entidade falando. Isso acontece e muitas vezes ele está em toda a sua vida. Quando estou escrevendo um roteiro, gosto de nadar e andar de bicicleta, por isso que preciso de tempo. Porque o roteirista não tem que produzir o roteiro só na frente do computador, na ansiedade de resolver os problemas da trama. Na hora do bloqueio, desencana, relaxa e passa dois dias andando de bicicleta. Às vezes, você está andando de bicicleta, para na padaria para comer um sanduíche e de repente vê aquele personagem do seu filme e ele te sugere algo novo. Você tem um *insight* sobre ele por alguém que viu, e imediatamente precisa pegar o papel e anotar um monte de coisa. Por isso é preciso estar atento, pois o personagem vem e te fala um monte de coisa e você descobre respostas dessa maneira. Não é uma coisa mística, é resultado de um trabalho que está na sua cabeça, pelo qual, de repente, as informações se conectam.

Quanto do texto do roteirista está no filme?

Tem muito, mas eu não sei dizer quanto. Fica tudo lá, mesmo que os atores cheguem e deem uma improvisada. Quando você assiste, sabe de onde veio aquela ideia, né? Veio de você, não tem jeito. Mas é importante ter a capacidade de escrever personagens com alteridade. Se todos os personagens forem uma projeção das suas características, não funciona. Então acho que a maior capacidade que um roteirista e que um escritor têm é a de produzir alteridade em relação às próprias referências e fazer dos personagens um outro em relação a eles mesmos. E isso é muito difícil, mas é o desafio do roteirista.

Todo personagem tem que aprender alguma coisa?

Todo personagem, para ocupar o espaço de uma obra literária ou de um filme, tem que aprender alguma coisa. Tem que passar por uma mudança, por mínima que seja. Senão fica chato, né?

Falemos um pouco sobre formatação. O que se pode e o que não se pode escrever num roteiro?

Não perca tempo sugerindo enquadramento, posição de câmera, iluminação. Os diretores detestam isso. É trabalho deles. Você tem que dar a levada da história, a ação dos personagens e o acontecimento de maneira mínima e deixar o resto com ele. Salvo quando você quer sugerir alguma coisa concreta para a história, dramaticamente importante, mas mesmo assim não faça isso mais de três vezes no roteiro. Porque isso é papel do diretor. E se a cena em que você detalhou coisas que não são próprias do roteiro dependia disso para funcionar, é porque ela era ruim. Então não se preocupe com a decupagem da cena no roteiro, porque não é produtivo, é uma falsa pista. Outra coisa que você precisa achar é um ponto de equilíbrio na escrita. Às vezes, ficar descrevendo muito o cenário, de maneira muito sedutora, pode encantar o leitor, mas faz perder a força da cena, que é o que definitivamente vai ficar no filme. E às vezes a gente se engana, pois enche a cena de detalhes, e a câmera, no final das contas, vai estar em plano fechado na cara do ator e tudo aquilo que você escreveu foi um engodo. Quando o roteiro detalha demais, ele cria encantos paralelos por uma narrativa que não é o foco da ação. Ele engana o diretor, engana o produtor e acaba enganando o próprio filme, porque parece que a cena é boa pelo floreio dela, mas a ação fundamental não estava boa. E isso trai o filme, que se revela frágil. A informação deve ser objetiva, seca e curta. Deve ser bem escrita, pois um roteiro mal escrito não agrega as pessoas. Eu leio muito roteiro, às vezes participo de comissões e é uma delícia quando você pega um roteiro bem escrito. Então existe o roteiro bem escrito, o roteiro mais ou menos e o roteiro mal escrito. E um roteiro mal escrito pode virar um excelente filme, porque a qualidade do roteiro não está essencialmente em ser bem escrito, está na estrutura de personagens e ações que ele propõe. Porém, a questão de estar mal ou bem escrito pode ser a diferença entre o filme vir a ser feito ou não. Porque os editais dependem disso.

Quando o cinema brasileiro é criticado, é comum o roteiro ser o primeiro alvo de reclamação e acusação. Qual é a sua visão sobre o panorama atual do roteiro no Brasil?

Acho que mudou muito. Há uns vinte anos, todo mundo falava que o problema do cinema brasileiro era o som. Mas isso acabou. Não é mais isso e, na verdade, era muito as salas de exibição que estavam calibradas para legenda. Então se assistia a um filme brasileiro sem legenda e ninguém entendia nada. Mas no momento em que a qualidade do filme nacional aumentou e, principalmente, a participação no *market share* das bilheterias também, os exibidores foram obrigados a calibrar as salas de cinema para o filme nacional sem legenda e ninguém nunca mais reclamou do som. Depois, teve um momento em que falavam que o problema do cinema brasileiro era o roteiro. Mas isso porque o diretor não contratava um roteirista. A gente veio do Cinema Novo com a ideia de que o grande autor é aquele diretor que faz tudo: ele tem a ideia, ele filma, ele dirige, ele escreve o roteiro, porque senão ele não é o "autor". Senão ele estaria trabalhando de uma maneira burguesa, capitalista, com etapas da produção divididas. E essa foi uma ideia que funcionou durante um tempo, mas que só funciona para gênios. Só um Glauber Rocha tem a capacidade de fazer tudo sozinho, porque ele era genial. Mas, para cada gênio, havia quinze diretores que não podiam prescindir de uma equipe. E com a retomada do cinema brasileiro (a partir de 1995), por meio da Carla Camurati e do Walter Salles, o roteiro passou a ser tratado com dignidade e importância. Não era menor para um diretor contratar um roteirista para trabalhar com ele. A Carla e o Walter ajudaram a quebrar esse paradigma. Então a gente pagou um preço de não ter roteirista por muito tempo por causa desse engano do cinema de autor. E quando os diretores começaram a chamar roteiristas para trabalhar em parceria e esses filmes começaram a fazer público, abriu-se um buraco gigante: cadê os roteiristas? Não tinha. Aí surgiu uma geração de roteiristas, da qual faço parte, que está na faixa dos 35 e 40 anos e que nessa época estava com 20 e tantos anos, trabalhando em outras coisas: uns fazendo jornalismo, outros, vídeo institucional, e pouco a pouco começamos a ser requisitados. E assim nós viramos roteiristas. Hoje os roteiros brasileiros são muito bons e plurais. Você tem gente como o Bráulio Mantovani, a Elena Soárez, o Hilton Lacerda, o Marçal Aquino, o Fernando Bonassi. A característica dos roteiristas brasileiros é a pluralidade. Acho que a gente tem um cenário de roteiro, hoje, muito interessante no Brasil. O cinema brasileiro está num momento muito legal. É como esse mito do som como culpado; isso acabou. E com o roteiro também. Tem muito roteirista bom por aí. É só procurar e confiar neles.

FILMOGRAFIA

* *Amazônia desconhecida* (2014)
* *Amazônia* (2013)
* *Uma história de amor e fúria* (2013)
* *As melhores coisas do mundo* (2010)
* *Terra vermelha* (2008)
* *Chega de saudade* (2007)
* *O mundo em duas voltas* (2007)
* *Querô* (2007)
* *Bicho de sete cabeças* (2001)
* *Cine mambembe: o cinema descobre o Brasil* (1999)

MARÇAL AQUINO

Marçal Aquino

"Ouvir a rua é fabuloso.
É esplêndido poder sofrer esse tipo de contaminação e fazer dela ficção."

Durante a pesquisa para definir os roteiristas deste livro, topei com o escritor e roteirista Marçal Aquino respondendo às provocações do saudoso Antônio Abujamra, em seu programa na TV Cultura. Nele, em um determinado momento, o ator e apresentador pergunta ao entrevistado: o caos ou a ordem? Naturalmente – e como não podia deixar de ser – Marçal responde: o caos. Talvez por isso tenha aceitado o desafio proposto pelo diretor Beto Brant quando quis levar para o cinema seu conto *Matadores*, estreia de Brant na direção, em 1997. Mesmo sem saber muito sobre teoria e técnicas de roteiro, Marçal – que gosta de dizer que teve aulas básicas sobre o tema na faculdade de jornalismo – aceitou, ao lado de Fernando Bonassi e Victor Navas, a responsabilidade de assumir o roteiro baseado na própria literatura. O que ele não esperava é que a partir daí não apenas a parceria com Beto Brant seria fértil (juntos, eles já realizaram seis longas-metragens), mas que suas palavras passariam a servir tanto à literatura quanto ao cinema, fosse como autor do original ou roteirista.

Marçal Aquino é um personagem cheio de idiossincrasias. Um dos roteiristas mais divertidos com quem conversei e o que menos riu de suas próprias piadas, apesar do afiado senso de humor. Em mais de duas horas de conversa, em pelo menos cinco ocasiões, fomos, a equipe e eu, obrigados a segurar o riso. Literato nato, Marçal Aquino usa metáforas e analogias simples e eficazes para se fazer entender, sem que o interlocutor interprete mal suas opiniões. Não tem medo de comparar o roteiro cinematográfico a uma receita de bolo ("Ninguém come a receita, você come o bolo"), nem de debochar do ego dos diretores ("Diretores deveriam dormir em um beliche. Ele em cima e o ego embaixo"). Fala o que pensa, escreve o que gosta. E aceita as consequências sem transparecer muita culpa.

Palavra de Roteirista

Nascido em Amparo, interior de São Paulo, Marçal Aquino trabalhou durante muitos anos como repórter em jornais e revistas. Adorava sair para as ruas e sua editoria preferida era o caderno *Cidade* e tudo que derivasse dela. De olhar e audição aguçados, foi das ruas que nasceram personagens, conflitos, cenários e títulos de sua obra. Da poesia em *Por bares nunca dantes naufragados*, passando pela literatura infantojuvenil em *A turma da rua quinze*, até o romance *Eu receberia as piores notícias dos seus lindos lábios* – frase que ele ouviu na rua e que, mais uma vez, Beto Brant levou para as telas –, os protagonistas de Marçal Aquino estão impregnados de sentimentos e ações mundanos. Reconhecido por não julgar seus personagens, o autor humaniza arquétipos, transformando histórias aparentemente triviais em tramas de denso potencial dramático. Dividido entre os créditos de jornalista, escritor e roteirista, Marçal Aquino não precisa de uma denominação. É melhor deixá-lo nas ruas, ler seus livros e assistir a seus filmes para descobrir quem ele é.

Seu primeiro roteiro foi adaptado de um conto escrito por você. Como aconteceu esse convite, já que você era reconhecido como escritor e não como roteirista?

O texto em questão era uma novela que eu comecei a escrever na década de 1980, chamada *Matadores*. E eu me perdi no meio da novela. Quando escrevo literatura, crio sem saber o que vai acontecer. Eu descubro escrevendo. Se eu souber muito sobre a história, fatalmente não vou escrever. Eu gosto do desconhecido. Sei que é arriscado, porque pode chegar um momento em que eu não saiba o que vai acontecer, nem para que lado a história irá. E isso acontece com frequência comigo, o que, na verdade, acho divertidíssimo. Para mim, o grande barato da escrita é esse. E com *Matadores* foi assim. Chegou no meio da história, eu parei e publiquei como conto. E o Beto Brant, diretor do filme, gostou daquilo e entregou a adaptação nas mãos do Fernando Bonassi e do Victor Navas. Durante mais de um ano eles trabalharam umas três ou quatro versões daquele texto para o cinema. Mas o Beto não se deu por satisfeito, me chamou e disse: "Tá faltando alguma coisa", e eu contei para ele, meio de molecagem, o que teria colocado se tivesse escrito aquela novela até o fim. Daí ele me disse: "É isso!". E me levou para dentro do projeto; viajamos para o Paraguai um ano antes da filmagem, para escolher as locações, e na volta reescrevemos o roteiro. Foi esse o meu batismo de fogo, digamos assim, como roteirista.

E agora pela ótica do roteirista, o que é um roteiro?

Eu acho que o roteiro é uma espécie de receita de bolo, mas ele não é o bolo. Ninguém come a receita; você come o bolo. Ninguém lê um roteiro, a não ser quem trabalha no filme. O roteirista não escreve um roteiro para ser publicado em forma de livro. Daí minha dificuldade, inclusive, de enxergar o roteiro como uma peça literária. Muita gente fala que roteiro é um tipo de literatura, mas eu digo que não. Eu só aceito que roteiro seja reconhecido como peça literária se você aceitar que livro de culinária é uma peça literária também. Daí a analogia que faço entre o roteiro e a receita de bolo. Na minha opinião, o roteiro existe para que algo seja gerado por meio dele. Ele não é o fim: é um excelente guia para você imaginar no que pode resultar o filme. Mas o resultado pode ser totalmente diferente, dependendo da maneira de trabalhar do diretor. Por isso, acho o roteiro absolutamente indispensável. O diretor precisa ter um roteiro para saber o que vai fazer, mas não deve ser escravo dele de jeito nenhum. Muita gente pensa diferente, e acha que o roteiro deve ser seguido *ipsis litteris*. Eu já trabalhei com diretores que têm visões bem diferentes sobre isso. Uns que incorporam o acaso e tudo o que surge no chamado "momento zero" do filme, que é o *set* de filmagem, e outros que não permitem nenhuma mudança, nem mesmo nos diálogos. São maneiras distintas de trabalhar. Para nós, roteiristas, eu diria o seguinte: atenha-se àquilo que vai para o papel e que servirá de guia. Não queira dirigir o roteiro. Já li roteiros com excessivas indicações até de movimentos de câmera. Não faça isso se não for indispensável. O roteiro tem que ser uma peça informativa.

Você considera o roteiro um objeto mais técnico ou mais artístico?

Ele é o cruzamento de ambas as coisas. Quando você lida com roteiristas talentosos, você consegue enxergar os dois. Isso fica muito latente quando se trata de uma adaptação literária. Você pega um livro e compara sua adaptação cinematográfica e às vezes percebe que algumas propostas do roteirista do filme extrapolam aquilo que o livro oferece. Ele vai para outro lugar, propõe coisas artísticas. É perfeitamente possível, no roteiro, combinar técnica e arte.

Você se considera mais escritor do que roteirista?

Sim, até pela ordem alfabética: Escritor e Roteirista (risos).

Por quê?

Cada vez que tenho uma ideia, sempre penso: "Isso dá um conto, isso dá um romance, isso dá uma novela". Nunca penso imediatamente que aquilo pode virar cinema. Talvez por isso me considere mais escritor que roteirista. É muito curioso: eu só começo a pensar em cinema quando um diretor me procura para fazer um filme. Só assim contemplo a possibilidade de uma narrativa audiovisual. Conheço roteiristas que pensam em cenas. Eu não. Eu só começo a pensar em cenas quando trabalho no roteiro. No juízo final, eu vou para a fila dos escritores, não para a dos roteiristas (risos).

A matéria-prima do escritor é a mesma do roteirista? Onde você busca suas ideias?

Como escritor, eu diria que na rua. Eu preciso da rua, sou um cara informado pela rua. Evidentemente eu não transcrevo apenas o que vejo nelas, porque isso seria jornalismo – mau jornalismo por sinal. Eu diria que, para mim, a rua serve de *start*, de disparo. Eu vejo algo que me dá vontade de ficcionalizar. Já segui gente na rua, já ouvi muita conversa dos outros. Aliás, essa é uma ótima maneira de aprender a escrever diálogo. Ouvir a rua é fabuloso. É esplêndido poder sofrer esse tipo de contaminação e fazer dela ficção.

Existe metodologia para observar a rua? O que mais influencia o seu olhar?

Tudo é passível de te influenciar: a música que você ouve, as frases e cenas que você vê, personagens que você encontra. Tudo pode te inspirar se você estiver de olhos e ouvidos abertos. Eu adorava linha cruzada no telefone. Eu pegava o telefone e já tinha gente falando. E eu ficava ouvindo. Era fantástica essa experiência que a tecnologia aboliu. Eram pessoas que não sabiam que estavam sendo vigiadas e por isso ficavam à vontade. Se o seu interlocutor se sente inferiorizado, ele começa a querer falar difícil, te chamar de doutor, fala sobre temas que não são dele e acaba quebrando a naturalidade. Então essa possibilidade de espionar – eu sei que é feio, mas não sou o único que faz isso (risos) – é excepcional. Eu vim da reportagem policial. Fui repórter de rua em São Paulo. E esse olhar do repórter foi muito importante para mim, porque às vezes me interesso por detalhes que, normalmente, não interessariam a um espectador comum. Eu prezo o detalhe, que pode ser poético, caótico ou até cruel. Essa forma de olhar veio do meu treino como repórter. Tudo isso, de certa maneira, me forjou como criador. E eu aplico tanto na literatura quanto no roteiro.

E A ESCRITA DO DIÁLOGO É DIFERENTE NA LITERATURA E NO ROTEIRO?

Não, não. O problema da literatura é que você consegue colocar um ladrão, ou um cara da periferia, e usar mesóclise. No cinema você não pode fazer isso, pois soa falso, artificial. A literatura permite essa mágica, porque são proposições muito específicas que querem estimular a imaginação do leitor. É um "filme" que passa dentro da cabeça do leitor e cada um enxerga o personagem como quiser. Por isso eu consigo fazer essa brincadeira. Na literatura os limites são mais amplos. No cinema, você precisa tomar mais cuidado com a linguagem oral. A não ser que você tenha a proposta de utilizar uma linguagem rebuscada ou coisa parecida. O diálogo pode virar um calcanhar de Aquiles e colocar a perder um significado e até um filme. E aí você me pergunta: como é que se aprende diálogo?

COMO É QUE SE APRENDE DIÁLOGO? (RISOS)

Ouvindo as pessoas! Eu chego ao cúmulo de anotar certas sintaxes que ouço na rua, mesmo sem saber para que elas vão servir. Eu gosto de coletar coisas, escrever à mão nos meus cadernos e pensar na possibilidade de um dia utilizar aquilo. Eu já peguei dois marmanjos no balcão de um bar, dois caras peludos, enormes, falando assim, bem na hora que eu entrei, parecia de propósito: "É, deve ser esquisito ser mulher". Eu achei genial aquela frase. E fiquei ali espiando, mas eles mudaram de assunto e eu fiquei só com a poética da fala. Outra vez, andando na rua, ouvi alguém dizer "eu receberia as piores notícias de seus lindos lábios". Na época não sabia por quê, mas anotei. Dois anos depois, comecei a escrever um livro com essa frase como título e que já virou filme. Então eu sou um cara atento àquilo que mexe comigo, que me provoca. Isso vale para o dia a dia do roteirista. Quando ele começa a andar com essa proposta de olhos e ouvidos abertos, ele começa a ver coisas. Porque, senão, ele coloca o fone do *ipod* e se isola no seu mundo e só olha para dentro. Eu não, eu olho para fora. Eu tento olhar e ouvir o que vem de fora.

Você disse que uma das coisas de que gosta no processo da escrita, tanto de roteiro como de literatura, é o fator surpresa. Você sempre sabe sobre o que está escrevendo, de onde vem e para onde vai sua narrativa?

Na literatura, não; no roteiro, sim. No roteiro essa noção é fundamental. O roteirista tem que saber aonde quer chegar. Mas eu tenho amigos escritores que fazem uma espécie de escaleta de cada capítulo para escrever seus livros. Se eu fizer isso, já resolvi o livro, não vou mais escrevê-lo. Eu prefiro me lançar no escuro, começar a escrever sem saber e descobrir o resto na prática. No roteiro, não posso fazer isso. Preciso ter um controle sobre a narração e saber idealmente de onde saio e aonde quero chegar. Até porque, se consideramos as formas clássicas de feitura de um roteiro, com parâmetros como os atos, os pontos de virada, etc., ele é muito diferente de literatura. Mas certas descobertas só ocorrem quando a gente está escrevendo mesmo, seja o que for. Não deve existir rigidez nesse sentido. Você sempre descobre algumas coisas que não havia pensado e que, se prestam à narrativa, você incorpora. Mas, no geral, diria que na escrita para o cinema o roteirista deve ser muito obediente à escaleta, ao "plano de voo" traçado. Coisa que na literatura não existe, pelo menos no meu caso. Quando escrevo um roteiro, preciso saber, por exemplo, qual será seu tamanho. Resumindo, diria que a diferença fundamental é que no roteiro eu teria que fazer essas descobertas antes de escrevê-lo, preferencialmente. Mas a surpresa é sempre bem-vinda, claro. Acho que a gente vive pela surpresa.

Quanto o roteirista deve respeitar da obra original ao adaptá-la para o cinema?

Para adaptar, costumo tratar o texto literário com total liberdade. Um dos maiores erros que o roteirista pode cometer é ter excessiva reverência pelo original. Ele deve atentar contra o livro, desrespeitar o texto literário. Caso contrário, não fará uma *adaptação*. Fellini, por exemplo, dizia que na hora de adaptar você deve ler o livro, em seguida jogá-lo fora e filmar o que ficou na sua cabeça. Acho uma boa frase para entender um pouco esse processo. O roteiro deve ter soberania se comparado ao livro. Ele precisa dessa autonomia. O livro passa a ser um mero depósito no qual o roteirista busca os elementos narrativos que quiser, sem a obrigação de utilizar todos eles. Minha postura como roteirista, em relação a textos literários meus ou de outros autores, é a de sempre atender àquilo que o diretor quer. Eu fiz isso com Dostoiévski, com o Lourenço Mutarelli, com o Sérgio Sant'Anna. Se o autor do original tem problemas em deixar mexer na sua obra, ele não deve autorizar a adaptação. Nós temos o caso emblemático do Gabriel García Márquez, que teve praticamente toda sua obra adaptada para o cinema com exceção de *Cem anos de solidão*. Dizem que, para impedir sua adaptação, ele pedia uma fortuna pelos direitos autorais, que nenhum estúdio teria condição de pagar.

Qualquer obra é passível de adaptação ou há restrições?

Normalmente, não tenho nada contra a ideia de adaptar qualquer coisa. A letra do "Parabéns pra você", por exemplo, pode virar um filme se você quiser. Tudo é possível na adaptação, desde que seja de interesse do diretor. Para adaptar, o roteirista deve dialogar com a obra em outra linguagem e obedecer às regras daquele novo formato narrativo. Eu nunca terminei de assistir a um filme e saí dizendo que o livro era melhor. O livro é outra coisa. Eu acho ingênuo fazer essa comparação. O livro vai ser sempre melhor: ele é o seu filme particular. Quando você lê o livro, ele passou na sua cabeça: cada um o vê de um jeito.

Você está satisfeito com o resultado dos seus roteiros nas telas?

Muito. Se editassem uma caixa com os filmes escritos por mim, eu compraria (risos). Sou fã do trabalho do Beto Brant e do Heitor Dhalia. São dois diretores completamente diferentes, com propostas e resultados cinematográficos bastante distintos também. Adoro assistir aos filmes que fiz e estou muito satisfeito com o resultado. Não me oponho a nada. Não tenho nenhuma restrição, nem nunca diria: "Acho que o diretor deveria ter feito isso ou aquilo". Cada um ousou à sua maneira e eu gosto muito do produto final.

MAS SE VOCÊ TIVESSE A OPORTUNIDADE, REESCREVERIA ALGUM DE SEUS ROTEIROS?

Nunca tinha pensado nisso. Mas acho que não. Depois que ele foi registrado em forma de imagens, não precisa. Estou feliz com o que aconteceu com cada um deles, inclusive com o que foi cortado. Por outro lado, vivi uma experiência curiosa quando escrevi para o teatro (que é um meio que adoraria, mas não domino). E fui ver a montagem, feita por uma diretora que respeito muito e que é minha amiga querida. Mas quando vi meu texto ali, encenado, fiquei muito incomodado, principalmente porque dava vontade de mexer. Isso nunca aconteceu comigo no cinema.

SUA EXPERIÊNCIA COMO ROTEIRISTA INFLUENCIOU POSTERIORMENTE SUA ESCRITA LITERÁRIA?

Costumam dizer que minha literatura é muito cinematográfica. Às vezes, acreditam que é por conta da minha experiência como roteirista. Mas lamento decepcioná-los e diria o seguinte: eu entrei no cinema pela primeira vez aos 6 anos de idade. Mesmo sem saber ler, fiquei apaixonado por aquilo. Então, evidentemente, o cinema influenciou minha literatura, mas não pelo fato de eu trabalhar como roteirista, e sim porque encontro nele uma linguagem fascinante. Passei minha adolescência dentro de uma sala de cinema, lá em Amparo, onde havia apenas três salas. Eu ia ao cinema todo dia.

E NUNCA PENSOU EM SER ROTEIRISTA ANTES DE ESCREVER LITERATURA?

Apesar de minha paixão por ele, nunca quis nada com o cinema. Sempre achei uma matéria economicamente inviável. Para mim, a literatura bastava. Ela só depende de uma caneta e um caderno. O cinema é coletivo, envolve muita gente. Costumo brincar dizendo que cinema é igual suruba: você precisa de mais gente, não dá para fazer sozinho. Para fazer um filme, vou ter que começar com as alianças, buscar um produtor, pensar em editais, leis de incentivos, etc. Já na literatura, nada me impede de sentar e escrever. Não preciso pensar em nada disso quando escrevo literatura. Ela é o território da felicidade.

Você nunca teve vontade de dirigir um filme?

Eu não dirijo nem carro (risos). Não tenho nenhuma vontade de dirigir. Não é o meu elemento. Não tenho a emoção do diretor. Sou um mero espectador. Mas reconheço e acho o *set* magnífico e tenho o maior prazer em visitá-lo quando me convidam. Sei que de certa maneira há uma mágica acontecendo ali. É o nascimento de uma nova história. Acho emocionante ver aquilo de perto e saber que vai ser impresso em película, exibido para o público e de certa maneira vai ficar na história desse sofrido cinema brasileiro. Isso é maravilhoso. Agora, depois do almoço com a equipe, da foto com os atores, eu vou é embora para casa. Até porque roteirista no *set* só atrapalha. Ele é o único sem função ali. E se ficar, ainda corre o risco de te colocarem de figurante (risos).

É verdade que você escreve à mão?

Eu escrevo à mão em cadernos. É um vício que adquiri quando dividia apartamento, escrevia de madrugada e não podia usar a máquina para não acordar os outros. Hoje, evidentemente, escrevo roteiros no computador. Textos jornalísticos também. Apenas a literatura escrevo à mão. É uma cachaça. Uma idiossincrasia. Eu reconheço que a escrita digital tem um aspecto importante, que é a velocidade. Ninguém escreve na mesma velocidade que digita. Mas ao mudar a velocidade, escrevendo no papel, é uma maneira grosseira, digamos, de ver aquela narrativa em câmera lenta. Eu acabo vendo o que estou escrevendo. O meu filme como escritor passa antes na minha cabeça. Quando vai para o papel já está editado. E se chegou a ser escrito é porque eu gostei.

Entender a confecção e dominar ferramentas dramatúrgicas te impedem de desfrutar de um filme tal qual o espectador comum?

Não. Se eu estiver em uma sala escura, eu embarco. Desde que a narrativa não seja absurdamente grosseira, qualquer diretor me pega pela mão e me leva para dentro do plano. Eu esqueço que estou no cinema e adentro aquela aventura. Adoro ser *voyeur* e experimentar situações que o cinema proporciona. Ainda sou um espectador puro, de receber sem filtros aquilo que está sendo mostrado. Só que hoje, compreendo esses meandros. Sou capaz de entender por que certos elementos mexem com o espectador e por que o diretor utilizou algumas artimanhas narrativas para provocar uma reação. Cinema é manipulação. É algo que não existe, e vão te dizer que sim. E se você é um bom espectador e aquele é um bom filme, tem mais é que acreditar. Essa mágica, o cinema consegue fazer comigo com facilidade.

Como funciona, no dia a dia, a dinâmica de trabalho com seu diretor?

Eu não escrevo sozinho, nunca. Preciso do diretor ao meu lado para saber que filme ele quer fazer. Mas também não adianta ele sentar do meu lado e dizer "Eu quero isso, eu quero aquilo". Preciso entender o que ele quer para colocar no papel aquelas ideias, na linguagem de roteiro. É assim que funciona: no mano a mano. E esse método é uma delícia, porque você ganha um interlocutor. Escrever sozinho é muito solitário. Eu até compreendo roteiristas que trabalham sozinhos e conseguem fazer trabalhos magníficos, mas eu não conseguiria. Sozinho eu só sei fazer literatura.

E quando o diretor e o roteirista chegam a um impasse?

Daí discutimos. Com maior ou menor veemência, de acordo com os humores (risos). Nessas horas é preciso tolerância. Tanto roteirista como diretor precisam ser concessíveis, não adianta. O Beto Brant diz isso de uma forma bem mais poética do que eu: "Trata-se de convencer o outro de um ponto de vista". Não adianta você tentar impor uma ideia. No roteiro isso não existe. O roteiro é uma espécie de obra coletiva, você tem que entender o outro. E como trabalho ao lado do diretor que, normalmente, já começa a visualizar o filme, fica mais fácil. Porque o roteiro está no papel. Eu posso imaginar aquilo, não posso visualizar, não tenho essa capacidade. Eu só penso visualmente a literatura. Para escrever um roteiro, eu ligo a minha imaginação, mas não visualizo aquilo necessariamente como os diretores que já enxergam a cena em termos de plano. Tem diretor que escreve pensando em onde a câmera vai estar. E decupa aquilo no papel. Enquanto o roteirista imagina, o diretor visualiza. Então esse impasse é resolvido ali mesmo, junto dele. Eu viro para o meu diretor e pergunto: "Como é que você vê isso?". E ele responde: "O personagem entra por essa porta". E eu escrevo a cena. E ponto. É claro que às vezes discussões acontecem. Isso é normal. Relação de criação não tem como ser diferente. E é até bom que aconteça. Eu trabalho com pessoas que considero – além de grandes pessoas – grandes artistas. E isso ajuda a iluminar as decisões, porque enquanto faço o roteiro, aprendo muito.

DOS FILMES QUE VOCÊ FEZ, TEM PREDILEÇÃO POR ALGUM?

Não. Cada um teve uma história muito singular dentro de suas dificuldades, alegrias, êxtases, enganos, correções. E também algumas frustrações. Porque isso às vezes acontece: você querer uma coisa e não conseguir. Mas eu gosto de cada um dos filmes que escrevi, respeitando suas diferenças. Eu tenho ótimas recordações de cada um dos projetos em que me envolvi.

SOBRE A ETERNA DISCUSSÃO COM RELAÇÃO À AUTORIA DO FILME, QUAL É A SUA POSIÇÃO? QUEM É O AUTOR NO CINEMA?

Eu sou do tempo em que o diretor era "o cara". Veja você: eu não tenho vontade de transformar nada em filme. Estou feliz com os filmes que existem no mundo e é isso aí. Então quando vem um diretor, que tem o desejo de fazer um filme, considero ele o dono do projeto. Não tem como não ser assim. A não ser no caso em que o produtor monta um projeto e chama um diretor para dirigir. Mas repare que, nesse caso, o envolvimento emocional do diretor é muito menor:

ele encara aquilo como trabalho e salário. Em Hollywood isso é normal. No Brasil, bem menos. Aqui, o fazer cinema exige um envolvimento inconfundível do diretor com sua obra. Em Hollywood, os roteiristas pleiteiam que os créditos deveriam ser "um filme dirigido por fulano, escrito por cicrano". Pessoalmente, acho que essa é uma questão semântica. Para mim, o filme é de quem quis fazer esse filme. Eu não tenho dificuldade em ver isso, e por isso ajudei a escrever. Eu sou tão importante quanto o maquiador, quanto o eletricista, quanto o diretor. É um processo coletivo capitaneado por ele. No frigir dos ovos, a influência do produtor no Brasil é menor do que em países com um mercado cinematográfico potente, e isso significa que o termo autor pode ser melhor utilizado. Afinal de contas, é o diretor quem toma as decisões, quem corre os riscos praticamente sozinho, então o filme é dele.

FALE SOBRE SEU PROCESSO DE CONSTRUÇÃO DE PERSONAGEM.

Para mim, no roteiro, a composição do personagem se dá muito mais pelas atitudes que ele toma e que revelam seu caráter do que pela sua descrição. Quando o personagem aparece, de acordo com as normas de roteiro, você deve descrevê-lo brevemente: a idade, como se veste e as falas dele. Feito isso, vou mostrar o caráter desse personagem – que é o que importa afinal de contas – a partir das atitudes e falas dele.

VOCÊ NÃO ESCREVE A BIOGRAFIA DE SEUS PERSONAGENS?

Só se uma característica desse personagem tiver relação direta com o roteiro, ou explicar alguma atitude dele no filme. Caso contrário, não perco tempo com biografia, não acho necessário. Eu acho que toda narrativa é um recorte de um certo momento, de um pedaço da vida desse personagem. Portanto, não preciso ficar explicando se ele foi amamentado pela vizinha, quem foi a primeira namorada dele, nem nada disso. Para mim, o que não vai ser utilizado no roteiro não interessa, não é da economia da narrativa. A narrativa precisa se ater àquilo que é concreto, ao que vai acontecer. Não ao que aconteceu. Essa é a minha maneira de ver.

E A VOZ *OVER*, O QUE VOCÊ ACHA DESSE RECURSO DRAMÁTICO?

Eu evito. Há muitos filmes maravilhosos que são totalmente narrados em voz *over*, eu sei. O meu problema com relação a esse recurso nos roteiros é o seguinte: o roteirista narra uma história que não se utiliza da voz *over*, mas lá no meio do filme ele tem uma dificuldade que precisa resolver e não consegue narrativamente. Aí ele coloca a voz *over* e mostra o personagem explicando o problema. Eu acho pobre essa maneira de contar uma história. Isso significa confessar um fracasso. Digo isso porque as coisas têm linguagem e você tem de obedecê-las para que acreditem no universo que foi criado. Se vamos fazer um filme com voz *over*, ele precisa ter um motivo que apareça desde o começo. Então me dê uma razão para utilizá-lo e eu concordo, sem nenhum problema. Se for para colocar a voz *over* só para quebrar o galho de uma deficiência narrativa, sou contra.

MUITOS ROTEIRISTAS RECLAMAM DE QUE QUANDO O FILME É BOM, NINGUÉM SE LEMBRA DELES. SÓ SABEM QUEM SÃO QUANDO O FILME NÃO FUNCIONA. ELES SE TORNAM O BODE EXPIATÓRIO. QUAL É A SUA OPINIÃO SOBRE O ROTEIRO NO CONTEXTO DO CINEMA BRASILEIRO?

Houve uma época no Brasil em que não era necessário roteiro para se fazer um filme. Tinha diretor que achava roteiro dispensável, tomava umas notas e ia para o *set* filmá-las. O resultado disso foram loucuras, epopeias, filmes brilhantes, filmes massacrados, filmes injustiçados; filmes ruins, decididamente ruins, e filmes que, se tivessem a figurinha do roteirista para ajudar, teriam dado certo. Ou seja: tivemos de tudo. O que acontece hoje, por conta das leis de incentivo, é que a primeira peça pedida para aprovar um projeto é o roteiro. O roteirista passou a ser valorizado por uma questão meramente técnica. Eu tenho a sensação de que muito diretor, se pudesse, trabalharia sem roteirista ainda hoje. Mas como ele é obrigado a apresentar um roteiro para conseguir dinheiro, o roteirista passa a ser até um mal necessário. É evidente que houve uma profissionalização da função. Hoje, há uma preocupação maior com roteiro, sem dúvida. Eu recebo convites para fazer crítica de roteiro, leituras, correções e percebo uma mudança. O cinema brasileiro, de vinte anos para cá, integrou o roteirista como parte da equipe.

Hoje tem roteirista muito bom no Brasil que não é utilizado apenas como quebra-galho. O cinema brasileiro praticamente não tinha roteirista. O próprio diretor escrevia e filmava. Hoje temos grandes roteiristas, gente que estuda roteiro, que estuda cinema. Roteirista é uma profissão. Um bom fotógrafo, por exemplo, vai estudar os mestres da pintura, vai estudar luz, vai ver outros filmes, vai dialogar. Ora, o roteiro é tão importante quanto a fotografia.

Você acha difícil escrever roteiro?

Acho dificílimo. Acho muito difícil escrever, em geral. Quando eu era jornalista, no começo da carreira, achava que com o tempo ia ficar mais fácil. Achava que inevitavelmente chegaria um momento em que o escritor seria capaz de dominar a técnica. Mas, à medida que o tempo vai passando, acho cada vez mais difícil escrever literatura, roteiro, jornalismo. Escrever é um negócio complicado. Dificilmente vai chegar um momento em que direi "dominei!". Pelo contrário: cada vez mais desconfio daquilo que escrevo. O que é saudável por um lado, mas é problemático por outro, porque tem um aspecto sofrido na história de escrever. Um lado tortuoso que eu gostaria que não existisse. Queria que fosse só prazer. Eu tenho isso quando escrevo literatura, um prazer muito grande. Mas reconheço que é difícil também. E traz sofrimento.

Nesse sentido, do que você mais gosta e do que menos gosta no processo de escrita de um roteiro?

Do que não gosto é de ter que convencer alguém do óbvio. Isso é horrível. Eu sou um cara pouco dado a frescuras, mas confesso que essa coisa do convencimento do que parece óbvio é a parte de que menos gosto. Já a melhor parte é quando você e o diretor olham para algo e aquilo brilha, se ilumina. E você sabe que aquilo vai passar pelo roteiro, vai passar pelo ator, vai passar pela edição e vai ser visto na tela. São as tais das gemas que existem dentro de um roteiro, uma sacada que você tem e que sabe que vai funcionar.

FILMOGRAFIA

* *Eu receberia as piores notícias dos seus lindos lábios* (2011)
* *Cabeça a prêmio* (2009) – colaboração
* *Cão sem dono* (2007)
* *O cheiro do ralo* (2006)
* *Crime delicado* (2005)
* *Nina* (2004)
* *O invasor* (2002)
* *Ação entre amigos* (1998)
* *Os matadores* (1997)

MARCOS BERNSTEIN

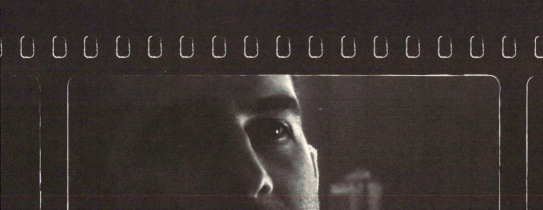

Marcos Bernstein

"O ROTEIRISTA PASSA POR SITUAÇÕES MUITO VULNERÁVEIS.
SE O FILME É BOM, O DIRETOR É QUE É ÓTIMO.
SE UM FILME NÃO AGRADA, JÁ DIZEM LOGO QUE O PROBLEMA É DO ROTEIRO."

Pergunte a qualquer aspirante a cineasta qual é o caminho ideal para realizar a difícil tarefa de fazer um filme. Mesmo que as respostas tenham variações, um ponto provavelmente será unânime: curse uma universidade de cinema! Na era do cinema como profissão, o diploma de cineasta soa como um visto garantido para uma carreira de sucesso. O que pensar então de um advogado que se tornou um dos roteiristas mais importantes do cinema nacional recente? Que ele deve ser filho, afilhado ou namorado de alguém? Não. Toda regra tem sua exceção. E no quesito roteiro, Marcos Bernstein é uma delas.

De formação humanística, o direito foi a primeira opção desse carioca e estudante da Pontifícia Universidade Católica do Rio de Janeiro. Nessa época, mesmo apaixonado por cinema, Marcos Bernstein ainda não tinha coragem de largar a aparentemente estável carreira de advogado. O plano paralelo era participar de cursos, workshops e seminários, e aos poucos se embrenhar no concorrido *network* que rolava nos intervalos desses encontros para alcançar seu desejo pelo cinema. Foi assim que conheceu João Moreira Salles e conseguiu seu primeiro estágio na produtora VideoFilmes. "Lá comecei a fazer pesquisa e me oferecia para fazer qualquer negócio. Eu não pensava em ser roteirista, esse não era meu objetivo principal. Eu queria era trabalhar com cinema", confessa Bernstein.

A vontade era tanta que Marcos foi finalmente convidado pelo próprio João para pesquisar e, posteriormente, coescrever com ele o documentário *Nômades*, que nunca chegou a ser filmado, mas que serviu como trampolim para que o jovem assistente conhecesse o diretor Walter Salles nos corredores da produtora. A essa altura, e já com o diploma de advogado na gaveta, a próxima etapa do plano de se tornar cineasta veio de seus conhecimentos de tecnologia. O ano era 1992 e Marcos lembra que na época "ninguém sabia muito bem usar o computador e eu me convidei para ser assistente do Waltinho e da Daniela Thomas no desenvolvimento de um roteiro deles". O projeto era para o filme *Terra estrangeira*, e a tarefa de Marcos, colocar as reuniões no computador. Missão cumprida, ele seguia arriscando: passou a opinar, criticar e "dar uma mexidinha no texto sem ninguém saber". O risco deu certo: lá pelas tantas, Marcos foi convidado pelos diretores a assinar o roteiro com eles.

A próxima etapa já não fazia parte de um plano, mas de uma realidade. Com o sucesso de *Terra estrangeira*, Marcos – que já conhecia a ideia de Walter Salles para seu próximo longa-metragem – pediu para desenvolver o esboço já escrito e abandonado do filme. Para isso, chamou o amigo João Emanuel Carneiro e, juntos, desenvolveram a jornada de Dora e Josué, os heróis do *Central do Brasil*. O filme foi o sucesso de que Marcos precisava: venceu o Urso de Ouro no Festival de Berlim de 1998, o Globo de Ouro e teve duas indicações para o Oscar. Motivos para que finalmente Marcos Bernstein abandonasse o medo e o fantasma da advocacia e assumisse o cinema como profissão. Nascia assim um roteirista. Sem diploma de cineasta, nem pai, padrinho ou namorada que dessem um empurrão. Apenas um talentoso e esforçado cinéfilo com muita vontade de fazer aquilo de que mais gosta.

Você é roteirista e atuou também como diretor. Como a experiência da direção influiu no trabalho de roteirista?

Não comecei minha carreira almejando ser roteirista. Meu olhar para o cinema sempre foi o de cineasta. Costumo dizer que existem dois tipos de roteiristas: o escritor e o cineasta. Um não é melhor do que o outro. São apenas dois tipos diferentes. O roteirista escritor é atraído pelo encantamento com a escrita, com as palavras e também com o cinema pelo olhar de quem gosta de escrever. Já o roteirista cineasta é o cara que gosta de cinema e se descobre capaz ou bom expressando-se pelo roteiro. Eu acho que sou mais esse segundo tipo. Meu encantamento é com cinema. Eu gosto de literatura, mas minha primeira paixão é o cinema. E acabei descobrindo que era capaz de escrever para o cinema e me encantei com a profissão de roteirista. Eu já buscava olhar o todo do processo antes de estrear na direção.

Qual é a diferença fundamental entre o olhar do roteirista e o do diretor?

São completamente diferentes. O diretor participa de todas as etapas mais ou menos intensamente, de acordo com o perfil de cada um. Ele tem sempre uma visão geral do processo. O roteirista está preocupado com a dramaturgia e com tentar expressar pelas palavras elementos que serão visuais e auditivos. É bem diferente e difícil de explicar. É, na verdade, um mistério. Quando você dirige, exerce uma função diferente em cada etapa. No começo, você é um pouco roteirista. Mesmo que não escreva o roteiro, o diretor desenvolve o projeto com o roteirista. Daqui a pouco ele é produtor, buscando financiamento junto do produtor executivo. Depois vira fotógrafo, analisando a imagem que vai fazer. Aí vira diretor de ator, que é um pouco diretor de teatro entre aspas, depois figurinista, diretor de arte e assim por diante. De certa maneira, o diretor muda de profissão a cada etapa do filme. E o roteirista não. Ele está sempre focado na dramaturgia articulada com imagem e som.

Apesar de exercer mais a atividade de roteirista, você tem preferência por alguma das duas?

Eu acho que são encantamentos diferentes. No mundo ideal, dirigiria um filme a cada dois anos e escreveria dois ou três roteiros nesse meio-tempo. Mas o mundo ideal não existe. O trabalho do roteirista é solitário, você precisa se entender consigo próprio; já como diretor você está no meio de centenas de pessoas fazendo perguntas o tempo inteiro e tendo que seguir adiante. São experiências bem complementares e acho isso muito bacana. É lindo poder alternar entre essas funções.

O que é um roteiro? Qual é a sua função?

O roteiro permite aos profissionais que trabalham no filme ter a noção do que vão fazer. Ele é a melhor maneira que encontraram para que todo mundo tenha um ponto de partida em comum. A partir daí – e dependendo do tipo de diretor e do filme – o roteiro será seguido de maneira mais ou menos rígida. Mas, geralmente, ele é um plano seguido com bastante fidelidade, porque é a peça que sai do zero. É de onde você consegue sair de um conceito para algo mais concreto. É pelo roteiro que se começa a visualizar o filme que o diretor quer fazer. Sem ele, o cinema narrativo não consegue dar um passo adiante.

Você considera o roteiro um elemento mais artístico ou mais técnico?

Ele é uma mistura dessas duas coisas. O objetivo da técnica é tornar o roteiro compreensível. Se ele vai ser um bom roteiro ou não, é o artístico que determina. É a criação. É você conseguir surpreender e ser consistente ao mesmo tempo. Essas duas etapas permitem que o roteiro seja lido com prazer. O resto vai depender do talento. Mas não se iludam: o mais talentoso dos roteiristas fará vários roteiros ruins ao longo da carreira.

Isso vale como regra?

Não existe carreira no cinema mundial que só tenha feito roteiro bom. É muito difícil fazer um roteiro bom. Eu tenho a seguinte teoria: fazer um bom roteiro é mais difícil que fazer um bom filme. Por outro lado, fazer um roteiro excelente é mais fácil que fazer um filme excelente.

Por quê?

Porque quando você faz um roteiro apenas bom, ele depende só de você. Ainda não existem muitas referências, não tem diálogo o todo tempo com alguém, nem a oportunidade de discutir todas as etapas que se está cumprindo. Há muita imprevisibilidade e subjetividade nesse processo. Mas quando o roteiro *bom* vai ser feito, o diretor dialoga com o fotógrafo, com o produtor, com os atores. Ele está cercado de gente boa e no final, se fizer tudo direito, vai ter um bom filme. Por outro lado, no caso do roteiro excelente acontece o contrário: você sabe a qualidade do que tem em mãos, mas para o filme ser excelente o diretor também depende que quarenta pessoas sejam excelentes ao mesmo tempo. Não basta o cara ser só *bom*. Tem que rolar uma conexão com todo mundo ao mesmo tempo. Acho que essa é uma maneira de entender o papel do roteiro dentro do filme e como funciona a ligação dele com as outras atividades do cinema.

É possível destacar um elemento como o mais importante do roteiro?

Isolar elementos do roteiro é didaticamente importante para você entender como ele funciona. Mas é difícil dizer qual é o mais importante. Às vezes, você tem ótimas histórias, muito bem contadas, mas elas não conectam com o espectador. Vou exemplificar com dois filmes que fiz, o *Terra estrangeira* e o *Central do Brasil* (ambos dirigidos por Walter Salles – o primeiro foi codirigido por Daniela Thomas). São dois filmes muito bem quistos pelo público. Mas é muito evidente que tipo de público gosta mais de um ou de outro. O pessoal do mundo do cinema, de um modo geral, gosta mais do *Terra estrangeira*. É um filme que tem uma história próxima e com uma linguagem que diz respeito a esse tipo de espectador. Já o *Central do Brasil* é muito mais querido em um grupo que não é o do cinema. Isso vem muito da história e da forma como ela é contada. Às vezes, você tem uma história que é boa, mas não bate com a sensibilidade do público e aí dizem que "a história é o mais importante". Em outras, você tem uma ótima história, mas os personagens são chatos. Daí você ouve que "os personagens são o mais importante". O mesmo acontece com a estrutura. Então, o que é mais importante? É difícil dizer. Eu acho que é o conjunto. O roteirista precisa estar atento a todos os elementos e saber articulá-los na história que vai escrever.

Você sempre sabe a história que quer contar?

Depende do projeto. Depende de como ela chega até mim. Se vem de um livro, de uma biografia ou de um argumento. Quando escrevo um roteiro para mim, normalmente sei um pouquinho da história, sei os grandes movimentos dela e não escrevo um argumento. Tento ter uma linha geral da trama, do personagem principal e começo a pensar as cenas que seriam interessantes contar sem tentar necessariamente tecer aquela história. Quando alcanço um grupo de quarenta ou cinquenta momentos interessantes, tento dar uma ordem, saber se aquilo faz sentido. Daí tiro algumas coisas, coloco outras e finalmente começo a escrever. Mas o processo é esse quando é um roteiro original meu e não encomendado.

Como funciona a relação com o diretor quando você é o roteirista?

A relação é diferente com cada diretor. Alguns escrevem contigo e você parte de um total desconhecimento pessoal em relação a ele para uma total intimidade em muito pouco tempo. Quando o roteiro acaba, naturalmente perde-se um pouco o contato. O diretor que não escreve quer participar de outras etapas. É sempre muito difícil para o roteirista, porque até determinado momento ele é praticamente o filme. Ele é contratado para fazer o que ainda não existe. Nesse começo, o roteirista é o foco de interesse principal. Toda a equipe está preocupada em saber o que esse cara vai fazer e como ele vai fazer. Quando a gente entrega o roteiro, ele deixa de ser importante e temos que lidar com a angústia de deixar de ser a figura central. Depois que o filme fica pronto, você recupera um pouco dessa importância dentro do resultado do filme. É claro que o foco maior será no diretor. E tem muito roteirista que tem problema com isso. Confesso que fica mais fácil lidar com essa questão depois de ter dirigido um filme. Você fica mais tranquilo, porque percebe os motivos de o diretor não te ligar mais todos os dias e entende melhor o que ele faz.

Qual é a sua reação diante do resultado dos filmes que escreveu?

Quando o filme é bom, eu gosto e fico feliz. É engraçado: às vezes o diretor filma todas as palavras que você escreveu e resulta em um ótimo filme. Outras vezes, ele filma todas as palavras que você escreveu, você reconhece as palavras, mas não reconhece o filme. Acho inevitável o filme sair mais com a cara do diretor do que com a do roteirista. Na melhor das hipóteses, as duas sensibilidades se complementam na tela.

O roteirista é mais crítico com relação ao filme do que o diretor?

Minha sensação é a seguinte: a função do roteirista dentro do sistema de produção feito no Brasil é ajudar o diretor, é trabalhar junto para que ele faça o melhor filme possível. Às vezes o resultado funciona, às vezes não. Por isso, o roteirista tem que saber avaliar os filmes que fez. É uma questão de bom senso. Você precisa ser crítico e analisar o seu trabalho: por que o filme é de determinada maneira? O que falhou no roteiro? Eu não estava bem ou o diretor não me estimulou a fazer o meu melhor? O roteirista tem que entender isso para melhorar como profissional dali em diante. Essa autocrítica deve ser sempre levada em consideração.

Qual é a sua relação, enquanto roteirista, com os outros profissionais da equipe, principalmente com o montador?

É raro o roteirista ser chamado para participar da edição de um filme de ficção. Geralmente ele assiste um corte, dá uma ideia, mas não é uma participação extremamente ativa. No documentário é diferente. Quando fiz roteiros de documentário, participei ativamente das edições. Sempre depende também da sua relação com o diretor e com o montador. Se há uma relação de confiança, eles te mostram diferentes cortes e você participa um pouco mais.

A montagem pode ser considerada a última versão do roteiro?

Da mesma maneira que o roteiro é a primeira versão da montagem. Só tem que tomar cuidado com isso, porque tem editor que se aproveita e diz que mudou o roteiro na montagem. O que acontece é retirar coisas que estavam no roteiro. Isso é normal. Quando você escreve, deixa sobras, principalmente porque não sabe como vai ser filmado e se vai funcionar. Às vezes, funciona melhor do que o planejado; em outras vezes, uma cena se torna desnecessária. Esse diálogo entre roteiro e montagem é normal.

Você visita o *set* de filmagem?

Depende da relação com o diretor. Não é a coisa mais comum do mundo, porque não é muito cômodo para nenhum dos dois. Quando o roteirista chega ao *set* ninguém sabe quem ele é, nunca viram a cara dele. Aí você quer se posicionar, dividir a atenção com o diretor, afinal de contas você escreveu o texto e acaba se sentindo mal se alguém da equipe te ignora. Pessoalmente, não acho essa visita saudável para ninguém. Mas entendo que se a relação entre roteirista e diretor for intensa e íntima, também pode ser bom.

O ROTEIRISTA PRECISA TER NOÇÕES DE PRODUÇÃO?

Claro. Ele tem que conhecer o processo, senão vai escrever loucuras. O roteirista precisa saber como se faz um filme, como funciona. Não precisa ser um íntimo conhecedor e saber como resolver um problema da filmagem; mas precisa ter noção da consequência daquilo que escreve e saber adaptar a história ao tamanho do orçamento. Você precisa desses parâmetros para não escrever um roteiro impossível de ser filmado.

SOBRE A SUA METODOLOGIA DE TRABALHO: POR ONDE VOCÊ COMEÇA? QUAIS AS ETAPAS QUE CUMPRE OBRIGATORIAMENTE?

Sempre tento estabelecer uma rotina. Mas ela muda muito de acordo com a fonte: se é um livro, uma biografia, um argumento original. A primeira etapa é entender a história que você vai contar e como você vai contá-la. Porque, a princípio, você recebe uma ideia e tem que fazer uma história interessante. A partir daí, as etapas seguintes variam dependendo do projeto. O que você nunca deixa de fazer é aprofundar o seu trabalho. Com relação ao dia a dia, é sempre uma situação muito neurótica. O roteirista fica em frente ao computador ansioso para escrever e às vezes não consegue fazer nada. Quando o tempo vai apertando, você produz mais, como todo mundo. A faca no pescoço faz a adrenalina subir e o trabalho aumentar. Você é obrigado a colocar no papel as ideias que ficou meses depurando na cabeça, sem coragem de escrever. Aquele tempo em que aparentemente você não escreveu nada serviu para trabalhar vários elementos em sua cabeça. E aí alguns vão funcionar e outros não. É uma espécie de caos ordenado.

VOCÊ ESCREVE UM ARGUMENTO ANTES DE ESCREVER O ROTEIRO? ISSO TE AJUDA A DESENVOLVER A HISTÓRIA?

Normalmente não escrevo argumentos grandes. No máximo cinco páginas. Escrevendo argumento, já tive experiências boas e algumas não tão boas. Cheguei à conclusão de que não funciona comigo, porque se eu tiver tudo delineado desde o começo, estarei sem ânimo criativo na hora de escrever o roteiro. E é na hora em que você realmente coloca a história na forma de roteiro que você está fazendo cinema. Costumo dizer que o roteiro já é um pequeno monstrinho. Ele é a melhor forma que encontraram para visualizar um filme, mas não é a forma ideal. A forma ideal é o filme. Só que você não tem como fazer um filme sem o roteiro. E o roteiro tem técnicas, tem formas que facilitam essa simulação da audição e da imagem. Já o argumento, ele é um monstro maior e mais deformado. É roteiro em forma de prosa, em que você descreve a sensação que vai gerar. Tem que ficar explicando diálogo, ação, consequência. Eu acho chato de ler e de escrever argumento. Mas delineio a história, discuto com os diretores onde o filme começa, a maneira como vamos contá-lo, seus grandes momentos e aonde ele vai chegar. Dou um panorama geral e minha intenção fica clara. É óbvio que quando escrevo o roteiro, faço modificações. Porque às vezes você acha que consegue contar aquilo tudo em um espaço e não consegue. O importante são os delineamentos combinados com a liberdade de criar quando escreve. Senão vira uma mera tradução de um monstrinho.

Existe uma melhor maneira de escrever rubricas num roteiro?

Elas não devem ser muito literárias. O roteirista deve ter a liberdade para deixar o texto mais gostoso de ler ou para passar uma sensação que precisa ser entendida na filmagem. Mas usar da linguagem literária o tempo todo é chato, porque aquele texto não é um livro, é um roteiro. Eu tento ser razoavelmente objetivo. A técnica e a formatação são fundamentais, por mais careta que isso possa parecer. Se o filme será bom ou não é uma mistura de talento, sorte e a combinação entre o diretor, o roteirista e a história. Mas o mínimo que se pode garantir é que ele será escrito de uma maneira clara, objetiva e com uma história proposta de forma compreensível.

A formatação do roteiro influi no resultado?

A formatação facilita a leitura. E quando falo de formatação, falo do modelo americano. Esses profissionais ficaram cem anos desenvolvendo maneiras de tornar mais clara aquela transposição de imagem e som para o papel, e o formato no qual eles chegaram tem uma lógica visual. Isso não significa que você não possa brincar com ela de vez em quando. Só tem que tomar cuidado para não tornar aquela gramática incompreensível. Certa vez, li um roteiro todo contado em primeira pessoa, o que é considerado uma heresia dentro das regras de roteiro. Mas o texto era ótimo, um dos melhores roteiros que já li. Mesmo assim, o roteirista manteve a formatação normal no resto do roteiro e só mudou um pouco o ponto de vista. Essa transgressão me fez participar do filme do ponto de vista do personagem principal. Então nada está proibido.

Durante a escrita do roteiro, o personagem ganha vida? Passa a existir e a tomar decisões?

A partir de determinado momento do processo criativo, você encontra um tom para o personagem, e esse tom, essa linha, tem um certo caminho, uma trilha. Nesse sentido, sim, ele existe. Por outro lado, não é assim, o roteirista não fecha os olhos e sai escrevendo. Adoraria que fosse desse jeito, para poupar trabalho (risos). Mas acho que a busca aqui é pela consistência. O roteirista precisa estar atento ao tom que encontrou e que se revelou interessante para aquele personagem. Quando você começa a escrever os diálogos, entende exatamente esse tom. É nesse momento que essa "existência" do personagem fica mais evidente.

O termo "voz *over*" é sinônimo de polêmica na escrita do roteiro. Qual é a sua opinião sobre esse recurso?

Tanto as condenações como a supervalorização são meio bobas. Quando a voz *over* é bem usada, ela é ótima. Quando ela é mal usada, é péssima. Não tem regra. Isso é coisa de manual de roteiro. Como fazer para ser bem-feito é outra questão, da natureza da execução. Um caso clássico é o filme *Blade runner, o caçador de androides*, de Ridley Scott. A voz *over* da versão original foi colocada por imposição dos produtores. E eu, particularmente, acho a primeira versão a melhor de todas. Adoro o Ridley Scott, acho ele genial, mas prefiro a versão dos produtores.

Você falou sobre os manuais de roteiro. O que acha deles?

Todo roteirista tem que ler os manuais de roteiro, faz parte. Esses manuais tentam dissecar uma fórmula consagrada e entender por que elas funcionam ou não. Alguns são mais felizes, outros menos. Mas é importante entender como se analisa o roteiro, até para saber que existem ferramentas e decidir se vale a pena usá-las ou não. Não precisa ler muitos, porque existe uma infinidade. Mas uns dez ou quinze manuais de roteiro bons são importantes para a formação do roteirista. Até para poder abandoná-los, se for o caso. Ninguém ignora um manual de roteiro, nem deve fazê-lo. Todo mundo sabe o que é uma estrutura convencional em três atos e sabe as terminologias, senão não sobrevive no mercado. Faz parte do diálogo que você utiliza para trocar ideias e dificilmente se consegue fugir disso. Só não pode virar obsessão, senão fica chato, realmente.

Você trabalha com outros roteiristas? Como funciona dividir a autoria?

Cada parceria é diferente. Tem parcerias em que você desenvolve a ideia, a trama e os personagens juntos, depois divide as cenas para cada um escrever uma parte e então trocam. Há outras em que você escreve o tempo inteiro junto. Eu utilizei as duas metodologias com a mesma pessoa, em projetos diferentes, e cada uma teve seu encanto. O importante é estar em sintonia escrevendo junto ou separado. Escrevo muito em parceria com a Melanie Dimantas. No filme *O outro lado da rua*, em que também era diretor, fizemos tudo juntos. Foi ótimo e talvez o processo mais divertido de escrever roteiro que já tive. Já fizemos coisas separados também, que não ficaram tão boas. Aos poucos você vai descobrindo qual é o seu time, seu grupo, sua sintonia. O fundamental é funcionar, e que, no final, ninguém saiba quem escreveu o quê.

DOMINAR OS MECANISMOS DA DRAMATURGIA IMPLICA EM PERDER A MAGIA DO ESPECTADOR QUE O CINEMA PROPORCIONA?

É claro que, depois de quinze anos trabalhando com cinema, você assiste aos filmes de maneira diferente. De um modo geral, o roteirista já sabe mais ou menos o que vai acontecer e seu grau de previsibilidade é maior. Por outro lado, quando um filme te surpreende, provavelmente ele surpreende muito mais do que a uma pessoa que não trabalha com cinema, porque você esperava que fosse de um jeito, tinha certeza do que ia acontecer e acaba sendo surpreendido. Então tem os dois lados: você perde um pouco esse prazer do espectador comum, mas ganha o olhar do cinéfilo, do profissional.

DO QUE VOCÊ MAIS GOSTA E DO QUE MENOS GOSTA NO PROCESSO DE ESCRITA?

A melhor coisa é quando você acaba e fica bom. É uma sensação de conquista enorme. É incrível chegar ao fim das cem páginas e ter essa certeza. E a pior parte é ser muito solitário. Mesmo quando você divide o texto, o trabalho do roteirista é muito solitário. O roteirista tem que batalhar constantemente com ele mesmo. Você é seu chefe, por mais que seja contratado de outra pessoa. É o capataz e o escravo e, às vezes, as chibatadas são duras. Você fica se punindo porque não escreveu tanto, porque não fez assim ou assado ou porque tem algo que não está funcionando. Tem dias que eu não consigo sair da frente do computador, mesmo que não esteja produzindo nada. Esse caráter punitivo da profissão é muito desagradável.

VOCÊ JÁ FEZ ADAPTAÇÕES PARA O CINEMA: *O XANGÔ DE BAKER STREET*, BASEADO NO LIVRO DO JÔ SOARES, *MEU PÉ DE LARANJA LIMA*, DO JOSÉ MAURO VASCONCELOS E O *ONZE MINUTOS*, DO PAULO COELHO. QUAL É O DESAFIO DA ADAPTAÇÃO?

Adaptar é selecionar o que é mais importante contar. Normalmente o original tem muito mais material do que o filme aguenta. O roteirista precisa saber transpor para a linguagem do cinema um texto literário, escrito de maneira subjetiva. Esse é um grande desafio. É tentar entender quais são os elementos mais importantes daquele original e pensar em como contá-los. Na adaptação, o roteirista tem o poder de contar de novo uma história. Ele precisa não só ser o mais fiel possível ao original, mas principalmente ao filme que será feito.

Como você lida com a crítica depois do filme terminado?

O roteirista passa por situações muito vulneráveis. Se o filme é bom, o diretor é que é ótimo. Se o filme é ruim, o roteirista é péssimo. Se um filme não agrada, já dizem logo que o problema é do roteiro. Acho que, como roteirista, você deve saber que quando o filme é elogiado, você é parte importantíssima daquele trabalho. Todo mundo quer crítica boa e bilheteria. Quando você é elogiado, fica feliz. Quando a crítica fala mal, mas propõe argumentos interessantes, você acaba aceitando. No entanto, críticas assim são raras. É claro que existe um bom senso: se a maior parte das críticas foi ruim, se vinte pessoas falaram que o começo do filme é chato, deve ser meio chato mesmo. É uma questão de bom senso.

Por que o roteiro é sempre o culpado quando o filme não funciona?

Sobre o roteiro ser o grande problema do cinema brasileiro, eu não concordo. Acho que isso é mito. O grande problema é que a gente ainda faz poucos filmes, principalmente filmes de ficção. Ainda tem pouco filme de ficção feito no Brasil. Se você tivesse trinta ou quarenta comédias, seria mais fácil depurar e melhorar o gênero. Mas isso não acontece. Não há diversidade. Essa característica não permite uma grande evolução da indústria, não permite a associação entre um núcleo criativo original formado por um diretor, um roteirista e um produtor. Quanto mais filmes você fizer, mais esses núcleos vão se formar, se entender e se desenvolver. Por isso, defendo a importância de desenvolver projetos. A gente faz pouco projeto no Brasil. Aqui o processo começa do desejo de um diretor de fazer um filme e lutar até a morte para conseguir. Acontece que grande parte desses projetos em desenvolvimento acaba sendo feita, mas nem todos funcionam. E não é culpa de ninguém não ter funcionado. O problema é que você precisa de tempo para descobrir se aquele projeto funciona. E precisa ter a liberdade de abandoná-lo, caso seja necessário, e partir para o próximo. Só que no Brasil, a gente ainda não tem tamanho para pegar um projeto e chegar à conclusão de que ele precisa ir para a gaveta durante os próximos cinco anos e partir para outro. Aqui tudo tem que funcionar. É uma norma. Quando for comum desenvolver projetos e ter a opção de desistir deles, talvez nossos filmes façam mais sucesso.

Mas mesmo nos Estados Unidos, onde predomina a lógica do desenvolvimento de projetos, nem todos fazem sucesso. Certo?

Mesmo nos Estados Unidos, onde a taxa de bons roteiros é maior, o nível de bons filmes também não é imenso. Mas eles existem. Mesmo os bons filmes têm uma porcentagem de bilheteira baixa. Cinema é muito cruel. É muito difícil fazer um filme de sucesso. E você tem que estar pronto para isso. Mas fazer um filme bom com taxa de sucesso elevadíssima não existe em lugar nenhum do mundo. A gente acha que sim, porque recebe os números dos dez melhores filmes de um determinado país e acredita que estão arrebentando ao produzir 160 filmes por ano. Mas a verdade é que, desses 160, quatro ou cinco prestam, como é o caso da Espanha, que está em crise há muito tempo. Acho importante ter essas equações, potencializar o sucesso qualitativo. Para isso, a gente precisa aumentar o nível e o número de projetos e ainda produzir mais filmes. O Brasil comporta produzir de oitenta a cem filmes de ficção por ano, isso não é uma loucura.

Como você vê o roteiro no mercado do cinema nacional hoje?

Na atual conjuntura do cinema brasileiro, o roteiro ganhou bastante respeito. Hoje os roteiristas têm muito mais espaço do que há dez anos. Existe uma preocupação maior com o roteiro e o desejo de cuidar dele mesmo que às vezes não saibam como fazê-lo.

O QUE FAZER PARA SER UM BOM ROTEIRISTA?

Escrever bons roteiros. Como isso acontece, não sei. Tem gente que não estuda nada e faz bons roteiros, mas é raro. Tem gente que estuda e faz roteiros chatos. Tem gente que sabe tudo de roteiro e só faz porcaria. Enfim, acho que você precisa ter o mínimo de estudo e de dedicação para entender sobre sua profissão. Mas também algum talento e sorte. É preciso volume maior de gente escrevendo. Desse volume é que sai gente boa, não tem jeito.

FILMOGRAFIA

* *Um dia de praia com Roberto Damatta* (2014)
* *Minhocas* (2013)
* *Faroeste caboclo* (2013)
* *Somos tão jovens* (2013)
* *Meu pé de laranja lima* (2012)
* *A era dos campeões* (2011)
* *Chico Xavier* (2010)
* *Inesquecível* (2007)
* *Zuzu Angel* (2006)
* *O outro lado da rua* (2004) – argumento
* *O xangô de Baker Street* (2001)
* *Um crime nobre* (2001)
* *Pierre Fatumbi Verger: mensageiro entre dois mundos* (2000)
* *Oriundi* (2000)
* *Central do Brasil* (1998)
* *Terra estrangeira* (1996)

MELANIE DIMANTAS

"Talvez seja uma questão de talento mesmo."

Dizem os manuais de roteiro que um bom personagem deve ser apresentado sob três diferentes pontos de vista: o de suas ações, o de suas opiniões e, finalmente, o das opiniões alheias sobre ele. O resultado desse tripé é um personagem complexo, tridimensional. No caso da roteirista Melanie Dimantas, saber o que ela faz era fácil: do fenômeno *Carlota Joaquina* (dirigido por Carla Camurati) ao *Nome Próprio* (dirigido por Murilo Salles). Saber o que ela pensa também não seria difícil, afinal o objetivo de nosso encontro era precisamente esse. O que mais chamou a atenção antes de conhecê-la foi o mito criado por seus colegas em torno dela. Quase todos os roteiristas com quem conversei perguntaram se Melanie estava entre os entrevistados e se eu já a havia conhecido. As opiniões de Melanie Dimantas soavam importantes antes mesmo de nossa conversa.

Domingo, final da Eurocopa de 2008. Espanha contra Alemanha. O único pedido feito por Melanie era que nossa conversa não coincidisse com o jogo de futebol que aconteceria três horas depois. Dito e feito. Motorista perdido, Melanie atrasada. O clima não era o mais relaxado antes da conversa. Logo na primeira pergunta – um pedido de apresentação –, Melanie disse que odiava falar seu nome e explicar quem era. Assim como um goleiro pronto para o pênalti, minha única opção era seguir minha intuição e me jogar: "Porque você é tão falada entre os roteiristas?". Silêncio. Melanie leva a mão ao queixo. Pensa bem antes de responder e começa:

"Sei lá. Talvez por dizer o que penso. Foi assim que virei roteirista. Conheci um cara que fazia cinema. Ele tinha uma produtora e me convidou para escrever uma história. Eu morava em São Paulo e tinha me formado em ciências sociais, e ele morava no Rio de Janeiro. Por isso a gente trabalhava de vez em quando, apenas quando se encontrava. De repente a relação e o roteiro foram evoluindo e acabei mudando para cá. Não foi fácil, o Rio é uma cidade muito difícil para um paulista. Aqui ninguém podia trabalhar em banco ou ser professor, como eram meus amigos de São Paulo. Sempre havia uma perspectiva artística que dava mais importância à vida. E o filme *Não quero falar sobre isso agora* acabou refletindo essa ideia: um olhar muito paulista sobre o carioca que não aceitava uma profissão qualquer. Foi exatamente o que me chocou quando me mudei para o Rio de Janeiro. O filme ganhou quatro Kikitos no Festival de Gramado, inclusive o de melhor roteiro. Me casei com o namorado e virei roteirista. Pronto."

Hoje, mais de doze longas-metragens depois, Melanie Dimantas é uma das mais prestigiadas roteiristas do cinema nacional contemporâneo, se separou e nunca mais voltou para São Paulo.

Há outra teoria dramatúrgica que defende que o personagem complexo e interessante é aquele que quer uma coisa, mas na realidade necessita de outra. Se Melanie Dimantas queria ver uma importante partida de futebol, talvez naquela tarde necessitasse falar. Não por acaso esqueceu que havia perdido o primeiro tempo do jogo enquanto lembrava de sua trajetória e discutia opiniões sobre o fazer cinema.

Jean-Luc Godard diz que o roteiro não é uma arte, nem uma técnica, o roteiro é um mistério. Para você, o que é o roteiro?

Não acho que seja uma arte. Talvez ele gostasse de ser técnica, mas também não é. Também não acho que seja um mistério filosófico, nem transcendental. Ele se aproxima um pouco mais da ideia de técnica pela maneira de ser feito. Você pode não escrever bons roteiros, mas pode saber fazê-los. O roteiro não tem uma qualidade literária que o faça andar por suas próprias pernas. Ele tem uma função muito específica, que é ser escrito para virar filme. Quando acabada a filmagem, ele vai para o lixo e não serve para nada. Ele não existe enquanto entidade palpável. Embora seja transmitido por meio da escrita e da palavra, a partir de um dado momento o roteiro vai entrando em outras áreas, seja no figurino, na cenografia, na fotografia ou no som. Ele vai adquirindo outras formas e deixa de ter aquela corporalidade que tinha no começo. É um esqueleto que vai se enchendo de carne. Ele vai entrando na vida das pessoas e desaparece. Vira filme. Na verdade, o roteiro, como se fala em espanhol, *guión*, é um guia, uma maneira de conduzir a história.

Você escreveu o *Carlota Joaquina* que, junto do *Lamarca*, foi destaque na chamada "retomada do cinema brasileiro" em 1995. Como foi escrever roteiro em uma época sem perspectiva audiovisual nenhuma?

Carlota Joaquina foi meu segundo filme. O primeiro foi o *Não quero falar sobre isso agora*, dirigido pelo Mauro Farias, que nos deu o prêmio de melhor roteiro no Festival de Gramado em 1991. Quando ganhei esse prêmio, subi no palco para agradecer e falei do prazer da experiência de ter escrito um roteiro e dei meu telefone para quem quisesse me chamar. Um tempo depois a Carla Camurati (diretora de *Carlota Joaquina*) me chamou para colaborar no roteiro. Ela achou divertido que eu tivesse me exposto daquele jeito. Sobre o roteiro, a Carla já tinha uma pesquisa muito fundamentada do que queria fazer com o *Carlota*. Na época, ela era casada com um historiador, com quem teve a ideia de fazer o filme baseado nessa personagem. A partir dessa pesquisa, começamos a trabalhar no argumento do filme. Foi um trabalho muito exaustivo, porque escrevíamos à mão e tínhamos uma pesquisa enorme e o medo era não dar conta de todos os assuntos que queríamos. Vendo hoje, acho o roteiro um pouco irregular, mas ele tem um frescor da época e uma importância que talvez eu não tivesse dimensionado. Eu achava que aquele filme seria um fracasso, tinha pena da Carla, tão empenhada naquele projeto. No começo achava aquilo uma bobagem. Imagina, fazer um filme histórico no Brasil! Quem queria ver aquilo? Por isso foi tão surpreendente quando o *Carlota Joaquina* estourou.

É difícil prever o que vai acontecer com o filme depois de terminado?

É engraçado. Eu não consigo ter essa visão de prever se a história vai agradar ou se vai ter um público para aquele filme. Não consigo entender esse mecanismo do que vai dar certo ou não. No fundo, acho que não há regra para isso. Mesmo quando faço filmes mais pautados em determinados procedimentos narrativos, com atos definidos, ou no modelo americano, não consigo prever se vai funcionar ou não.

Falando em fórmulas, o que você acha dos manuais de roteiro?

A única fórmula que existe é a da história bem contada. E se ela obedece ou não determinadas regras, é difícil dizer. O roteirista molda o trabalho dele de acordo com as encomendas. Você só descobre o seu procedimento narrativo ideal na hora que constrói a história.

Como foi escrever um primeiro roteiro sem saber nada sobre o ofício?

Naquela época ainda não existia a profusão de roteiros que há hoje para que eu pudesse pesquisar. Eu tinha três livros de roteiro, presentes de um tio meu. Mas gostava muito de cinema e assistia a muitos filmes. Tinha todos os filmes do Luis Buñuel, um livrinho do Sergei Eisenstein e apenas uma noção de como escrever um roteiro. Nessa época meu marido já tinha escrito outras obras audiovisuais e trabalhava com isso. Ele sabia como formatar e deixar o texto agradável de ler. Foi aí que começamos a pensar no filme e a trabalhar no esboço do que seria o *Não quero falar sobre isso agora*, longa-metragem que catapultou minha carreira no cinema brasileiro. Esse é o famoso filme que ninguém viu. Aposto que você não viu.

O QUE DIZER A UM ROTEIRISTA INICIANTE ANTES DE ESCREVER SEU PRIMEIRO ROTEIRO?

Desapegue! O roteirista deve ser um profissional desapegado! Deve ter uma visão muito clara da função do roteiro e não pode se apegar às suas linhas, porque depois da montagem o filme vira outro. A montagem é a última reescrita do roteiro. Se não fosse roteirista, adoraria ser montador. É na montagem que você reinterpreta todos os elementos do filme e elabora de novo, reconstrói, recria, reescreve a história.

ONDE ESTÁ A MATÉRIA-PRIMA QUE INSPIRA O ROTEIRISTA E SUAS HISTÓRIAS?

Não existe outra maneira de se construir uma história que não seja por meio da visão humana. Por isso, naturalmente, nossa essência está muito próxima das artes cênicas, do teatro, da literatura, da noção do drama humano, de tudo que a gente leu e buscou na vida. É daí que se extrai a matéria-prima.

VOCÊ SABE DE ANTEMÃO O TEMA QUE QUER TRATAR E COMO ABORDÁ-LO?

Não. Na verdade tenho uma intuição do que vai aparecer. No começo de um trabalho, minha primeira reação é repudiar, relutar, achar que não estarei à altura da tarefa, nem a tarefa à minha altura. Ou eu minimizo ou eu valorizo demais a empreitada. Depois disso vem o momento do amadurecimento. Demoro algumas semanas pensando e me culpando por não estar sentada em frente ao computador, achando que não estou fazendo nada. No entanto, quando sento para escrever percebo que passei um mês pensando loucamente na história sem saber. Ela vai se incorporando em mim e eu vou descobrindo seu tom. Geralmente, o segundo ato acho muito difícil. O segundo ato é quando tudo acontece: você já estabeleceu a ideia, já sabe como vai acabar, mas e aí? O que vai acontecer no meio do caminho?

É onde realmente a história tem que avançar para um final, para o terceiro ato, no qual as resoluções vão acontecer.

E O QUE FAZER QUANDO ROLA UM BLOQUEIO CRIATIVO?

Tem que sentar e fazer. Isso é o mais difícil. Porque o que sai é terrível, você sofre loucamente, principalmente quando o prazo de entrega se aproxima (risos). Você precisa ir aceitando aquele roteiro. Depois percebe que não ficou tão ruim assim, que se fizer um pequeno ajuste aqui, outro ali, o trabalho fica no mínimo respeitável. No fundo, você se descompromete o suficiente para se desapegar.

MAS ESSE DESAPEGO NA PRÁTICA NÃO DEVE SER TÃO FÁCIL.

É uma sensação terrível. Principalmente quando não consigo estabelecer uma relação visceral com o trabalho. É uma etapa em que perco a noção entre o que é visceral e o que é empenho. Fico me cobrando sobre qual é essa visão de mundo que eu tanto tento reivindicar. Aí acho que não tenho tanta. Porque o roteirista é um cineasta que usa as palavras, não é um escritor. Talvez almejasse ser, mas não é. Por outro lado, não quero escrever um conto. Gosto do que faço. No entanto, o que escrevo não tem valor literário, é apenas uma parte do cinema apesar de não estar no *set* fazendo o filme. Estou apenas criando um roteiro. Nunca sei como me sentir no meu lugar.

É POSSÍVEL DIRIGIR UM FILME NO PAPEL?

Não. No começo eu fazia muito isso, tentando posicionar a câmera aqui, ali e definir algumas coisas que são de incumbência da direção. Quando tenho uma visão muito clara do que quero, como tem que ser, e se é dramaticamente fundamental, sugiro um *close* por exemplo. Mas só em casos extremamente necessários.

Você se surpreende com o rumo que as histórias tomam durante o processo de escrita?

Muito, embora às vezes seja proposital. O filme *O outro lado da rua*, por exemplo, que escrevi com o Marcos Bernstein (também diretor do filme), começou tendo um objetivo e aos poucos tomou um rumo diferente. Imaginávamos uma história um pouco policial e que ao mesmo tempo falasse do encontro na maturidade. Mas ela foi perdendo o tom policial comum e ganhando um tom policial em outro sentido, que é o das emoções. Ao escutar as próprias emoções da personagem principal (interpretada por Fernanda Montenegro), quando ela se projeta para fora ao espiar a vida dos outros, de repente o jogo se inverte e o olhar passa a ser para dentro dela. Essa era uma ideia que tínhamos desde a sinopse. Mas, ao longo do processo de escrita, percebemos que a nossa intenção realmente ganhava uma outra proporção e que valeria a pena apostar nela. Pensamos até em conduzir a história policial até o fim, como uma forma de investigação paralela a esse outro movimento da protagonista. Mas decidimos abandonar esse caminho do *thriller* para focar em uma história de amor. E o filme tem isso: um caminho que muda totalmente o registro da história. E isso foi surpreendente e decidimos bancar a decisão.

Como funciona a relação do roteirista com o diretor? O que é mais difícil nessa parceria?

Tive experiência com vários tipos de diretores. Com o Marcos Bernstein, por exemplo, que também é roteirista e com quem tenho uma parceria, fui muito livre para conduzir a história. Com outros diretores, depende. Alguns escrevem com você, outros não. Geralmente eles dominam um pouco essa relação e quando isso acontece é sempre um pouco sofrido. Quando o diretor é dono da história e se apega muito a ela, fica difícil o roteirista ter autonomia para conduzi-la. Você acaba tendo que convencer o diretor. E convencê-lo é possível, mas exaustivo. Essa é a parte mais complicada. Há diretores mais abertos a essas contribuições e outros mais fechados. E quando são fechados, realmente é muito chato.

O QUE O ROTEIRISTA DEVE FAZER QUANDO O DIRETOR OPTA POR UM CAMINHO DRAMATÚRGICO COM O QUAL ELE NÃO CONCORDA?

Sair fora. Já fiz tratamentos que o diretor não respeitou, porque estava apegado ao que havia escrito antes e saí. No Brasil, nossa indústria é tão complicada e incipiente que todo diretor resolve escrever um primeiro tratamento e colocar nas leis de incentivo e só depois chamar um roteirista. Acontece que eles se apegam loucamente a esse primeiro tratamento e fica muito difícil ouvir um roteirista que aponta os problemas dramáticos, as incoerências do personagem principal, a falta de tom, de narrativa, de ponto de vista... A gente começa a argumentar e mesmo assim nada acontece. Ele quer o filme daquele jeito e nossa única opção é sair fora do projeto.

VOCÊ ESTÁ SATISFEITA COM O RESULTADO DOS SEUS ROTEIROS NAS TELAS?

Que pergunta! (risos) Já aprendi a sofrer menos. Principalmente quando é um trabalho de encomenda. Quando vejo meu nome na tela, comprometido com um filme, é uma decisão que eu tomei e, ao assistir, tenho que analisar e saber dizer se valeu a pena ou não. Eu já tive sensações muito complicadas. Quando assisti ao *Não quero falar sobre isso agora*, meu primeiro longa, fiquei chocada e vi muitos defeitos. Hoje, gosto do filme, embora ele seja datado. Mas ele foi meu primeiro movimento cinematográfico, uma visão pessoal do que era minha vida no Rio de Janeiro aos 27 anos e fazia sentido na época. Com o *Carlota Joaquina*, outro grande filme, sentia que ele tinha problemas. Principalmente porque a Carlota praticamente desaparece nos trinta minutos finais, ninguém fala mais dela, algo que eu jamais faria hoje. Ou talvez até fizesse, mas de maneira consciente, o que não foi o caso. Mesmo assim não tive vergonha do filme, pelo contrário. Gostei muito de *Outro lado da rua* e do *Nome próprio*. Mas, muitas vezes, tive vergonha, sim, vontade de desaparecer, porque o resultado na tela sempre deixa um pouco a desejar.

Por que você acha que isso acontece?

Porque esse é um lado do cineasta frustrado que o roteirista tem. Nunca tive pretensão de dirigir, não gosto de *set* de filmagem nem do que envolve aquilo tudo. Já tentei ser assistente de direção, para ver se conseguia me animar. Achei que tivesse muito a mostrar, mas acho que não tenho. Meu negócio é escrever.

Além de roteirista, você também ensina a escrever roteiros e consequentemente conhece diferentes recursos dramatúrgicos para construir um filme. Isso compromete seu prazer como espectadora?

Tendo a acreditar que não. Mas já percebi que só deixo de ser crítica e me entrego ao filme quando o roteiro não se sobressalta. Aí é que se encontra a diferença entre o bom e o mau roteiro: no quanto ele é previsível. Mas quando consigo ver claramente uma fórmula mal utilizada, começo a ficar um pouco incomodada, porque sinto que há uma técnica vazia. Quando o roteiro consegue escapar disso, quando ele é bem construído, invisível, eu consigo embarcar, seja em que história for: da infantil à intelectual.

O roteirista é um profissional bastante solitário se comparado a outros do cinema. Pensando nisso, você divide com outras pessoas a evolução do roteiro?

Durante o processo de escrita, a única opinião a que eu me submeto – além da minha – é geralmente a do diretor. Não tenho o hábito de dar meu roteiro para outros lerem. Quando faço isso é pela intimidade que tenho com outros roteiristas. Já li coisas do Marcos Bernstein e do Bráulio Mantovani. São pessoas que conheço e admiro. Mas comigo é mais complicado. Sou muito mais problemática em mostrar meu texto. Apenas quando a história está mais desenvolvida é que sou capaz de passá-la adiante para um comentário. Em geral, me contento com a minha solidão e com a minha própria e terrível crítica. A maioria dos diretores faz esse papel muito bem e alguns produtores também. Depois que o roteiro começa a *rodar* pela equipe, ele volta com uma série de observações. Eu tento lidar bem com isso, mas às vezes é difícil. Já me indispus com produtores tentando defender o projeto de forma indefensável, porque me irrito com muita facilidade (risos).

E A CRÍTICA PÓS-FILME?

Já recebi todos os tipos de crítica, elas são tão absurdamente díspares. Já tive crítica que destruiu até meu casamento (risos). Quando lançamos *Duas vezes com Helena* (dirigido por Mauro Farias), baseado no livro do Paulo Emílio Sales Gomes, o filme foi execrado em Gramado. Acho que foi o primeiro ano que um longa saiu sem nenhum prêmio naquele festival. Eu fiquei muito surpresa, porque era um roteiro estranho, com alguns elementos teatrais que fizemos propositalmente. Sei que o filme tinha problema, mas havia também um tom *trash*, uma coisa engraçada, estranha. Não conseguia entender também por que ninguém via nenhum interesse naquela história de elementos tão arriscados. E a crítica foi um desastre. Lembro que no dia seguinte à exibição em Gramado foi aquele clima de enterro. Mas a vida continua, temos filhos, cachorros e vamos adiante. Quando saiu a crítica da *Contracampo* (revista de cinema na internet), que dizia que o filme era genial, finalmente entendi a subjetividade da crítica e comemorei por alguém ter encontrado alguma coisa no filme. É importante ter visão e ir além (risos).

FALE SOBRE SUA METODOLOGIA DE TRABALHO: VOCÊ FAZ *STORYLINE*, SINOPSE, ARGUMENTO, ESCALETA?

Detesto fazer argumento, mas sei que é exigido por causa dos editais de desenvolvimento de roteiro ou de produção. Argumentos de vinte páginas são insuportáveis. Embora eu sempre reclame e defenda que oito ou dez páginas são suficientes, acabo chegando a umas quinze. Para aguentar escrever o argumento, preciso me divertir. E para me divertir, tento escrever argumentos que tenham estilo. Talvez não o estilo final do filme, mas com um tom que eu quero impregnar mais adiante. Depois desse argumento, não faço *storyline*. Tenho muita dificuldade em resumir a história em três ou quatro linhas e muita dificuldade de pensar no título. É uma etapa terrível, que não consigo executar a não ser que tenha uma ideia muito clara de como será. Aí faço uma escaleta partindo do argumento. E, usando o argumento e a escaleta, finalmente começo a trabalhar o roteiro.

Você tem rotina para escrever?

Não necessariamente. Geralmente escrevo de manhã. Acordo cedo, passeio com meus três cachorros, faço uma caminhada de uma hora e meia e na volta tomo café e penso: "Opa, tenho que trabalhar". Aí enrolo um pouco, leio um jornal, enrolo mais um pouco e sento quando o tempo já está esgotando. Prefiro trabalhar durante o dia e no fim da tarde. Mas não suporto trabalhar de madrugada, só raramente.

Você tem medo do tal clichê?

Tenho um pouco. Mas às vezes o clichê surpreende. Eu critico todos os roteiros que leio e costumo dizer que tem clichê demais. A princípio, não gosto, a não ser que o clichê consiga ser tão clichê, mas tão clichê, que acabe se anulando. Aí fica bom.

Fale sobre a construção dos personagens. Como funciona seu processo? Que elementos te inspiram a criá-los?

São diferentes. Me baseio muito na literatura e também em mim mesma. Costumo dizer que é muito difícil fazer uma personagem que não tenha muito de mim. Lembro quando era garota e vi um filme do Mel Brooks, o *Banzé no Oeste* (1974), em que o Gene Wilder entrava no meio de um deserto e apareciam índios que falavam em iídiche com ele. Eu achava aquilo genial. Porque era muito difícil para o Mel Brooks fazer índios que não falassem iídiche, que não fossem judeus como ele. Eu, particularmente, tenho certa dificuldade de criar personagens sem ironia. Acho que é um traço da minha vida e das pessoas com quem cresci e que admirei, como uma tia minha professora de literatura. Quando a gente se encontra é sempre tão irônico, que é muito difícil destituir isso das minhas personagens. Mesmo em personagens crianças. Quando escrevi com o Marcos Bernstein uma história infantil de animação, essa ironia acabava aparecendo também naqueles personagens. Porque a graça de personagens crianças é, claro, que eles falem como crianças, mas que tenham uma visão e uma ironia que extrapolem a idade.

Como você constrói os diálogos de seus personagens?

Sou uma pessoa muito observadora. Registro tudo ao meu redor. Tenho tanta memória para diálogos e conversas alheias que, às vezes, me assusto quando escrevo e reproduzo coisas que ouvi. São diálogos com tanta precisão que, se utilizados, embora eu tenha ouvido, podem soar tão irreais que não vão funcionar, ninguém acreditaria naquilo. No cinema, existe o que é verossímil e o que não é. Um diálogo pode até ter acontecido na realidade, mas no cinema não cabe. Uma vez estava andando de bicicleta e cruzei com dois policiais parados em uma esquina e eu no sinal. Um deles dizia: "Não adianta só tirar os meninos da rua, porque essa é uma questão social e se não houver um plano para reintegrá-los, essa remoção não serve para nada". Eles estavam conversando como se fossem dois sociólogos! A conversa soava tão absurda que só funcionaria em um filme do Sérgio Bianchi.

E a polêmica voz *over* no roteiro. Qual é a sua opinião sobre o uso desse recurso?

Eu adoro voz *over*! No roteiro do *Não quero falar sobre isso agora*, escrevi muita voz *over* e ela delineava a trama, tinha um caminho muito literário, porque a personagem pensava demais. Quando ganhamos o prêmio no Festival de Gramado, o Amir Labaki nos entrevistou e criticou a voz *over*, dizendo que não era uma boa solução para o problema dramático que havíamos criado. Foi o primeiro roteiro que escrevi e achava a voz *over* completamente plausível. Não tinha um questionamento sério sobre o recurso. Com o passar do tempo, comecei a me policiar. Talvez aquela opinião tenha ficado na minha cabeça e passei a evitá-lo. Hoje, dou aula e meus alunos, que têm a tarefa de fazer o roteiro de um curta-metragem, sempre utilizam a voz *over* quando a situação fica complicada e não conseguem transmitir em uma cena a mensagem que queriam. Aí não vale. Acho que a voz *over* só vale quando for um comentário diferente ou que traga outro tom para a história. Ou quando é tão bem pensada que o espectador nem sinta que o recurso está ali.

Você falou do roteirista recalcado. Escrever para o cinema pressupõe ficar à sombra do filme?

Dou graças a Deus que estou à sombra e ninguém me reconhece (risos). Acho essa discussão ótima. Até porque temos uma associação de roteiristas chamada Autores de Cinema, em que os roteiristas clamam por visibilidade, mesmo considerando as porcarias que já escrevemos. Mas isso é inevitável, porque no Brasil o roteirista vive de encomenda. Poucos roteiristas trabalham em projetos muito autorais. A não ser que eles estejam vinculados a um diretor e tenham uma parceria que funcione, como o Marçal Aquino (roteirista) e o Beto Brant (diretor). Ou trabalhe com o marido ou a esposa/diretor(a). Em geral, no cinemão brasileiro, projetos autorais do roteirista não existem. Então essa ideia de visibilidade é meio confusa.

Que aptidões são fundamentais para um roteirista?

O roteirista precisa ver muito filme, ler muito, entender o que pode trazer nuances diferentes a uma história. Ele precisa conhecer o drama para saber dar estofo ao que quer contar. Além de ser capaz de observar, claro. Observar muito, tudo o que acontece em volta. Tem gente que escreve muito, que consegue dominar o artifício de fazer roteiro, que tem uma boa formatação, sabe dosar a informação, não erra na hora de cortar nem de definir cenas, mas que acaba criando histórias muito mecânicas. Vejo isso nitidamente nos meus alunos: tem uns que se esforçam muito, que conhecem muito cinema, mas que na hora de escrever são confusos, não conseguem escolher. Não conseguem se colocar na história. Talvez seja uma questão de talento mesmo.

FILMOGRAFIA

* *Um dia de praia com Roberto Damatta* (2014)
* *Minhocas* (2013)
* *Meu pé de laranja lima* (2012)
* *América* (2010)
* *Olhos azuis* (2009)
* *Os porralokinhas* (2007)
* *Nome próprio* (2007)
* *Irma Vap: o retorno* (2006)
* *Mulheres do Brasil* (2006)
* *O outro lado da rua* (2004)
* *Avassaladoras* (2002)
* *Copacabana* (2001)
* *Duas vezes com Helena* (2000)
* *Carlota Joaquina: princesa do Brazil* (1995)
* *Não quero falar sobre isso agora* (1991)

ORLANDO SENNA

"O ROTEIRISTA É UM ANIMAL HÍBRIDO."

O ano era 1975. Durante o lançamento do filme *O rei da noite*, dirigido por Hector Babenco e escrito por Orlando Senna, o roteirista foi abordado por uma senhora que, muito surpreendida, custava a acreditar que tudo o que ela havia assistido durante duas horas tinha sido escrito por ele. Curiosa, a espectadora só queria uma resposta: quanto tempo Orlando tinha demorado para escrever tudo aquilo?

Nascido em Lençóis, interior da Chapada Diamantina, na Bahia, Orlando Senna sempre esteve rodeado de histórias. Sua mãe pertencia a um grupo de teatro amador que ensaiava na garagem de sua casa; e como método para fazer ele e o irmão dormirem, contava histórias intermináveis. A condição para continuá-las na noite seguinte era o bom comportamento dos filhos. Pacto feito, aquele método de Sherazade estendeu-se por anos até que Orlando estivesse imbuído de material suficiente para contar suas próprias histórias.

O primeiro destino do menino ouvinte foi Salvador. Foi lá que suas histórias começaram a ser contadas. Do *Diário de Notícias* aos palcos dos teatros da capital baiana, Orlando transitava com destreza entre ficção e realidade. Motivo que o levou a escrever e dirigir documentários de curta-metragem como *Imagem da terra e do povo* e *Construção da morte*.

E se a realidade era o ponto de partida para as histórias que Orlando Senna criava, ela estava, na época, impregnada de política. Eram os anos da Ditadura Militar no país e o cinema de Orlando era sua arma e sua munição. Filmes como *Iracema: uma transa amazônica*, escrito e dirigido em parceria com Jorge Bodanzsky, escancarava nas telas o que os militares tentavam esconder. "Bicho híbrido", como gosta de dizer, entre ficção e documentário, *Iracema* é visto até hoje com a mesma confusão e impacto que na data de sua estreia. Talvez por isso tenha sido censurado – o ano era 1976 – e liberado para estreia apenas em 1980.

Ao juntar a escrita jornalística, a sensibilidade documental e o apuro fílmico, era inevitável que outros convites viessem. Pelas mãos de Geraldo Sarno (no filme *Coronel Delmiro Gouveia*) e Hector Babenco (em *O rei da noite*), Orlando finalmente se rendeu à ficção. De lá para cá, assumiu o cinema em diferentes vertentes: seja na concepção de escolas como a Escuela Internacional de Cine y Televisión, em Cuba, ou o Instituto Dragão do Mar, no Ceará; seja na criação da TAL, a Televisão da América Latina, e da TV Brasil, ou como secretário do Audiovisual do Ministério da Cultura.

De fala tranquila e olhar sedutor, Orlando Senna é um roteirista exemplar. Quando fala, atrai para si olhos e ouvidos, da mesma maneira que provavelmente sua mãe fazia quando o colocava para dormir. Escrever um filme definitivamente não é uma tarefa fácil. Menos ainda na visão de uma espectadora incrédula como foi aquela da estreia de *O rei da noite*. Mesmo sem saber que resposta foi dada a ela sobre a duração da confecção daquele roteiro, arrisco dizer que Orlando mentiu. Não era a hora nem o lugar de revelar seus métodos a uma espectadora que deveria permanecer arrebatada pelo encanto daquela história e de seus personagens. É hora, finalmente, de o mistério ser desvendado.

O que é um roteiro? Para que servem as páginas que o roteirista passa tanto tempo confeccionando?

O roteiro é uma peça de trabalho muito interessante e bastante complexa. Ela tem que ser lida e compreendida por diferentes cabeças. Daí o fato de terem inventado o nome *roteiro literário*. Ele será lido, evidentemente, pelo diretor, pelo produtor, pelo fotógrafo, mas também pelo pessoal que vai servir os sanduíches no *set*. O roteiro é para o cinema o que a partitura é para a música, ou seja, ele pode ser lido e entendido pelos profissionais responsáveis em materializá-lo sem que eles deixem de ter seu estilo. O bom roteiro permite que cada um imprima no filme sua própria visão de mundo.

Existe alguma fronteira técnico-artística na criação do roteiro? Em alguma etapa ele pode ser considerado mais técnico ou mais artístico?

Ele é sempre as duas coisas. É técnico e artístico, exatamente porque tende a estar aberto a muitas visões e entendimentos. Ele não pode ser apenas um roteiro técnico, apenas uma decupagem. A forma que o roteiro tem hoje, utilizada e atualizada há mais ou menos trinta anos, permite que cada profissional no *set* faça sua própria decupagem. A partir do roteiro literário, o diretor faz um roteiro técnico se quiser. O fotógrafo fará, forçosamente, seu roteiro técnico, pois é parte do trabalho dele. Mas o roteiro apresentado a toda a equipe contém elementos técnicos e artísticos. Exatamente como é o cinema.

Nesse sentido, o roteirista é um técnico e um artista?

O roteirista é um animal híbrido. Ele é um escritor e precisa ser bom, porque usa a palavra para se fazer entender em outro código, que é o código audiovisual, às vezes até mais difícil do que o código literário. Além de escritor, ele tem que ser também um cineasta e por isso eu o chamo de animal híbrido. O roteirista é, talvez, o profissional mais difícil de ser encontrado na atividade audiovisual, exatamente por causa dessa necessidade de ser duas coisas ao mesmo tempo.

Que aptidões esse bicho híbrido precisa ter?

Depende muito das tendências e do contexto histórico do cinema. A relação do roteirista com a obra depende da época, do tipo de produção, do meio. Mas, em geral, acho que o roteirista é a referência informacional de um filme e, às vezes, até a referência intelectual e cultural da equipe de criação. Ele tem a obrigação de responder por ela. Um bom roteirista é uma pessoa habilitada em vários saberes, em várias áreas, não é apenas um bom escritor ou um bom cineasta. Ele é um profissional que tem que conhecer muita história e muita dramaturgia. Deve estar entrosado nos processos de criação das artes em geral e conhecer muito sobre os diferentes processos artísticos. Um roteirista que não conhece literatura, que não conhece pintura ou música, em algum momento vai sentir deficiências em seu trabalho. Em suma, acho que o roteirista é um profissional com necessidade de um conhecimento muito amplo e com relevantes habilidades literárias.

Que conselhos você daria para um jovem roteirista?

São conselhos não apenas para roteiristas, mas para jovens que estão começando nessa aventura luminosa de fazer cinema e seus derivados: alie consciência e rebeldia. Esses dois conceitos são impulsos, estímulos, e dão sustentabilidade e subsidiam melhor a experiência artística. É ter consciência do que se faz, de sua relação com o mundo, com sua arte, e, ao mesmo tempo, não abandonar jamais a rebeldia. Ser rebelde cotidianamente. O artista precisa estar nessa medida de modernidade, de contemporaneidade, que é o artista audiovisual. Ele tem de viver uma vida revolucionária, se revolucionar, viver uma revolução a cada dia e entender muito bem o conceito dessa revolução permanente como uma atitude, um trabalho individual e diário. Além, claro, de ter consciência da própria rebeldia.

Quando você escreve um roteiro, você sabe sobre o que quer tratar e esse é seu ponto de partida?

Acho que sempre se pode criar a partir de dois métodos: ir na aventura, o que eu chamo de "cabra-cega", ou planejar um começo, um caminho e uma chegada.

Esse último método é o que a maioria dos roteiristas utiliza por ser mais seguro, além de ser a metodologia ensinada nas escolas. Nesse caso, o "como fazer um roteiro" parte de saber o que você quer contar, seu tema, seu ponto de vista. Pode ser desde um tema como o destino, a desilusão, a maldade, o incesto e por aí vai. Tudo serve como ponto de partida seguro e consistente para se desenvolver uma história e atravessar suas várias fases de desenvolvimento. Não tenho nada contra a aventura da criação desordenada, mas, na prática, é muito difícil pagarem para um roteirista escrever "no escuro". Ele precisa garantir uma margem de segurança comercial e profissional aceitável desde o início.

Como alcançar essa margem de segurança em um roteiro?

Isso pressupõe um roteiro construído passo a passo com a maior garantia possível. Você precisa formular e responder perguntas do tipo: o que você quer contar? Quais são as linhas-mestras da história? Quais são os personagens? Quais são os perfis dos personagens? Assim você compõe a história com segurança. No roteiro, trabalha-se uma corrente de causa e efeito que é ascendente e prende a atenção das pessoas que estão ouvindo, vendo ou lendo uma história. Esse é o trabalho de qualquer roteirista, qualquer escritor, qualquer contador de histórias: manter a atenção do leitor, do ouvinte ou do espectador no mais alto nível. Só assim ele vai conseguir passar sua mensagem por meio da história.

Mesmo com esse controle na criação, é possível se surpreender com o rumo que as histórias tomam durante a escrita?

Claro. Mesmo quando você ordena bem a construção do roteiro, partindo de um tema, buscando a ideia, fazendo um *storyline* e atravessando todas as fases de segurança possíveis da escrita do roteiro, evidentemente sofremos a interferência do grande roteirista maior que é o destino. Às vezes, você está escrevendo um tratamento, seguro de ter estudado sua história de todos os ângulos possíveis e, de repente, uma nova informação vem de um personagem que você não esperava. Porque os personagens ganham vida própria, pelo menos os bons. E eles te indicam algumas pistas, alguns caminhos que você não pensou antes, algumas situações que inspiram o roteirista a seguir outras trilhas. Quando eles criam vida, começam a interferir na sua história, a ensinar caminhos inevitáveis que você não percorreu, mas achava que sim.

O roteirista é uma espécie de cobaia de sua história?

Claro. Mesmo um roteiro controlado pode te levar por caminhos surpreendentemente desconhecidos e que se abrem na sua frente de repente. Os personagens te levam por mares nunca antes navegados, nem por você nem por eles. Essa relação de criação de histórias é muito viva, muito dinâmica e, principalmente, muito misteriosa. Se você estiver escrevendo um personagem ou um diálogo que seja triste e queira que ele passe tristeza para o espectador, você precisa sentir isso. Se o roteirista não estiver chorando ao escrever uma cena em que se espera que o público chore, possivelmente aquela cena não vai ter o efeito que você estava querendo. A mesma coisa acontece com uma cena engraçada: se você não estiver morrendo de rir, quem é que vai rir? O roteirista é também laboratório de sua história o tempo todo.

Existe uma maneira ideal de se contar uma história?

Esse é um dilema não só de roteirista, mas do contador de histórias em geral. Repare que todo o segredo dos truques da dramaturgia está nas piadas populares que a gente nem sabe quem inventa. Ali está a estrutura da história perfeita. Naturalmente existe ali uma metodologia de como contar aquela história: você abre com alguma coisa que desperta um ligeiro interesse, avança para um interesse maior e fecha com a verdadeira surpresa. Esses chistes são dramaturgicamente perfeitos. Ou seja, existe um jeito popular de contar histórias que é exatamente o jeito que os eruditos encontraram desde Aristóteles, para pensar em como contar bem uma história. Centenas de pessoas se dedicaram a pensar em como fazer isso. Daí você pega uma piada de rua e descobre nela o irredutível. É a melhor maneira de se contar uma história.

Qual é a matéria-prima do roteirista? De onde ele tira tudo o que conta?

Tudo vem da vida, evidentemente – da imaginação, da criação, da nossa própria loucura, dos nossos mundos interiores. Os nossos mundos interiores são conformados a partir da realidade. Por mais loucos, por mais irreais que sejam, eles nascem da realidade. E o que faz um contador de histórias, como qualquer artista, é organizar a vida. A vida é a desordem absoluta. A vida é um filme sem roteiro e é impossível de ser roteirizada. Se a realidade é desordem, a arte é ordem. Então, na verdade, não há matéria-prima definida. O que existe é um processo. O mais importante no artista é o poder de ordenar a vida de uma maneira que ela seja ampliada e sentida com maior potência. Por isso você é capaz de contar a história da humanidade por meio de um homem. Como disse Di Cavalcanti: se você quer fazer um filme sobre os Correios, faça um filme sobre a carta. Na linguagem audiovisual, isso significa ter a noção de síntese e a habilidade de ordenar a vida sem parecer que a vida está ordenadinha. O engraçado é que a imagem do artista para o mundo é a do cara desordenado, meio maluco, meio doidão. Mas, no fundo, o caos dele serve para reordenar a vida e dar algum sentido a ela.

Do que você mais gosta no processo de escrita do roteiro?

Gosto de viver solitariamente as emoções que tenho de passar para o papel. Gosto de chorar, rir, ficar triste, alegre, com raiva. Passar pela experiência de ator que o contador de histórias experimenta, porque isso se transforma na jornada. É a característica que mais me seduz e também a que mais me capacita não apenas para escrever roteiros, mas também para a vida, porque ela é um aprendizado diário.

E do que menos gosta?

Do ponto final. Porque a gente fica na saudade. Não só de um roteiro, mas de qualquer obra. Quando o Jorge Amado terminou o romance *Tereza Batista cansada de guerra*, um livro enorme que ele demorou um tempão para escrever lá em Salvador, apareceu no quarto chorando e a Zélia Gatai, esposa dele, se assustou ao vê-lo sentado na cama aos prantos. Quando ela perguntou o que havia acontecido, Jorge disse: "Tereza nos deixou". Ele tinha terminado o livro. Zélia também ficou muito comovida, muito emocionada e os dois choraram o resto da noite, porque Tereza Batista tinha deixado os dois para pertencer ao mundo. Essa é uma sensação incrível, quando você coloca o ponto final em uma obra e ela não te pertence mais. No meu caso, não tem uma sensação de tristeza nem nada. No caso do Jorge Amado, ele morria de chorar pela saudade de seus personagens.

Os franceses defendem que o tempo ideal para construir um roteiro é de nove meses, o mesmo tempo de gestação de um ser humano. Existe tempo ideal para se escrever uma história audiovisual?

Isso é coisa de francês. No Brasil, temos mania de achar que quanto mais tratamentos escrevermos, melhor o roteiro fica. Mas não é verdade. Já vi muito roteirista fazer vinte tratamentos e voltar para o primeiro ou segundo. Nunca escrevi um roteiro em que algum tratamento posterior, feito por mim ou por outra pessoa, fosse melhor do que o segundo. Mas isso é muito pessoal. Não acredito nessa coisa de vinte tratamentos. Se no quinto você ainda não conseguiu contar sua história, entregue o trabalho para outra pessoa ou comece outra história. Se você não é capaz de enxergar o filme depois de ter trabalhado nele durante quatro meses, não vai vê-lo nunca.

Fale sobre sua metodologia de trabalho.

Depende de como e com quem estou trabalhando. Mas, mesmo se for com outras pessoas e tivermos reuniões organizadas, sempre há um momento em que eu tenho que trabalhar sozinho. Eu gosto muito do que faço. Adoro trabalhar. Antes eu trabalhava muito à noite, mas atualmente gosto da manhã, não sei te explicar por quê, mas mudei de hábito. E gosto de trabalhar muitas horas seguidas, não fragmentar o tempo de trabalho. Às vezes trabalho dez horas seguidas, às vezes o dia inteiro, e no dia seguinte não faço nada. Acho que assim esquenta. É como se você estivesse jogando: você tem um tempo de aquecimento e quando está aquecido é melhor aproveitar esse aquecimento e ir até onde puder. Sei de gente que trabalha quatro ou cinco horas por dia escrevendo, o que gera disciplina para conseguir chegar até o fim. Mas comigo é diferente, minha disciplina existe apesar de ser menos organizadinha.

É PREJUDICIAL O EXCESSO DE ROTEIRISTAS EM DIFERENTES VERSÕES DE UM ROTEIRO?

Na Itália, na época do neorrealismo, os produtores juntavam um monte de roteiristas para escrever um roteiro. Mas repare que lá eles sentavam e conversavam muito e depois apenas um deles colocava as ideias no papel. Em Hollywood, um filme tem um ou dois roteiristas no máximo. No Brasil, é uma loucura, porque geralmente o dono da história é o produtor ou o diretor. Daí ele contrata um roteirista, depois um segundo e um terceiro. Vira uma confusão. Eu nunca vi um filme com tanto roteirista diferente se sair bem na tela. O roteirista deveria ser tratado no cinema brasileiro como se trata um fotógrafo. É tão raro você demitir o fotógrafo no meio do filme, quanto mais demitir oito fotógrafos, como se faz com roteiristas. Isso é uma loucura e não tem nada a ver com a qualidade deles. Isso é desculpa. Tem a ver com as inseguranças do diretor e do produtor, que não sabem exatamente o que querem e transferem a frustração.

COMO FUNCIONA OU COMO DEVERIA FUNCIONAR A RELAÇÃO DO ROTEIRISTA COM O DIRETOR?

A relação do roteirista com o diretor deveria ser sempre uma relação quase amálgama, de entendimento absoluto, porque é uma criação de duas cabeças. Mas ela depende da história que se está contando e da relação entre essas duas cabeças. Tem relações muito distantes, frias e estritamente profissionais. Outras mais quentes que, na minha opinião, são as melhores. E há também a relação inexistente. Na televisão, por exemplo, em alguns casos, o roteirista não tem nenhum contato com o diretor. Eu acho o trabalho a quatro mãos o melhor. Quando você é convidado por um diretor a fazer um filme e trabalha com ele, ganha-se muito tempo. Mesmo assim o trabalho solitário do roteirista é inevitável, inclusive a quatro mãos ou até com um corroteirista. Existem os momentos de longos trabalhos solitários do roteirista, porque mesmo que ele esteja criando em grupo, em geral, alguém terá de dar o tratamento final. Alguém terá de estabelecer uma unidade, pelo menos de estilo. Tem sempre alguém que é o responsável pela forma final da escrita. Mas isso depende de cada trabalho, de cada parceiro, do país para o qual o filme está sendo escrito, do tipo de produtora, se é para televisão ou para o cinema, etc.

O QUE VOCÊ ACHA DE O ROTEIRISTA VISITAR O *SET*?

Não existe o que é melhor ou pior, se estar no *set* ou não, se estar na sala de edição ou não. Cada filme é diferente do outro, cada caso é um caso, não dá para generalizar. Tudo depende da relação do roteirista com o diretor. Já tive relações em que o diretor pedia pelo amor de Deus para que eu estivesse ao lado dele o tempo todo e outros que pediam para eu não fazer nem uma visita ao *set*. O que acontece muito é o roteirista ficar de plantão e ser acionado quando aparecer algum problema dramatúrgico que ele pode ajudar a resolver. Não creio que seja necessário o roteirista participar ativamente no *set* ou na sala de edição. Mas estar de plantão, sim; nesse caso, acho que é sempre bom e saudável para o filme.

VOCÊ ESTÁ SATISFEITO COM O RESULTADO DOS SEUS ROTEIROS NAS TELAS?

Essa pergunta é meio complicada, porque você fica mais ou menos satisfeito, dependendo do filme, mas nunca inteiramente satisfeito. Eu acho que o melhor filme está sempre no roteiro. Não porque deva ser assim ou porque os roteiristas são geniais. A questão é que entre a ideia do filme e o roteiro, entre o roteiro e a filmagem, entre a filmagem e a edição, e entre a edição e o filme terminado existe tanta interferência que a história vai naturalmente perdendo a qualidade. Se você não tiver no roteiro um filme sensacional, quando chegar lá na outra ponta, ele vai ser bem ruinzinho. Então, para garantir um filme interessante, ele precisa ser genial no roteiro, precisa ser a melhor coisa que você pode conseguir no que se refere àquela história, porque ela vai ter perdas e ganhos também, mas principalmente perdas.

Qual é, então, a relação do roteirista com sua obra?

Depende muito do resultado e do que significou aquele trabalho. Em geral, há surpresas para o bem e para o mal. De qualquer maneira, a emoção, a sensação de sentar no cinema e ver pela primeira vez na tela aquilo que estava na sua cabeça dá um sentimento de poder dramatúrgico, de construir mundos habitados por criaturas inventadas por você. É sempre muito instigante ver algo escrito por você transcodificado em som e imagem. Embora se diga que escrever um roteiro é como contar um filme a um cego sentado na poltrona ao seu lado, na verdade existe a surpresa de realmente não fazer ideia, principalmente por não ter acompanhado a filmagem, do que vai aparecer na tela. Por isso, mesmo que digamos que o roteirista tem que escrever cinema, é importante destacar que a sua é uma escrita muito especial.

Um tema polêmico entre roteiristas e diretores é sobre a autoria do filme. A famosa questão "um filme de...". Qual é sua opinião a esse respeito? De quem é o filme ou de quem deveria ser?

Essa é uma velha história. Houve uma época em que o autor do filme era o produtor. Isso lá nos anos 1920, nos Estados Unidos. Se pensarmos na televisão, o autor é o roteirista, não o diretor, "uma novela de...". No cinema, há algum tempo, depois da "ditadura do produtor", começou o que se chama de a "ditadura do diretor". Ditadura entre aspas, claro. O que procede é que até hoje o diretor é o autor, num sentido de "autor principal". Porque ninguém pode duvidar de que o roteirista é um autor também, assim como os atores ou os músicos da trilha podem ser considerados autores, já que se trata de uma arte audiovisual. Essa é uma polêmica muita mais relacionada com o comércio audiovisual do que com qualquer outra coisa. Nesse sentido, alguém precisa ser o autor principal e se responsabilizar não apenas diante do poder econômico, do dinheiro, mas também diante da sociedade. Quem é o responsável por isso? É o diretor. Ele seria o dono, o cara, o autor da coisa. Mas sabemos que não é bem assim. Nos anos 1940, 1950, houve casos em que filmes foram apresentados a partir do roteirista. Um bom exemplo são os filmes do Cesare Zavattini. Era um filme de Zavattini e ele era roteirista. Isso depende das relações industriais e comerciais dessa nossa profissão. O que é certo é que a autoria é coletiva, evidentemente, tanto no cinema como na televisão.

O ROTEIRISTA É UM PROFISSIONAL POUCO VALORIZADO NO MERCADO?

Os roteiristas de cinema, sim. Não têm o reconhecimento profissional nem social que deveriam ter no Brasil. Já os roteiristas de televisão, não, esses são absolutamente reconhecidos. Essa é uma velha e polêmica história. Existem versões que defendem que o cinema brasileiro patinou muito exatamente por causa da pouca importância dada aos roteiristas. As indústrias audiovisuais de maior sucesso são aquelas que dão importância absoluta ao roteirista. Como é Hollywood. Lá os profissionais mais bem pagos são os roteiristas, não só no cinema, mas na televisão. Alguns deles são mais bem pagos do que os diretores e até os próprios atores. No Brasil, uma indústria audiovisual de sucesso é a TV Globo. Nela, o roteirista é o profissional mais bem remunerado, mais paparicado. As indústrias audiovisuais que dão certo estão assentadas sobre roteiristas.

VOCÊ CITA "BRINCAR DE DEUS" COMO METÁFORA PARA A CRIAÇÃO DO UNIVERSO DRAMATÚRGICO DE SUAS HISTÓRIAS. A PARTIR DAÍ, FALE SOBRE COMO VOCÊ CRIA SEUS PERSONAGENS.

Construo meus Adãos e minhas Evas exatamente como Deus construiu os seus, parte a parte. Primeiro pensando em como seriam fisicamente, porque a questão física gera uma abertura boa para pensar no interior e no subjetivo. Embora não seja definitivo, definir suas características físicas me dá algumas pistas de sua personalidade. Depois componho interiormente o caráter desse personagem de acordo com a história. Aí vem o mais importante, que é individualizar esse personagem, fazer ele ter uma vida que é só dele. E isso a gente alcança por vários caminhos, mas basicamente determinando um valor que o marque e defina. Pode ser um valor individual, um valor geral ou universal que determine contornos distintos. Um personagem precisa ter antes de tudo alguma coisa que o qualifique diante do mundo, que o distinga do resto da humanidade. Outra característica importante é evitar que o personagem seja compacto. Ele deve estar dividido em duas ou mais partes, pelo menos emocional e psicológica. Deve ser complexo, se parecer ao máximo com uma pessoa de verdade. Tanto no cinema como nas artes narrativas, tratamos sempre de pessoas incomuns, extraordinárias, mesmo que estejam disfarçadas de uma aparente normalidade. São personagens que parecem comuns, mas no fundo não são. Eles devem ser especiais de alguma maneira. Os contadores de história tratam de pessoas diferenciadas, o cinema trata de pessoas diferenciadas e a literatura também. Por isso, para se montar um personagem, primeiro ele precisa ser humano para ser reconhecido, depois ser único, para gerar uma identificação.

Nesse caminho, quanto do autor existe no personagem?

Um personagem tem sempre um alto percentual do autor. O autor coloca nele coisas que viu, pessoas que conheceu, que observou ou, então, características de outros personagens. Mas mesmo essa colocação tem muito do autor. É a maneira como ele vê o mundo e o coloca dentro da história. Todo personagem leva uma carga muito forte de quem o inventou, mesmo que quem o inventou queira disfarçar isso ao máximo, da melhor maneira possível. É difícil não ser assim. Você não é apenas o que sente. Você é também o que sabe e aprendeu. Se eu quiser fazer um personagem que se pareça com você, por exemplo, que tenha bigode, barba, óculos e gesticule desse jeito, eu vou. Mas quando colocar isso no personagem, vai passar pelo meu filtro. Então, de qualquer maneira, também vai ser um pedacinho de mim, mesmo que eu esteja fazendo você, transferindo você para um personagem.

Como você constrói o diálogo de seus personagens? O que é fundamental nele?

A questão de diálogo talvez seja o aspecto mais difícil e mais fino no trabalho do roteirista. Existe um tempo para a fala cinematográfica, no sentido de ritmo, que não é o mesmo da vida cotidiana. O segredo disso é que no cinema e na televisão as pessoas não falam como se fala na rua, como se fala em casa, mas tem que parecer que sim. É um jogo de xadrez que o escritor faz consigo mesmo: ele precisa escrever uma coisa evidentemente sucinta, sintética, arrumada e que a gente sabe como funciona. Esse diálogo trabalhado, e no fundo falso, tem que soar na tela como algo natural. Tem que parecer que se fala de uma maneira que não existe, que é diferente. Esse é um trabalho que foi desenvolvido de maneira muito importante pelos famosos dialoguistas franceses. Na França, até hoje, existem roteiristas e existem dialoguistas. É raro ter um roteirista sem um dialoguista do lado, até por questões sindicais. Nos anos 1930 e 1940, excelentes escritores e poetas franceses foram chamados para exercer o ofício de dialoguista por trabalhar o que eles chamavam de "tempo da fala cinematográfica", por perceber o quanto era diferente da fala cotidiana usada por nós. A partir daí, todo mundo também percebeu que o diálogo deveria ser trabalhado com muito cuidado, de maneira delicada. Porque no fundo o diálogo é um jogo: é você escrever uma coisa falsa que tem que parecer real.

Você tem experiência não apenas como roteirista, mas como professor, consultor e gestor público audiovisual. Tanta experiência como analista e criador cinematográfico prejudica na hora de desfrutar de um filme?

No meu caso, não. Mesmo nos filmes que eu dirijo, tem um momento em que consigo me distanciar e isso geralmente acontece quando assisto ao filme em tela grande, ao lado do público. Aí consigo me transformar, mais ou menos, em um espectador. Sei que tem muita gente que não consegue. Se o roteirista vir o filme como um produto e não tiver capacidade de distanciamento, acaba contaminado apenas pela leitura de autor o tempo todo, que é sempre o olhar do "falta alguma coisa" ou do "deveria tirar aquilo". Isso é muito angustiante. Você tem que conseguir ter distanciamento crítico, inclusive para aprender com você mesmo qual é a emoção que passa para os outros e não apenas para si. Mas isso é difícil, eu sei. Muita gente não consegue ter uma relação aberta com sua própria obra. A gente tende a ficar sempre refazendo na cabeça o filme que terminamos dez anos atrás.

Falemos sobre o cinema brasileiro sob a perspectiva do roteirista que também já foi secretário do Audiovisual. O que mudou nos últimos anos? O que ainda falta no cinema nacional?

Hoje o cinema brasileiro é muito rico, muito diversificado. E isso nunca aconteceu antes, porque nossa cinematografia viveu muito de ciclos, de movimentos, de escolas. A história do cinema brasileiro foi composta em blocos, nos quais, em determinada época, um grupo de criadores andava mais ou menos no mesmo caminho. Exemplo? O Cinema Novo e a Embrafilme. Na Embrafilme, todos os filmes pareciam iguais. No Cinema Novo, o caminho cinematográfico era um só. Tem também o cinema paulista da Vera Cruz e o carioca da Cinédia, a Boca do Lixo, a Pornochanchada, etc. Hoje isso não existe. Hoje há diversidade no cinema brasileiro. Todo mundo tem uma visão pessoal da vida e do cinema e isso resulta em um enorme leque de temas. O cinema brasileiro vive um momento muito interessante sob esse ponto de vista, que resulta em uma variedade de experiências, de ideias artísticas e estéticas determinantes. É uma fase muito buliçosa, efervescente. O nosso cinema tem duas características marcantes hoje: é um cinema voltado para dentro do país, como ser social, e, ao mesmo tempo, um cinema que se preocupa com as individualidades. O que falta é um casamento bastante forte com a televisão. Mas esse é outro aspecto.

Como você vê o futuro do roteiro no cenário audiovisual brasileiro?

Atualmente estou muito interessado em roteiros interativos. Seja para jogos eletrônicos, celular ou internet. Acho que esse é o futuro do cinema, da televisão, etc., toda essa comunicação audiovisual que é a interatividade. Os roteiristas precisam começar a dar passos à frente de seu ofício e de suas possibilidades. É uma oportunidade que há muito tempo não temos. O novo roteirista precisa surgir e ser treinado no sentido da interatividade, das novas tecnologias que estão sendo desenvolvidas e estão chegando. A realidade virtual é um ótimo exemplo. Se você escrever um roteiro para a realidade virtual ou para a interatividade e utilizar os métodos de hoje, vai passar a vida inteira escrevendo sem conseguir terminar esse roteiro. O desafio atual é aliar a inteligência humana com a inteligência artificial, senão jamais chegaremos a um roteiro virtual ou a um roteiro aberto a interatividades. O que está aparecendo hoje é um outro universo narrativo, um outro entendimento de como contar histórias.

FILMOGRAFIA

* *Iremos a Beirute* (1998)
* *O lado certo da vida errada* (1996)
* *Oedipo Alcalde* (1996)
* *A dívida da vida* (1992)
* *Brascuba* (1987)
* *Ópera do malandro* (1986)
* *Abrigo nuclear* (1981)
* *Coronel Delmiro Gouveia* (1979)
* *Diamante bruto* (1977)
* *Iracema: uma transa amazônica* (1976)
* *O rei da noite* (1975)
* *Gitirana* (1975)

PAULO HALM

"O papel é muito pequeno perto da tela."

"Sobrou para mim ser o roteirista." Essa é a resposta direta e categórica do carioca Paulo Halm quando explica a escolha da profissão. Cria do curso de cinema da Universidade Federal Fluminense, no Rio de Janeiro, nos anos 1980, Paulo sempre gostou de escrever. Nos tempos de cineclubista dos cursos promovidos pela Embrafilme na década de 1970, ele queria ser quadrinista. Admirava os *comics* pela capacidade de gerar imagens e relacionar o texto com uma interessante tradução visual. "Sempre falo que virei cineasta porque a indústria do quadrinho no Brasil era, ou é, incipiente. Senão, seria quadrinista com muito prazer."

Ao contrário de Paulo, a maioria de seus colegas do curso de cinema queria ser diretor ou, no máximo, fotógrafo. "Ninguém dava bola para o roteiro. E, como eu escrevia, automaticamente me consultavam sobre as ideias para os curtas da faculdade e acabei escrevendo muitos deles." Se, por um lado, os estudantes de sua geração não se interessavam tanto pelo roteiro, Paulo Halm também não se entusiasmava muito com a cadeira de fotografia. Curiosamente, foi nessa disciplina que apareceu sua primeira oportunidade como roteirista profissional. Na época, o cineasta José Joffily lecionava fotografia, mas acabava discutindo mais sobre dramaturgia com o jovem Pepê, como Paulo é conhecido, do que sobre lentes, películas e câmeras. Das conversas e intercâmbios de roteiros, outro parceiro surgiu: o roteirista Jorge Durán, mentor que posteriormente seria seu parceiro no primeiro longa-metragem escrito por Halm, *A maldição do Sanpaku*, dirigido pelo próprio Joffily.

Lançado em 1991, o filme amargou com a fatídica era Collor e o consequente fechamento da Embrafilme, época em que muitos cineastas abandonaram a carreira. Esse hiato durou até 1995, quando a chamada "Retomada do Cinema Brasileiro" aconteceu e quando Paulo Halm estava pronto para se tornar o roteirista carioca mais requisitado de sua geração. De suas parcerias com diferentes diretores – muitos deles egressos da mesma universidade – resultaram quase simultaneamente em filmes como *Pequeno dicionário amoroso* (de Sandra Werneck), *Quem matou Pixote?* (de Joffily) e *Guerra de Canudos* (de Sergio Rezende). Uma comédia romântica, uma biografia e um drama histórico que alavancaram sua carreira. Vertentes de um novo roteirista que, inevitavelmente, voltaria à mesma sala de aula como professor, atividade que exerce até hoje paralelamente à pratica da escrita.

Inquieto, Paulo Halm não parou por aí. Dos roteiros saltou à direção do premiado curta-metragem *O resto é silêncio* e de seu primeiro longa *Histórias de amor duram apenas 90 minutos*, sobre um escritor em crise que não consegue administrar seu talento. De fala rápida e gestos curtos, Paulo Halm é um cineasta tímido. Durante as quase duas horas que durou nosso encontro, fez poucas pausas, tentava evitar olhar para a câmera e sugeria perguntas que não poderiam faltar numa conversa sobre a profissão e o processo criativo do roteirista. Prova de que o jovem estudante, que escolheu o roteiro por eliminação, fazia ali uma escolha muito mais acertada do que um bom roteiro poderia prever.

AO CONTRÁRIO DA MAIORIA DOS CINEASTAS DA SUA GERAÇÃO, VOCÊ TEM FORMAÇÃO UNIVERSITÁRIA EM CINEMA. NO QUE ESSA FORMAÇÃO TE DIFERENCIA COMO PROFISSIONAL?

Durante muito tempo a UFF foi a única formadora de profissionais para o mercado cinematográfico e eu fui um dos poucos profissionais de cinema formado em cinema. Ter uma formação universitária, didática, fortalece. Hoje sou professor também. Dei aula na Universidade Gama Filho e na Escola de Cinema Darcy Ribeiro e acho que, da mesma forma que não se aprende samba em escola, você não aprende cinema em escola. Mas ela proporciona uma formação e uma percepção não apenas do como fazer um filme, mas da noção de cinematografia, do cinema enquanto linguagem, enquanto arte formadora de identidade cultural. Isso é fundamental. Para isso serve a academia. No meu caso, particularmente, me ajudou a fazer minha patota, minha geração.

MAS MUITAS VEZES ESSA NOÇÃO DE "PATOTA", DE "PANELA", É VISTA COM CERTO DESPREZO...

Essa ideia de patotinha existe, mas não acho pejorativo; muito pelo contrário, isso é legal porque identifica uma geração. As pessoas que fizeram a UFF, por exemplo, inevitavelmente se encontraram no mercado. Escrevi uma série para a TV Globo em parceria com a Rosane Svartman, que estudou na UFF também. Curiosamente, nessa equipe, éramos dez pessoas escrevendo o seriado e quatro delas haviam se formado em diferentes gerações da UFF. Na minha época, estudar cinema era coisa de gente com problemas psicológicos. Hoje em dia é normal, os pais acham bacana. O que acho fundamental nisso tudo são as diferentes visões de cinema das diferentes gerações de uma mesma escola. Para você fazer projetos em uma área tão complicada como a audiovisual é fundamental ter o amigo que fotografa, o amigo que escreve, o que atua, o que produz. Juntando todo mundo, você faz um filme. É mais difícil arrumar isso do que dinheiro. Já fiz muito filme sem dinheiro, mas nunca sem gente.

Jean-Luc Godard diz que o roteiro não é uma arte nem uma técnica. Para ele, o roteiro é um mistério. E para você, o que é um roteiro?

As pessoas geralmente confundem e acham que o roteiro é a história do filme. Tem até gente que acha que o roteiro é o filme no papel. Mas essa ideia está errada. O roteiro tem uma função que pode dispensar até o papel. Você pode escrever um roteiro sem sequer escrever uma frase. O roteiro é a capacidade de pensar em imagens, de propor situações visuais que serão interpretadas e encenadas. Quando nessa frase o Godard diz que o roteiro é um mistério, é porque a nossa cabeça é uma câmera muito mais rica e muito mais poderosa do que qualquer aparato tecnológico. Você consegue filmar por dentro do corpo humano, despir as pessoas, entrar e sair da mente delas e ver simultaneamente o pé e a cabeça da pessoa que você imagina. O roteiro consegue ver por dentro dos cenários, consegue sair da janela, ir até o fundo do plano, fazer *zooms*. Coisas que muitas vezes nem a tecnologia consegue.

Mas esse mistério deve ser materializado na tela, certo?

O roteirista sugere algo que geralmente fica muito parecido com o que ele idealizou e ao mesmo tempo muito diferente. Diferente porque, na verdade, são outros talentos que vão construir a ideia que ele sugeriu. O José Carlos Avellar tem uma frase, que não sei nem se é dele, que fala do roteirista como primeiro espectador de um filme que ainda não foi feito. O papel dele é relatar esse filme não feito para virar um filme novo, que não necessariamente tem a ver com aquele primeiro assistido unicamente por ele, mas que é muito parecido.

Ser parecido mas não exatamente igual pode frustrar o roteirista?

O roteiro é algo que vai ser materializado em imagens e sons e que tem no máximo uns 70% a ver com aquilo que você filmou na sua cabeça antes. Não enxergar no filme exatamente o que havia escrito é uma reação bastante natural. Às vezes, a diferença é causada pela incompetência de quem faz. Às vezes, essa diferença é causada por uma visão nova do autor que realizou aquela história e isso é legal também. Mas a verdade é que não tem que ficar parecido, porque você pensou em algo que não pode ser reproduzido, a não ser que você crie uma câmera que filme diretamente dos seus olhos e reproduza isso em imagem. Ao mesmo tempo, o roteiro é papel, é palavra, são textos. Não exatamente literatura, mas também não exatamente audiovisual. Ele jamais será igual ao filme. Ele não é o filme escrito, ele é uma parte de um filme. Não acho nem que seja a parte mais importante, mas, com certeza, é uma das partes fundamentais. Eu acho possível você ter um belo filme sem ter necessariamente um bom roteiro. Geralmente você pode ter o inverso: um belo roteiro que resulta em um filme horroroso. E às vezes nem é culpa do diretor, mas de uma infinidade de coisas que envolvem essa espécie de adaptação. Não dá para ter controle de tudo no papel, porque no papel você tem todas as possibilidades do mundo.

Qual é então o grande desafio do roteirista?

Um dos pecados originais do roteirista é achar que o diretor vai filmar o que está escrito no roteiro. Na verdade, o diretor vai filmar aquilo que ele leu. Há uma diferença enorme entre aquilo que é escrito e aquilo que é lido. São cabeças diferentes que trabalham sobre a mesma frase. Inevitavelmente essa diferença entre a intenção do que o roteirista escreveu e a interpretação de quem lê gera uma diferença bastante grande na tela. Mesmo se tratando de uma mesma coisa, são percepções diferentes. O pecado original do roteirista é achar que, por aquilo ter sido escrito anteriormente, tem um valor maior e um rigor de lei. Muitas vezes, os roteiristas acham que podem dirigir o diretor. Mas esse é um pecado histórico.

Pecado histórico?

Dos anos 1920 e 1930, quando existia o roteiro de ferro. Aquele roteiro que tinha todas as indicações, desde a posição da câmera, onde o tripé seria colocado, até quais lentes seriam usadas para isso, etc. Esse roteiro era feito para impedir que o diretor fizesse algo que não estivesse previsto. Era preciso, naquela época, dirigir o diretor. Essa era uma ilusão do próprio roteirista, porque quem dirigia o filme na verdade era o produtor. Era ele quem exigia que o roteirista escrevesse daquele jeito para enquadrar os diretores. Até porque os diretores de cinema nasciam de formações completamente bizarras: ou eram jornalistas ou eram artistas de circo, atores, dançarinos ou diretores de teatro. O Billy Wilder era dançarino de salão. Ele ganhava a vida assim.

Engraçado pensar no diretor como uma ameaça ao filme.

Havia certo temor de que esses artistas de procedências tão díspares destruíssem uma boa história. E, mais do que isso, que arruinassem o patrimônio e todo o dinheiro que era investido pelo produtor. De certa forma, o roteirista estava tão enquadrado quanto o diretor. A liberdade do roteirista aconteceu exatamente no momento em que ele começou a escrever sem ter a obrigação de que suas palavras fossem seguidas à risca. Hoje as pessoas repetem esses erros achando que podem ter todo o filme em uma folha de papel. Isso é uma tentação grandiosa, sim, e bastante viciosa. Qualquer um ficaria fascinado por esse poder. Mas isso é ridículo, porque o roteirista não tem a capacidade de prever o imprevisível de uma filmagem. Ele tem um falso domínio sobre aquilo que escreve.

Qual é o papel do roteirista, então?

Não ter amarras. Ter a liberdade de desenvolver uma história e pensar uma narrativa que possua um ritmo e uma pulsação, e que tenha uma perspectiva de dialogar com o espectador. Seja qual for o seu espectador: do mais ingênuo ao mais sofisticado. O roteirista precisa saber entretê-lo. O grande papel do roteirista é imaginar quem é o espectador dele e não subestimá-lo nem superestimá-lo. Não dar informações de menos nem de mais. O roteirista tem que saber dosar a forma como a história é contada. São as peças de Sherazade. Ele sabe que uma espada vai cortar sua cabeça e mesmo assim deve tentar ganhar mais um dia de vida, mais um minuto de narrativa, mais dez, mais tantos capítulos de audiência quantos forem necessários e assim por diante. De forma que, no final do roteiro, a possibilidade de atenção seja preservada. Isso vale para qualquer coisa. Seja para um documentário, um filme mais artístico e não tão narrativo, ou um filme pipoca. Quando assiste, o espectador é sensibilizado. O roteirista deve usar seus melhores recursos para enganar o espectador. Porque existe determinado tipo de filme em que o espectador gosta de ser enganado. Seja pelo desenvolvimento emocional, criando empatia, ou sendo mais objetivo, como é o caso do documentário. O roteirista precisa da totalidade de informações sobre sua história para fazer seu juízo.

O que é mais difícil nesse processo?

O trabalho do roteirista é pensar o filme com o diretor. E depois pôr no papel. A parte mais difícil é criar o raciocínio que vai reger o produto audiovisual que vocês estão fazendo. Como é que eu chego a essa ideia? O que eu falo nesse momento? O que é importante destacar? Tudo isso sabendo que plateia se quer atingir. As plateias são diversas e a gente não pode também querer falar só para uma determinada faixa. A não ser que o filme seja pensado assim. Com certeza o Júlio Bressane (diretor brasileiro) também pensa nessas coisas. Talvez não com a mesma objetividade de um diretor de drama policial ou de comédia. Mas com certeza ele pensa em como sensibilizar seu espectador. Dizem que ele não escreve o roteiro, eu duvido. Ele pode não escrever, mas ele roteiriza o filme.

Você sempre sabe o que quer contar quando começa a escrever?

No meu caso, depende. Quando escrevo um roteiro que eu mesmo vou dirigir, nunca sei exatamente o que quero. Mas quando escrevo para terceiros, sou muito mais objetivo. Principalmente porque no Brasil não tem uma indústria em que se pode escrever roteiros independentes e depois negociar com produtores e diretores. Aqui, ou você escreve para você mesmo e tenta conseguir fazer seu filme, ou escreve para terceiros, seja um diretor ou um produtor. É importante lembrar que estou falando especificamente sobre cinema. Na televisão, você é contratado para escrever determinado produto e pronto.

No caso de escrever para terceiros, por onde você começa?

A primeira coisa de que você precisa é saber o que o diretor e o produtor querem contar. Isso é muito difícil. No caso do produtor é mais fácil: geralmente ele quer ganhar dinheiro. Mas o diretor nem sempre. Na maioria das vezes o diretor não sabe exatamente o que quer. Ele tem uma percepção que pode ser mais precisa ou completamente impressionista do filme que quer fazer. O roteirista muitas vezes faz o trabalho de terapeuta, de um analista. Ele tenta entender o que o diretor quer contar com aquele tema escolhido. Às vezes, o diretor não tem claro nem a premissa do trabalho dele. O que é a premissa? É aquela coisa meio indefinida e que move a vontade artística. Ela é anterior ao tema, à história e à própria narrativa. Pode ser anterior até ao próprio assunto. A premissa é algo primário e inconsciente. Saber a premissa e entendê-la é uma tarefa fundamental no começo do filme.

E quando a premissa não aparece, é possível avançar?

Pois é, nem sempre a gente consegue encontrá-la de primeira. Acontece de o roteirista descobrir uma premissa que eu chamo de "premissa enganadora", uma espécie de "premissa de bolso", apenas para poder começar o trabalho. Nesse caso, é importante saber que mais adiante, durante as discussões e os tratamentos, é que você vai descobrir o que estava movendo aquela vontade de fazer o filme. Isso é bom quando acontece cedo. Às vezes você descobre muito tarde e outras vezes nem descobre. Pior é quando você encontra a premissa depois que o filme fica pronto e percebe que não era bem isso que queria. Passei por um caso assim em Portugal. O diretor queria fazer um filme sobre amor. Fui discutindo com ele as histórias e percebi que o filme não falava exatamente de amor, mas de coragem, de covardia, de autoafirmação. A historinha que o filme conta pode até ser um romance, um cara a fim de uma garota. Mas o assunto principal é outro. Quando ficou pronto, o filme foi vendido como uma comédia romântica, sendo que nem isso ele era. Também passei por uma experiência dessas, só que muito bem-sucedida, com o filme *Amores possíveis*, da Sandra Werneck. Para mim, ele não é uma comédia romântica. Ele foi vendido como tal, mas na verdade só um terço dele é engraçado. Dois terços são bastante dramáticos. O que tem de comedia romântica ali? Quase nada. Talvez ele seja um drama com alguma leveza, mas nunca uma comédia romântica. Digo isso porque às vezes a premissa foge, o diretor não tem muito claro o que o move e o roteirista tem que rebolar na ideia, tentando encontrar alguma coisa que narre o que não está totalmente claro na cabeça da gente.

Deve ser complicado lidar com essa busca constante por premissas...

Eu acho que não é só no roteiro que isso acontece. Em todo projeto artístico você passa por isso. No caso do roteirista, talvez ele tenha que saber um pouco mais para poder trabalhar. O ofício do roteirista é como o do motorista de táxi: ele é o dono do carro, sabe dirigir, tem carteira. Alguém o contrata para ser levado a um determinado lugar. Isso significa que o roteirista/taxista sabe o destino para onde vai. Ele pode perguntar ao passageiro: "Prefere ir por um caminho ou por outro?" E o diretor/passageiro diz como prefere seguir, enquanto o taxista orienta: por aqui é mais rápido, pelo outro lado é mais bonito. Você pode ir mais rápido ou mais devagar, sempre negociando com o passageiro. Obviamente, às vezes ele não sabe muito bem aonde quer ir e você sugere caminhos. Tem vezes que o passageiro não conhece muito bem a cidade e ele também pode correr o risco de o roteirista/motorista ser um barbeiro. Aí ele para, desce do carro, pega outro e segue seu caminho. A gente oferece alternativas, mas também pode quebrar a cara por incompetência ou pelo trânsito que faz a gente perder tempo.

Nesse sentido, que tipo de roteirista/motorista você é?

Eu tenho reputação de escrever muito rápido. Não demoro muito para entregar meu primeiro tratamento. Esse primeiro tratamento, geralmente, tem todas as boas características do futuro longa, mas sempre sei que ele sofrerá transformações. Essa rapidez ajuda o diretor que tem muitas dúvidas sobre seu filme. Muita divagação sobre as possibilidades me incomoda um pouco. Prefiro trabalhar em cima da matéria. Tendo um primeiro tratamento, você já pode definir que coisas dão certo e o que não funciona. Em vez de ficar pensando, prefiro apresentar a história mesmo com os seus defeitos e trabalhar em cima deles. Não me incomoda ter que refazer e ter o máximo de possibilidades eliminadas. Quanto mais possibilidades você tem, mais delicada é sua situação. Com o avançar dos tratamentos, você reduz as possibilidades e começa a ver seu filme com mais clareza e objetividade.

Mas você mesmo disse que ninguém lê um filme da mesma forma...

No cinema brasileiro você tem vários e diferentes leitores. Tem o leitor que vê pelo ponto de vista artístico. O leitor que vê pelo ponto de vista econômico. E o que vê pelo ponto de vista do produto. Tendo material para ser exposto e dissecado por esses diferentes leitores, você chega mais rápido ao filme. Sei que às vezes isso não acontece e você leva dois anos para escrever um filme. Só que, durante esse processo, o tempo real que o roteirista levou para escrever foi de três meses. O que alonga esse desenvolvimento não é só a maturidade da história, mas a própria economia do cinema, de transformar aquela ideia em outra. Até porque, à medida que você começa a escrever, os recursos materiais vão aparecendo e você descobre que não dá para fazer algumas coisas e vai redimensionando o projeto. Por isso eu digo que nem sempre o roteiro é a escrita. Ele é um processo muito maior. Quanto mais o roteirista entende de roteiro – daí a vantagem de fazer uma faculdade direcionada –, mais ele começa a ter uma visão setorizada e mais complexa do fazer cinema. Eu já trabalhei em produção e já dirigi. Isso ajuda a entender quanto custa fazer uma cena que precisa de deslocamento de interior para exterior, por exemplo. E você joga toda essa experiência no texto e otimiza seu trabalho e o dos outros.

Como é sua relação com os diretores com quem trabalhou?

Tive a sorte e a felicidade de trabalhar com diretores que me ensinaram muito. Principalmente com o Jorge Durán e com o José Joffily, que foram meus mentores. Curiosamente nunca escrevi roteiro com o Durán, mas fui assistente de direção dele. Trabalhei também com a Sandra Werneck em quatro filmes. E com o Sergio Rezende fiz *Guerra de Canudos* e *Mauá: o imperador e o rei*. No começo tinha a ilusão de só escrever filmes para mim. Era uma ilusão motivada pela fantasia de achar que só assim poderia garantir o controle sobre o meu produto, o que é uma bobagem, uma quimera, e até atrapalha. Hoje, por exemplo, acho melhor trabalhar em outros filmes. Porque inevitavelmente vai chegar o momento em que o diretor vai colocar a câmera de um jeito e você vai dizer que não foi assim que você pensou. Faz parte.

O ROTEIRISTA DEVE PARTICIPAR DA MONTAGEM DO FILME?

Deveria ser obrigatório. A montagem é prima-irmã ou irmã gêmea do roteiro. O mesmo processo que rege o roteiro rege a montagem. Enquanto os roteiristas trabalham com blocos de ideia que viram texto, os montadores trabalham com blocos de imagens e som que viram filme. O filme não é apenas o que é filmado. Da mesma forma que não é o que está escrito nem montado. O filme é tudo isso e um pouco mais. Às vezes, você vai até a ilha de edição e percebe coisas que foram feitas de formas diferentes por diversas razões. E descobre que aquilo não está funcionando na tela como estava no papel. E são coisas que precisam voltar a funcionar. Daí você é novamente chamado para pensar, só que dessa vez com um produto maior do que só a matéria escrita. Aí você rediscute a história sobre a matéria plástica e a matéria humana dos atores. O roteirista deve estar ali para discutir com o diretor e com o montador. Eu gosto muito de participar da montagem.

VOCÊ ESTÁ SATISFEITO COM O RESULTADO DOS SEUS ROTEIROS NAS TELAS?

Tem filmes de que gosto mais e filmes de que gosto menos. Seria deselegante da minha parte dizer quais e por quê. Às vezes, um filme não é legal desde o roteiro. Eu prefiro falar assim dos filmes de que gosto, que foram de acordo com as ideias que pensamos, roteirista e diretor, no começo. Ainda não aconteceu de um roteiro que escrevi não ter tido absolutamente nada a ver com o filme. Cinema é uma coisa muito complicada e você não pode ter a ilusão de que no papel vai ter a certeza de êxito e a capacidade de totalizar os acertos. O papel é muito pequeno perto da tela.

Do que você mais gosta nesse processo tortuoso de escrever um filme?

Eu gosto muito de escrever. Adoro ficar sentado no computador, fumando meu cachimbo. Adoro ficar sozinho ali. Escrever, para mim, não é nenhum processo tortuoso. Mas confesso que preciso me sentir desafiado. Muitas vezes, quando você é um escritor profissional, te contratam para escrever coisas que não necessariamente são a sua cara, ou têm o seu jeito de pensar. Eu recuso projetos que não tenham a ver com a minha ideologia ou com a minha forma de ver o mundo. Mas não por uma questão drástica. Aquilo é um trabalho, mas mesmo assim eu preciso me desafiar, me sabotar. Eu me saboto para gerar algo a mais do que ter um ganho meramente financeiro.

E do que menos gosta?

Uma coisa de que eu não gosto é de palpiteiro. Hoje em dia, no cinema brasileiro, está cada vez mais difícil se livrar dessas pestes. Como o cinema virou uma atividade cada vez mais regida pela gerência mercadológica, tudo é uma incógnita. Você nunca sabe se o filme vai dar certo. Mas os comerciantes de cinema acham que sabem. Às vezes até sabem, mas geralmente só acham mesmo. Aí o filme fica submetido a um leitor que eu, particularmente, acho desqualificado. Mas, como ele tem poder, chega lá e sai falando o que dá certo ou não como se soubesse exatamente o que o público quer. E o diretor e o produtor acabam dando espaço para esse tipo de personagem, porque obviamente querem que esse palpiteiro invista grana no filme. Mas a gente que cuida da dramaturgia percebe que o sujeito está "cagando regra" sem entender nada. Para mim, a única regra no roteiro é esta: dialogar com seu espectador. O resto é técnica, são coisas que você aprende vendo outros filmes e em outras experiências que deram certo ou errado.

Fale sobre seu processo de construção de personagem.

Para falar sobre isso é importante lembrar que no cinema brasileiro os personagens não nascem da sua cabeça. Os roteiristas dependem de um diretor-autor ou de um produtor que te contrate. De certa forma, eles têm mais ou menos a ideia do filme que querem fazer, da história que querem contar, do tom que o filme vai ter e, claro, de seus personagens. O que o roteirista fará é materializá-los, dar a eles corpo, cara, jeito de falar e agir. Não dá para chamar isso de altamente autoral. Digo isso porque, na verdade, o personagem não nasce única e exclusivamente da minha cabeça, mas de uma negociação e de um diálogo coletivo. Obviamente, depois disso, você cria, interfere, sugere e modela o personagem de acordo com suas referências, gostos e influências. Eu gosto muito de me colocar na posição do personagem, para o bem e para o mal. O que eu faria se fosse ele? O que ele faria se fosse eu? Gosto de inverter, colocar nos dois papéis. Eu ser ele e ele ser eu.

O QUE SIGNIFICA O PERSONAGEM SER VOCÊ E VICE-VERSA?

Eu ser ele significa eu tentar vivenciar as experiências que esse personagem deveria viver. Ele ser eu é ele se apropriar de coisas que faço, que penso, como ajo, minhas manias, meus tiques. É ele se apropriar disso. Dessa negociação sempre sai alguma coisa interessante.

E AS REFERÊNCIAS EXTERNAS, DE OUTRAS PESSOAS, POR EXEMPLO, INFLUENCIAM VOCÊ TAMBÉM?

Você está falando de repertório. Nesse caso, eu tendo a me guiar pela referência cinematográfica. Digo isso porque há personagens que só existem em cinema. Às vezes alguns diretores reclamam que um personagem não é muito realista. Aí digo: "Mas se o filme não tem nada de realista, por que o personagem tem que ser realista?". Eu não sou um cineasta afeito ao realismo. Muito menos ao naturalismo. Gosto de personagens que têm o seu pé no imaginário e na fantasia. E a minha fantasia, no caso, é cinematográfica. Mas também existem outros repertórios. Existe a literatura, as informações biográficas, etc. Você lembra do jeito que seu pai falava, do jeito que o cobrador de ônibus fala ou daquele cara da padaria. Eu gostava muito de andar. Tinha essa metodologia para criar: eu saía andando durante três ou quatro horas pelo centro da cidade para ver gente e ouvir vozes. Eu precisava desse tipo de processo e ainda faço muito. Essa alma das ruas te alimenta. Você vê coisas, gestos, cores e tudo isso ilustra suas ideias. Buscar pela memória também ajuda. Porque falamos de seres humanos, independentemente da época em que eles vivam, da classe social a que pertençam ou de sua religião. São pessoas que têm as mesmas necessidades vitais que você e, de certa forma, você pode entendê-las e estendê-las aos seus personagens. Tem também a boa e velha literatura. Quem gosta de escrever deve primeiro gostar de ler. Quem gosta de escrever para o cinema, gosta de ver filmes. Daí você tem um repertório, seja literário ou cinematográfico.

EM DETERMINADO MOMENTO DO ROTEIRO, O PERSONAGEM FALA POR CONTA PRÓPRIA?

Pode parecer um clichê de literatura, mas não sou eu quem escreve. É o personagem que me conduz. Chega um dado momento em que os personagens vão te conduzindo mesmo, seja por essa técnica de corporificá-los como pessoas reais ou pela própria natureza deles. Naturalmente, você quer que ele fale mais do que você. Hoje em dia, para mim, o que me interessa do cinema é a personalidade de quem está por trás do filme: seja do roteirista, seja do fotógrafo, do diretor ou do próprio ator. O que me interessa é o quão confessional é um filme. Todo trabalho artístico é confessional, por mais que você fale por uma mulher, um homem, um índio, uma criança ou um velho. Você usa esses personagens, mas, no fundo, o discurso é seu. Eu sempre tento entender o que se passa na cabeça do autor. Em um cinema como o nosso, em que existe a possibilidade de a identidade do autor estar presente, quanto menos industrial o filme for, mais vai revelar as coisas que movem a interioridade do autor.

MAS EXISTE MUITO MEDO DE QUE O CINEMA AUTORAL NÃO SAIBA DIALOGAR COM O PÚBLICO...

Acredito totalmente no cinema autoral. Ele não precisa ser um cinema difícil nem inatingível. O cinema autoral é o cinema em que o autor abre suas portas, suas experiências, suas vivências. Ele partilha com o espectador. Acho que você pode fazer isso numa comédia, num romance, num drama, num documentário. No documentário, por exemplo, o que interessa cada vez mais é o olhar de quem vê e menos o assunto de que se trata. Há uma valorização da subjetividade do autor no documentário, antes pouco valorizada. O *Santiago*, documentário do João Moreira Salles, não é tanto sobre seu mordomo e sim sobre a arrogância e a fantasia de alguém poder criar um personagem. O que me interessa no cinema é a personalidade, é o confessional que se revela na obra.

Será que o roteirista consegue se revelar nessa obra também?

Feliz do roteirista que sabe ouvir e prestar bem atenção em seu diretor. No jeito que ele pega o cafezinho, no jeito que ele reclama, no jeito que ele fala ao telefone. O roteirista, de certa forma, deve traduzir aquilo que o diretor é.

Conhecer os mecanismos dramatúrgicos de construção de um filme faz do roteirista um espectador condicionado? Perde-se o prazer de assistir a uma história?

Isso acontece muito. Sempre falo para os meus alunos que o problema de ser roteirista é que se perde progressivamente o encanto pelos filmes. Primeiro porque o estudante fica sempre preocupado com a narrativa, procurando furos ou soluções geniais. E segundo porque quanto mais você assiste a filmes, mais difícil será se surpreender com eles. O roteirista vai disciplinando seu olhar. E a verdade é que os filmes de hoje não são tão diferentes assim do que eram há dez ou vinte anos. O que mudou foi a tecnologia, a moral, o comportamento. Mas as histórias são as mesmas de sempre. Assim como as crianças gostam de ouvir a mesma história repetidas vezes, o espectador também. Não deixo de ser um espectador, apesar de ser profissional de cinema, mas faz tempo que não assisto a um filme que tenha me surpreendido pela trama. Eu me surpreendo por coisas que às vezes não interessam a ninguém. Seja pelo jeito que o roteirista escreveu um diálogo, seja pela maneira como ele corta ou abre uma cena. Isso é o que me faz continuar gostando de cinema.

Que aptidões precisa ter um aspirante a roteirista?

Como disse antes, o roteiro não precisa só da palavra, do texto fílmico. Ele precisa ser narrado. Posso contar um filme do começo ao fim sem escrever uma linha. Mas o roteiro precisa ser colocado no papel, porque é uma maneira de passá-lo adiante. Digo isso para explicar que esse produto escrito que todo mundo chama de roteiro é uma simplificação e uma forma de existir da dramaturgia. Antes de tudo, o futuro roteirista deve ter essa capacidade: a de narrar. Mas é claro que ele tem que saber escrever, e escrever bem. Apesar de não ser literatura, um texto bem escrito ajuda o leitor a entrar na frequência climática que o roteirista está propondo. O roteirista deve ser um observador. Um cara atento a todos os detalhes. Pensar em todas as possibilidades e profundidades dramáticas de uma cena. Às vezes uma cena não está aqui entre nós dois: ela está lá no fundo. O roteirista tem que ter essa perspectiva, saber olhar um cenário, pensar espacialmente. Tudo isso ajuda a criar o universo plasmado no papel. Além de um bom repertório, claro.

O que você considera um bom repertório para um roteirista?

É conhecer Tchecov, Dostoiévski, Tolstói. É ter visto muitos filmes, da *Sessão da Tarde* ao maior abstracionismo experimental. Essas fronteiras entre um tipo de cinema e outro não são muito precisas e nem devem ser. Ver um filme experimental te ajuda a ter percepções diferentes do filme narrativo. Se o cara quer fazer um filme experimental, precisa ver filmes narrativos, para poder entender bem os códigos e desconstruí-los. Não deve haver barreiras nem preconceitos. Cada filme é uma porta que se abre e se intercomunica com outra informação que está lá no seu inconsciente. Quanto mais filme você assiste, melhor a sua formação. O roteirista deve saber que, primeiro, ele está escrevendo um texto. Ele está trabalhando em um filme e o que importa é o filme. Por isso, ele tem que estar disposto a se desapegar do que foi escrito. O importante é o filme ficar bom. Não importa se o diretor cortou uma cena ou um diálogo. Às vezes, o diretor encontrou uma solução muito melhor cortando 80% do que você escreveu. E isso não significa que a cena estivesse ruim, mas naquele momento, naquele clima, com aquele ator, aquela lente, o plano já estava dito. O roteiro tem um ponto meio redundante mesmo de mostrar coisas que vão ser eliminadas seja no processo de redação, seja no processo de filmagem, ou até na edição. O pensamento pode variar muito em cada etapa da construção de um filme, e encontrar soluções diferentes nelas. O importante é que os raciocínios obedeçam a uma mesma lógica de fazer aquilo ficar mais eficaz, mais forte, mais dramático. Para perceber isso, o desapego é fundamental. Ele é inevitável e aparece à medida que você avança na profissão, faz mais coisas, erra mais e percebe que uma coisa não pode ser feita apenas de uma única maneira. Roteirista apegado ao texto e irritado com o não seguimento das coisas que ele propôs tem que virar diretor.

FILMOGRAFIA

* *Pequeno dicionário amoroso 2* (2015)
* *Casa da mãe Joana 2* (2013)
* *Não se preocupe, nada vai dar certo* (2011)
* *Desenrola* (2011)
* *Aparecida: o milagre* (2010)
* *Olhos azuis* (2009)
* *Sonhos roubados* (2009)
* *Antes que o mundo acabe* (2009)
* *Histórias de amor duram apenas 90 minutos* (2009)
* *A casa da mãe Joana* (2008)
* *Achados e perdidos* (2007)
* *Cazuza: o tempo não para* (2004)
* *2 perdidos numa noite suja* (2002)
* *Amores possíveis* (2001)
* *Mauá: o imperador e o rei* (1999)
* *Guerra de Canudos* (1997)
* *Pequeno dicionário amoroso* (1997)
* *O sonho de Rose – 10 anos depois* (1997)
* *Quem matou Pixote?* (1996)
* *A maldição do Sanpaku* (1991)

Este livro foi composto com as fontes Minion e Cardenio Modern,
impresso em papel offset 90 g/m² no miolo e cartão supremo 250 g/m² na capa,
nas oficinas da Intergraf Indústria Gráfica Eireli, em outubro de 2015.